Michael LeBoeuf

Mehr leisten -
weniger arbeiten

Michael LeBoeuf

Mehr leisten - weniger arbeiten

Doppelt erfolgreich
in der halben Zeit
Mit Übungsanleitungen

Die Deutsche Bibliothek – CIP-Einheitsaufnahme

LeBoeuf, Michael:
Mehr leisten – weniger arbeiten : doppelt so erfolgreich in
der halben Zeit ; mit Übungsanleitungen / Michael LeBoeuf.
[Aus d. Amerikan. übertr. von Peter Weller]. – 3. Aufl. –
München/Landsberg am Lech : mvg-verl., 1993
   (Business Training ; 1117)
   Einheitssacht.: Working smart ‹dt.›
   ISBN 3-478-81117-1
NE: GT

Titel der Originalausgabe:
„Working Smart"
Copyright © by Michael LeBoeuf
Warner Book Edition published by arangement
with McGraw-Hill Book Company
All rights reserved.
Aus dem Amerikanischen übertragen von Peter Weller.

Das Papier dieses Taschenbuchs wird möglichst umweltschonend hergestellt und
enthält keine optischen Aufheller.

3. Auflage 1993
© Alle deutschsprachigen Rechte bei mvg-verl., München/Landsberg am Lech

Umschlaggestaltung: Gruber & König, Augsburg
Druck- und Bindearbeiten: Presse-Druck Augsburg
Printed in Germany 081 117/293802
ISBN 3-478-81117-1

Inhalt

Einleitung

„Die drei Bedingungen für Arbeitszufriedenheit:
– Man muß der Arbeit gewachsen sein.
– Es darf nicht zu viel Arbeit sein.
– Erfolge müssen für den einzelnen spürbar sein."

John Ruskin

Eines steht zweifellos fest: Die meisten Menschen arbeiten härter als nötig, um die schönen Dinge zu genießen, die das Leben bietet.

Dieser Gedanke kam mir vor einigen Jahren in den Sinn, und weil ich das Gefühl hatte, daß er wohl kaum einmalig ist, suchte ich nach einem Buch, das beschreibt, wie man mit weniger Arbeit mehr leisten kann. Aber was fand ich? Interessante Bücher zur Selbsthilfe mit einer Vielzahl von Themen. Viele davon habe ich gelesen, und dabei lernte ich, wie man Menschen einschüchtert, wie man Verhandlungen führt und wie man meditiert. Andere Bücher zeigten mir, wie ich schneller laufen, mehr Lebensfreude entwickeln und der Größte werden könnte. Und noch andere behandelten den Umgang mit der Angst, den Aufbau einer großartigen Karriere; sagten mir, wie ich zum größten Renner seit der Erfindung des Flaschenbieres werden könnte. „Toll", dachte ich, „absolut toll!"

Jedes dieser Bücher half mir in gewisser Hinsicht, aber ich konnte einfach kein Buch finden, das sich direkt auf meine Frage konzentrierte: „Wie kann ich aus meinem Aufwand an Zeit und Kraft den höchsten Gewinn erzielen?" Oder, um es anders auszudrücken: „Wie investiere ich weniger Zeit und Kraft und erziele dabei dennoch eine bessere Leistung?" – „Das ist doch unmöglich!" sagen Sie? Aber sicher ist es möglich.

Daß es kein Buch gab, das meine Fragen beantwortete,

vergrößerte meine Entschlossenheit, zumindest einige meiner Fragen selbst zu beantworten. In den vergangenen Jahren habe ich mich mit Forschungsarbeiten beschäftigt und war als Seminarleiter sowie Unternehmensberater tätig. Immer ging es darum, wie man aus der verfügbaren Zeit und Kraft das Beste macht.

Dabei hat sich gezeigt, daß Fehlschläge und Erschöpfung am häufigsten aus folgenden Mängeln resultieren:

1. Mangelnde Bereitschaft, jetzt Arbeit zu investieren, um morgen lohnende Resultate zu erzielen. Wir Menschen neigen dazu, schon nach einem halbherzigen Versuch aufzugeben, aber das Streben nach einem bereits aufgegebenen Ziel kann nur ins Leere führen

2. Tiefverwurzelte, falsche Vorurteile der Arbeit gegenüber, die uns allen seit unserer Jugend vertraut sind

3. Unwissenheit darüber, was man vom Leben erwartet oder die mangelnde Bereitschaft, den eigenen Weg zu bestimmen

4. Unfähigkeit zum richtigen Umgang mit der Zeit

5. Eine chaotische Lebensführung

6. Schwaches Selbstbewußtsein, Angst vor Fehlschlägen, Schuldgefühle, Sorgen, die Neigung zum Zorn und andere irrationale, zeit- und kraftraubende Gefühle

7. Aufschieberitis

8. Mangelnde Bereitschaft oder Unfähigkeit, Aufgaben geschickt zu delegieren

9. Kommunikationsschwierigkeiten

10. Unnötige zwischenmenschliche Konflikte

11. Zeitdiebe wie Sitzungen, überraschende Besucher und Anrufe

12. Papier- und Informationsflut

Wie man diese Übel gezielt an der Wurzel packt, möchte ich Ihnen praxisnah – zur sofortigen Nutzanwendung – zeigen.

Wenn Sie dieses Buch nur kaufen, lesen, ins Bücherregal stellen und anschließend vergessen, haben Sie Ihr Geld verschwendet. Wenn Sie dagegen meine Ratschläge befolgen, kann dieses Buch für Sie der Anfang einer lohnenden Erfahrung werden.

Lesen Sie erstens aktiv. Halten Sie beim Lesen einen Stift bereit. Wenn Sie auf eine Schlüsselidee stoßen, die Ihnen gefällt, dann unterstreichen Sie diese oder machen Sie Notizen am Rand. Listen Sie am Ende jedes Kapitels die für Sie arbeitssparenden Konzepte und Ideen auf und beschließen Sie, diese ganz bestimmt zu nutzen.

Versuchen Sie aber auf keinen Fall, Ihr Verhalten plötzlich und vollständig zu ändern. Sie würden das als frustrierend, wahrscheinlich sogar als unerträglich empfinden. Der beste Weg zur dauerhaften Veränderung ist die sanfte, aber systematische Schritt-für-Schritt-Methode. Wenn Sie eine Liste arbeitssparender Ideen aufstellen, dann beschließen Sie, jede Woche eine weitere, neue Idee in die Praxis umzusetzen. Das mag Ihnen vielleicht entsetzlich langsam vorkommen, aber wenn Sie diesen Rat wirklich befolgen, werden Sie nach einem Jahr fünfzig neue Techniken zur Steigerung Ihrer Effektivität eingeführt haben. Wenn Ihnen das Tempo dennoch nicht ausreicht, können Sie auch zwei oder drei neue Ideen pro Woche erproben, aber: Hören Sie sofort damit auf, sobald Sie sich dabei unwohl fühlen.

Erwarten Sie schließlich keine Perfektion von sich. Es gibt Tage, an denen Sie einfach nicht das leisten können, was Sie Ihrer Meinung nach hätten tun sollen oder können. An manchen Tagen ist Ihnen vielleicht alles gleichgültig, an anderen Tagen zeigt sich Ihnen Murphys Gesetz möglicherweise von seiner häßlichen Seite (Sie finden Murphys Gesetz und die Gegenmittel in Kapitel 1).

Was auch geschehen mag, beschließen Sie einfach, mit Ihren Versuchen fortzufahren. In mancher Hinsicht ähneln sich das Golfspielen und die Verbesserung Ihrer Effektivität. Das perfekte Ergebnis beim Golfspiel beträgt theoretisch 18 Punkte, aber das bedeutet, jedes Loch sofort mit dem ersten Schlag zu treffen, und das auch noch 18mal hintereinander. Kaum jemand wird auch nur annähernd dieses Ergebnis erreichen. Aber dennoch hält diese Tatsache Millionen von begeisterten Anfängern nicht von dem Versuch ab, jede Woche ein besseres Ergebnis zu erzielen. Wählen auch Sie diesen Ansatz in Ihrem Bemühen, effektiver zu arbeiten. Beschließen Sie, sich zum Besseren zu verändern, aber denken Sie daran, daß gerade auf diesem Gebiet stets weitere Verbesserungen möglich sind. Dessen sollten wir uns stets bewußt sein, wenn wir nun die Fehlerhaftigkeit einiger weitverbreiteter Mythen und Ansichten über unsere Arbeit aufdecken werden. Wer weiß, vielleicht können auch Sie künftig Ihr Spiel mit ein paar Schlägen weniger beenden?

I
Geplante
Effektivität

Kapitel 1

Arbeitssüchtige e. V.

*„Ich liebe meine Arbeit und meistere sie, aber natürlich
zermürbt sie mich manchmal, und das letzte,
was mir fehlt, sind Kopfschmerzen."*

Werbeslogan für ein Kopfschmerzmittel

Im Wahlkampf um einen Sitz im Senat der Vereinigten
Staaten stand *Edward Kennedy* an einem kalten, regneri-
schen Oktobermorgen vor einem Fabriktor. Als er einen äl-
teren Arbeiter begrüßte und ihn um seine Stimme bat, sah
dieser Kennedy an und sagte: „Sie haben sicher noch keinen
Tag in ihrem Leben gearbeitet." Bevor Kennedy auch nur
ein Wort entgegnen konnte, fuhr er fort: „Na schön, und
ich will Ihnen eines sagen, Sie haben überhaupt nichts
verpaßt!"

Was bedeutet Arbeit für Sie? Ist sie eine Beschäftigung,
die Ihnen mehr nimmt als gibt? Gleicht für Sie der Unterschied zwischen Freizeit und Arbeit dem Unterschied zwischen Vergnügen und Mühsal? Leben Sie, um zu arbeiten?
Oder arbeiten Sie, um zu leben? Was Sie auch immer antworten mögen, eines steht fest: Sie werden immer mit der
Arbeit leben müssen. Unter Arbeit verstehe ich den Einsatz
von menschlicher Zeit und Kraft (körperlich wie auch geistig), um eine Aufgabe zu Ende zu führen. Das ist eine sehr
weit gefaßte Definition. Wenn Sie jetzt innehalten und einmal darüber nachdenken, heißt das, daß Sie den größten
Teil des Tages mit Arbeit verbringen. Immer wenn Sie die
Zähne putzen, eine Reise planen, zur Arbeit fahren oder Ihren Pflichten in Haushalt und Beruf nachgehen, dann arbeiten Sie. Genauso können Sie auch daran arbeiten, ein
besserer Arzt, Rechtsanwalt, Lehrer, Tennisspieler, Liebha-

ber oder Koch zu werden. Die Arbeit gehört wie der Tod und die Steuern zu den allumfassenden und unausweichlichen Realitäten des Lebens.

Aber jetzt zu den guten Nachrichten. Auf den folgenden Seiten finden Sie eine umfassende Sammlung einfacher, aber äußerst wirkungsvoller Ideen und Techniken, die Sie befähigen, Ihre persönliche Energiekrise in den Griff zu bekommen.

Fühlen Sie sich am Ende des Tages regelmäßig frustriert und erschöpft, weil Sie trotz aller Mühen nichts vorzuweisen haben? Ich werde Ihnen einige Ideen vorstellen, die dafür sorgen, daß jeder Tag zählt und Ihnen dennoch ein Überschuß an Zeit und Energie bleibt.

Stellen Sie immer wieder fest, daß Sie Terminen nachjagen und von einer Krise in die andere stürzen? Ich werde Ihnen zeigen, wie Sie den Kampf mit dem Kalender gewinnen und den Aufwand für die Bewältigung der Krisen verringern können.

Besteht Ihr Leben nur noch aus Verpflichtungen, so daß Sie sich gelähmt und orientierungslos fühlen? Ich werde Ihnen zeigen, wie Sie Ihre Aufgaben ordnen, überflüssige streichen und Ihrem Leben eine klare Ausrichtung geben können.

Stellen Sie bei sich Schuldgefühle fest, weil Sie vieles nicht erledigt haben, und machen Sie sich Sorgen, weil vielleicht noch mehr liegenbleiben wird? Ich werde Sie davon überzeugen, daß derartige Emotionen und Ängste nutzlos sind und nur dazu führen, daß Sie noch mehr arbeiten und doch weniger leisten.

Stellen Sie fest, daß Sie wichtige Projekte vor sich herschieben, weil sie überwältigend groß oder sehr unangenehm erscheinen? Ich werde Ihnen zeigen, wie Sie diese Projekte mit Schwung in Angriff nehmen und bis zum erfolgreichen Abschluß führen können.

Sind Sie davon überzeugt, daß Sie alles im Alleingang erledigen müssen? Ich werde Ihnen erklären, wie man richtig delegiert.

Stellen Sie des öfteren fest, daß die Zusammenarbeit mit anderen Menschen durch eine gestörte Kommunikation und überflüssige Konflikte erschwert wird? Ich werde Ihnen häufige Störfaktoren in der Kommunikation und weitverbreitete Konfliktursachen zeigen und Ihnen Wege empfehlen, um solche Probleme zu umgehen.

Ist Ihnen vielleicht aufgefallen, daß Ihre Arbeit durch zahllose Störungen wie Sitzungen, unangemeldete Besucher und Anrufe behindert wird? Ich werde Ihnen konkrete Tips geben, wie Sie derartige Unterbrechungen auf das notwendige Maß beschränken können.

Ertrinken Sie in einer Informations- und Papierflut, so wie die meisten von uns? Ich werde Ihnen zeigen, wie Sie den Papiertiger so weit zähmen können, daß er nur noch ein sanftes Grollen von sich gibt.

Natürlich ist das ein ehrgeiziges Vorhaben, aber ich bin sicher, daß Sie aus einigen, wenn nicht sogar aus allen hier geschilderten Ideen Nutzen ziehen werden. Und was das Schönste ist, sie sind einfach, in der Praxis erprobt und auch in Ihren ganz persönlichen Lebens- und Arbeitsbereich sofort zu integrieren.

Effektivität – der Schlüssel zum Erfolg

Nachdem Sie das alles gelesen haben, könnten Sie vielleicht mutmaßen, das Buch eines Leistungssteigerungsfanatikers in der Hand zu halten, der Sie in einen gedanken- und gefühllosen Roboter verwandeln möchte. Nichts könnte mir ferner liegen.

Nur allzuoft verwechselt man Effektivität mit Effizienz. Effektiv sein heißt, aus einer Reihe von Alternativen die richtigen Ziele auszuwählen und sie zu realisieren. Effizienz dagegen bedeutet, die Ziele als gegeben und richtig hinzunehmen und mit den bestmöglichen Mitteln zu erreichen. Effizienz wird als die Fähigkeit definiert, eine Aufgabe richtig zu lösen, während Effektivität heißt, die richtige Aufgabe zu lösen. Mit anderen Worten: Effektivität führt zu Ergebnissen. Beide Konzepte haben ihren Stellenwert, aber meiner Meinung nach ist die Effektivität bei weitem wichtiger.

Zeit – Ihre wertvollste Ressource

Was kostet Ihre Zeit? Das können Sie Tabelle 1 entnehmen. *Benjamin Franklin* hat uns klargemacht, daß Zeit Geld ist, und im Geschäftsleben ist diese Behauptung sicher gültig. Zeit mit Geld gleichzusetzen, da sie wie dieses meßbar und vergänglich ist. Aber die Zeit zählt zu den Ressourcen, die uns einmalige Möglichkeiten eröffnen.

Die Zeit rinnt uns durch die Finger. Der Vorrat schrumpft um 60 Minuten in der Stunde, 24 Stunden am Tag, 168 Stunden in der Woche. Zeit ist unwiederbringlich. Uns allen wurde ein begrenzter Vorrat an Zeit geschenkt, aber wir kennen seinen Umfang nicht, bis er völlig aufgebraucht ist. Nur wenige Menschen geben zu, genug Zeit zu haben, dabei hat doch jeder das ganze Maß des Anteils, der ihm zugedacht ist. Zeit ist ein paradoxer Begriff und dennoch eine unserer wertvollsten Ressourcen.

Tabelle 1: Wieviel kostet Ihre Zeit?

Ihr Einkommen in DM/Jahr	Jede Minute kostet DM	Jede Stunde kostet DM	Eine Stunde täglich kostet in einem Jahr DM
2 000	0,0170	1,02	250
2 500	0,0231	1,28	312
3 000	0,0256	1,54	375
3 500	0,0300	1,79	437
4 000	0,0341	2,05	500
5 000	0,0426	2,56	625
6 000	0,0513	3,07	750
7 000	0,0598	3,59	875
7 500	0,0640	3,84	937
8 000	0,0683	4,10	1 000
8 500	0,0726	4,35	1 036
10 000	0,0852	5,12	1 250
12 000	0,1025	6,15	1 500
14 000	0,1195	7,17	1 750
16 000	0,1366	8,20	2 000
20 000	0,1708	10,25	2 500
25 000	0,2135	12,81	3 125
30 000	0,2561	15,37	3 750
35 000	0,2988	17,93	4 375
40 000	0,3415	20,49	5 000
50 000	0,4269	25,61	6 250
75 000	0,6403	38,42	9 375
100 000	0,8523	51,23	12 500

Bei jährlich 244 Arbeitstagen zu je 8 Stunden

Wie alt sind Sie jetzt? Wie schätzen Sie Ihre Lebenserwartung ein? Wie lang die Zeit nach Ihrem Tod? Ich möchte sie mit diesen Fragen nicht deprimieren. Ich stelle sie vielmehr, um Ihnen die Kürze unseres irdischen Daseins vor Augen zu führen. Verschwenden Sie Ihr Geld, und Sie werden nur Ihr Vermögen verlieren; aber wenn Sie Ihre Zeit verschwenden, verlieren Sie einen Teil Ihres Lebens. Nur wenige Menschen würden bewußt die Hälfte ihres Lohns für etwas ausgeben, das weder für sie noch andere von Wert ist. Und dennoch verbringen die meisten von uns mindestens 50 Prozent des Tages mit den verschiedensten Aktivitäten, die für niemanden, uns selbst eingeschlossen, von Nutzen oder befriedigend sind. Wir verschwenden buchstäblich die Hälfte unseres Lebens und stehen dieser sinnlosen Vergeudung auch noch mit blinder Gleichgültigkeit gegenüber.

Wenn wir ernsthaft über unsere Sterblichkeit nachdenken, kann das hilfreich, aber auch schmerzhaft sein. Wenn wir den schmerzhaften Weg wählen, ergehen wir uns oft in der Vergeblichkeit und Tragik des Lebens. Wir können zum Schluß kommen, daß das Leben nicht lebenswert ist. Oder, und so handeln die meisten von uns, wir können uns selbst betrügen und glauben, daß uns ein unbegrenztes Maß an Zeit zur Verfügung steht, daß es immer noch einen neuen Tag geben wird, der die Erfüllung unserer Lebensträume und -wünsche mit sich bringen wird. Glücklicherweise gibt es wenigstens einige Menschen, die konstruktiver mit der Sterblichkeit umgehen. Sie sagen sich deshalb: ,,Ich werde nicht für alle Ewigkeit hier sein, folglich sollte ich lieber das Beste aus jeder Minute, jeder Stunde, aus jedem Tag und jedem Jahr machen." Sie betrachten das Leben als eine kurze, aber dennoch wundervolle Erfahrung, die sie in vollen Zügen ausschöpfen wollen. Sie leben ihr eigenes Leben, das sie als höchsten Wert ansehen. Sie fühlen sich für die eigenen Gefühle, Triumphe und Fehlschläge verantwortlich. Und diese Grundeinstellung, das eigene Leben selbst in die Hand zu nehmen, läßt sie die Notwendigkeit erkennen, es selbst zu planen, um die höchstmögliche persönliche Befriedigung zu erfahren.

Wenn Sie künftig das Beste aus Ihrer Zeit und Kraft machen wollen, müssen Sie einen Teil der gegenwärtigen Zeit und Kraft der Planung widmen. Ohne vernünftige Pläne zur Steigerung der Effektivität neigt man leicht dazu, sich treiben zu lassen und die Chance zur Weiterentwicklung nicht wahrzunehmen. Einige Menschen glauben, daß die Festlegung von Plänen nur eine Entscheidung über zukünftige Handlungen bedeutet. Aber eine sinnvolle Planung legt fest, was man tun muß, um überhaupt eine Zukunft zu haben.

Die Arbeitsinvestitionstheorie

In einfachen Worten besagt die Arbeitsinvestitionstheorie, daß Sie jetzt bereit sein müssen, einen Teil der heutigen Zeit, Kraft und kurzfristigen Befriedigung zu opfern, um künftig weniger zu arbeiten und dabei doch mehr zu leisten.

Die Arbeitsinvestitionstheorie ist nichts Neues oder Weltbewegendes; wir alle haben sie schon von Zeit zu Zeit angewandt. Wenn Sie eine Nebenbeschäftigung annehmen, um für das neue Haus oder das neue Auto zu sparen, oder wenn Sie Weiterbildungsmaßnahmen besuchen, um eine zusätzliche Qualifikation zu erwerben, dann wenden Sie schon die Investitionstheorie an.

Aber dennoch nutzen die meisten Menschen sie nicht systematisch als Arbeitsprinzip für das ganze Leben aus. Der Grund dafür liegt in dem ,,Alles-Sofort-Lebensstil'', wie ich ihn hier einmal nennen möchte. Er ist zur alles beherrschenden Norm unserer Gesellschaft geworden. Nehmen Sie doch nur einmal irgendeine Zeitung in die Hand, schalten Sie das Radio oder Fernsehen ein oder achten Sie auf die Werbung am Straßenrand, sofort sprechen Sie die ,,Alles-Sofort''-Stimmen an und verkünden die Bereitschaft, Ihnen jedes Bedürfnis zu befriedigen.

Sind Sie hungrig oder durstig? Es gibt unzählige Imbißstuben und Supermärkte. Möchten Sie anders sein? Es gibt buchstäblich Tausende von Institutionen, die Ihnen anbieten, größer, kleiner, leichter, schwerer, attraktiver, gesünder, schöner und wohlriechender zu werden. Möchten Sie Ihre Stimmung verändern? Es gibt Pillen und Tropfen, die Sie aufheitern, beruhigen, wachhalten oder zum Schlafen bringen. Ich könnte die Liste endlos fortsetzen — hier haben wir ein unglaubliches Phänomen des Lebens im ausgehenden 20. Jahrhundert vor Augen.

Das ,,Alles-Sofort'' hat unter anderem den Nachteil, daß es uns einschläfert, so daß wir die Zukunft vernachlässigen. Es zählt nichts mehr außer der sofortigen Befriedigung der drängenden, aktuellen Bedürfnisse. Aber die Zukunft ist nicht sofort konsumierbar. Sie folgt einem sehr genauen Fahrplan und braucht die vorgesehene Zeit, bis sie eintrifft. Sicherlich hat niemand eine Garantie auf den nächsten Tag, aber genausogut ist es eine Tatsache, daß wir den nächsten Morgen mit höchster Wahrscheinlichkeit noch erleben werden. Wenn Sie es nicht schaffen, Ihre Zukunft zu bestimmen, werden Sie von der Zukunft bestimmt. Der Gebrauch Ihrer Zeit und Kraft wird Ihnen dann von den Umständen aufgezwungen und liegt nicht mehr in Ihrer Hand. Ihr Verhältnis zur Zeit wird immer das Verhältnis von Herr und Sklave sein. Hier gibt es keinen Mittelweg. Es ist nur die Frage, welche Rolle Sie spielen wollen.

Viele der Ideen, die ich in diesem Buch vorstellen werde, sehen auf den ersten Blick ungewohnt und unbequem aus, sie verlangen am Anfang eine größere Investition von Arbeit als die bequemen alten Verhaltensweisen, an die Sie sich im Lauf der Zeit gewöhnt haben. Wie dem auch sei, es ist wirklich so, wie die Königin in *Lewis Carrolls* ,,Alice in den Spiegeln'' zu Alice sagte: ,,Es ist doch eine armselige Art von Gedächtnis, die nur rückwärts gerichtet ist.'' Wenn Sie Ihr ,,Zweirichtungsgedächtnis'' in die Zukunft blicken lassen, werden Sie feststellen, daß Sie mit weniger Einsatz von Zeit und Kraft wirklich zu besseren Ergebnissen kommen werden.

Ich gehöre nun einmal zu den Menschen, die Glück und Erfolg nicht als Zufall betrachten. Vielmehr fallen sie dem zu, der auf eine günstige Gelegenheit gut vorbereitet ist. Erfolgreiche Menschen haben rechtzeitig in die Fundamente investiert und waren vorbereitet, als die Welle von guten Möglichkeiten auf sie zurollte.

Effektives Arbeiten verlangt die Investition von Gedanken, Selbstdisziplin und Veränderungen. Sie müssen bereit sein, Ihre gegenwärtigen Gefühle, Werte, Ansichten und Gewohnheiten in bezug auf die Arbeit sorgfältig zu untersuchen und zu bewerten. Wenn Sie schon einmal der Aufgabe gegenüberstanden, sich selbst objektiv zu beurteilen, wissen Sie, daß das nicht allzu angenehm war, aber sehr viele aufschlußreiche Erkenntnisse mit sich brachte. Wenn Sie einmal Ihre Selbstbeurteilung abgeschlossen haben, brauchen Sie die Bereitschaft, Ihr Denken und Handeln zum Besseren zu verändern. Alte Gewohnheiten sind langlebig und Veränderungen fallen schwer. Deshalb müssen Sie sich selbst zur Disziplin zwingen, bis die neuen Verhaltensweisen zu alten Gewohnheiten geworden sind. Der ganze Witz besteht eigentlich darin, für kurze Zeit sich selbst gegenüber hart zu bleiben, um dann langfristig ein leichteres Leben zu genießen.

Vorsicht: Denkfehler und Mythen

Im 19. Jahrhundert sagte *Artemus Ward* einmal: ,,Nicht das, was wir nicht wissen, bereitet uns Probleme, sondern vielmehr das, was wir wissen, aber in Wirklichkeit anders ist.'' Eine größere Wahrheit über Arbeit ist noch niemals ausgesprochen worden. Wir alle haben Ideen, Wertvorstellungen, Vorurteile und Theorien über Arbeit. Aus Gründen der Einfachheit wollen wir sie „Arbeitstonbänder" nennen, aufgezeichnete Botschaften über die Arbeit, die irgendwo tief unten in unserem Geist gespeichert sind. Wir sind uns einiger dieser Aufzeichnungen bewußt, andere sind nur im Unterbewußten gespeichert. Aber trotzdem steuern sie alle von Zeit zu Zeit unser Verhalten. Diese Arbeitstonbänder gehen auf Quellen wie Eltern, Lehrer, Vorgesetzte, Kollegen, eigene Erfahrungen, Religion, Massenmedien und die Staatsverwaltung zurück.

Leider haben diese aufgezeichneten Botschaften den Nachteil, daß sie in den meisten Fällen bestenfalls Halbwahrheiten und schlimmstenfalls ausgebrütete Hirngespinste sind. Aber viele von uns spulen sie vollautomatisch ab und folgen mit dogmatischem Eifer ihren Vorschriften. Am Ende arbeiten wir mehr und leisten weniger, noch dazu müssen wir die entsprechenden Frustrationen ertragen.

Im folgenden finden Sie eine Liste mit zwölf weithin anerkannten, aber eigentlich in den Bereich der Fabel gehörenden Ansichten über die Arbeit. Die Liste ist keineswegs vollständig oder erschöpfend. Wenn Sie diese Mythen lesen, versuchen Sie doch bei jedem an einen Bekannten zu denken, der diese Vorschriften befolgt, sein Leben nach ihnen ausrichtet oder das in der Vergangenheit getan hat. Könnten Sie das vielleicht selbst sein? Wenn Sie wirklich ehrlich mit sich sind, werden Sie sich zumindest in einigen Ansichten wiederfinden.

1. „Ohne Schweiß kein Preis."

Dieser Mythos, der auch das „Schweißperlensyndrom" genannt wird, möchte Ihnen einen direkten Zusammenhang zwischen Erfolg und harter Arbeit suggerieren. Es sind eine Unzahl von Zitaten im Umlauf, die den Glauben an den Zusammenhang von Schweiß und Arbeitserfolgen unterstützen sollen. „Schwere Arbeit, großer Lohn"; denken Sie auch an

Edisons bekannten Ausspruch: „Genie besteht zu einem Prozent aus Inspiration und zu 99 Prozent aus Transpiration", um nur einige Beispiele zu nennen.

Wenn man sie befragt, führen die meisten Menschen ihren Erfolg zu allererst auf harte Arbeit zurück. Neulich sah ich im Fernsehen ein Interview mit einem neugewählten Kongreßmitglied. Der Reporter fragte nach den Gründen für diesen Erdrutschsieg. Die Antwort lautete: „Harte Arbeit." Einige Monate später trat der Abgeordnete von seinen Ämtern zurück, wurde wegen illegaler Wahlkampftaktiken angeklagt und zu einer Haftstrafe verurteilt. Anscheinend hatte nicht nur harte Arbeit zu seinem Erfolg beigetragen.

Denken Sie doch nur einmal an *Conrad Mathison*, der 1897 Generaldirektor der größten amerikanischen Zuckerraffinerie wurde. Auf die Frage nach seinem Erfolgsgeheimnis antwortete Mathison:

> Mein Erfolg, wie Sie es nennen, geht auf harte Arbeit und nur auf harte Arbeit zurück. . . . Ich habe ganz unten angefangen. Als ich in den Westen umzog, nahm ich eine Arbeit in der alten Chicago Sugar Refining Company an. Ich wurde als einfacher Arbeiter mit einem Lohn von 1,50 Dollar am Tag eingestellt. . . . Nach und nach wurde ich befördert und schließlich zum Generaldirektor der Firma berufen.

Aber Conrad Mathison hatte vergessen, den Reportern zu erzählen, daß er einen Studienabschluß aus Yale, der amerikanischen Eliteuniversität, besaß, sein Vater der Generaldirektor der Chicago Sugar Refining Company war und daß es nur vier Jahre gedauert hatte, bis er vom einfachen Arbeiter zum Generaldirektor befördert worden war. Wie *Don Marquis* feststellte: „Wenn Ihnen jemand erzählt, er sei durch harte Arbeit reich geworden, dann fragen sie ihn doch, durch *wessen* harte Arbeit."

Wir hören im Zusammenhang mit Erfolg oft von harter Arbeit, aber die Verbindung von harter Arbeit und Fehlschlägen ist genauso häufig. Viele Menschen arbeiten hart für ihre Firma und werden dann entlassen. Andere arbeiten hart an einer Ehe, die dann doch geschieden wird. Noch andere arbeiten hart für die Schule oder das Studium, nur um dann beim Abitur durchzufallen, das Examen nicht zu bestehen oder danach keine Arbeit zu finden.

Manchmal entscheidet harte Arbeit wirklich über Erfolg oder Fehlschlag. Leider neigen wir dazu, ihren Wert zu stark zu betonen und andere gleichwertige Erfolgskriterien nicht wahrzunehmen. Ob es nun ein Glück oder Unglück ist, die Erfolge entsprechen selten der vergossenen Menge Schweiß. Wenn Sie sich immer nur mit voller Kraft ins Zeug legen, können Sie nur eines mit Sicherheit erwarten: Eine gebeugte Körperhaltung.

2. „Aktivität = Produktivität"

Man verwechselt immer wieder Aktivität mit Ergebnissen. Das können wir oft am Arbeitsplatz beobachten. In großen Firmen und Behörden wird es oft als schwierig empfunden, die Effektivität eines Mitarbeiters zu bewerten. Folglich ersetzt die Aktivität die Ergebnisse als Maßstab für die Leistung. Wer den meisten Staub aufwirbelt, wird für den besten Arbeiter gehalten und eher für seine Geschäftigkeit als für die Erfolge seiner Arbeit belohnt.

Auch die Stechuhr trägt sehr zu geschäftigem Verhalten bei. Viele von uns arbeiten acht Stunden am Tag; und manchmal gibt es Tage, an denen es einfach wenig oder gar nichts zu tun gibt. Aber in den meisten Fällen müssen wir trotzdem am Arbeitsplatz erscheinen und den ganzen Tag ohne Rücksicht auf die anfallende Arbeit dort verbringen. All das ist aber nur ein Nährboden für zeit- und kraftraubende Verhaltensweisen. Schließlich könnte der Chef auf die Idee kommen, Sie seien überflüssig, wenn Sie nicht beschäftigt aussehen.

Ironischerweise fühlen wir uns gerade dann gezwungen, weiter geschäftig vor uns hin zu arbeiten, wenn wir am wenigsten wissen, was wir eigentlich tun sollen. Nur allzuoft verdoppeln wir unsere Anstrengungen, nachdem wir das Ziel aus den Augen verloren haben. Wir versuchen, unsere mangelnde Ausrichtung auf ein Ziel durch Aktivitäten zu überspielen. Vielleicht läßt sich das am besten durch einen Ausspruch aus der Fremdenlegion zusammenfassen: ,,Im Zweifelsfall: Laufschritt.‘‘

Sie können der Aktivitätsfalle am besten entkommen, wenn Sie sich Ziele setzen und sie im Auge behalten. Man ist meistens dann auf dem Holzweg, wenn man es nicht schafft, das Ziel im Auge zu behalten. Wenn wir ein Ziel erreichen wollen, können wir uns leicht im Gestrüpp der Aktivitäten verzetteln. Unglücklicherweise werden diese Aktivitäten dann selbst zum Ziel, statt Mittel zum Zweck zu bleiben. Das ist ein klassisches Beispiel für den Schwanz, der mit dem Hund wedelt. Wie schon *Thoreau* sagte: ,,Es reicht nicht aus, beschäftigt zu sein ... die Frage ist: Womit sind wir beschäftigt?‘‘

3. ,,Effizienz = Effektivität‘‘

Auf die häufige Verwechslung von Effizienz und Effektivität sind wir schon früher eingegangen. Ich möchte hier besonders betonen, daß die Effektivität der Effizienz vorausgehen muß. Wie können Sie den besten Weg zum Ziel finden, wenn Sie das Ziel nicht kennen?

4. „Je länger, je lieber"

Dieser Mythos fördert den Glauben, Erfolge entsprächen der Zeit, die man einem Ziel widmet. Arbeitssüchtige, die nur für ihre Karriere leben, sind die häufigsten Opfer dieses Mythos'. Man trifft sie sogar spätabends und am Wochenende in ihrem Büro an, und sie widmen jeden verfügbaren Augenblick ihrer Arbeit. Alles andere in ihrem Leben, wie zum Beispiel der Schlaf, die Familie und Unterhaltung liegen weit abgeschlagen auf dem zweiten Platz ihrer Wertetabelle.

Übermäßig langes Arbeiten bringt ganz bestimmte Gefahren mit sich. Erstens neigen wir alle dazu, schläfrig zu werden, wenn wir uns nur lange genug mit einer Aufgabe beschäftigt haben. Wir müssen uns dann von unserer Arbeit lösen und die Batterien neu aufladen. Wenn wir versäumen, das zu tun, behindern wir nur unsere Begeisterung und Kreativität. Und zweitens: Wenn Sie die Gewohnheit annehmen, besonders lange zu arbeiten, dann gibt es immer noch die Nacht oder das nächste Wochenende, um diesen bestimmten Bericht zu schreiben oder jene gewissen Briefe zu beantworten. Sie lassen Parkinsons Gesetz – eine Arbeit dehnt sich immer über die zur Verfügung stehende Zeitspanne aus – in Ihr Leben eindringen. Und schließlich zahlen viele von uns einen unermeßlichen Preis für dieses Verhalten. Nervenzusammenbrüche, eine angeschlagene Gesundheit, zerbrochene Ehen, Alkoholismus und ein vorzeitiger Tod sind unter denen nur allzu verbreitet, die sich von dem Grundsatz „Je länger – je lieber" leiten lassen.

5. „Am besten macht man alles selbst."

Die Begründung für diese Lebenshaltung ist scheinbar vernünftig. Sie müssen niemanden beauftragen oder bezahlen, um die Aufgabe zu erledigen, und Sie müssen nicht überprüfen, ob die Arbeit wirklich zufriedenstellend erledigt wurde. Sie sparen außerdem Zeit, die Sie sonst aufwenden müßten, um jemandem zu erklären, was er tun und wie er das machen soll.

Manchmal ist es wirklich besser, etwas selbst zu tun. Aber aus zwei Gründen ist das trotzdem meistens nicht so. Zum einen: Auch wenn Sie sich allmächtig fühlen, haben Sie Ihre Grenzen. Sie könnten sich auf ein Projekt stürzen, nur um dann festzustellen, daß Sie weder die Zeit und die Ausbildung noch die Hilfsmittel für einen erfolgreichen Abschluß haben. Vielleicht machen Sie das Problem nur noch komplizierter, was die Situation weiter verschlimmert. Jeder, der einmal komplizierte Reparaturen oder Projekte zur Verbesserung des Haushalts in Angriff genommen hat, ist schon in diese Falle gegangen. Sie gehen das hohe Risiko ein, Ihre Zeit und Kraft in ein Faß ohne Boden zu gießen und am Ende mit leeren Händen dazustehen.

Der zweite und wichtigere Grund, warum Sie nicht alles selbst machen sollten, ist der teilweise Verlust Ihrer Effektivität. Wenn Sie einen kleinen Teil Ihrer Persönlichkeit für alles einsetzen, dann heißt das, einen großen Teil Ihrer Persönlichkeit für gar nichts einzusetzen. So verlieren Sie die Fähigkeit, sich auf die sehr wenigen Projekte zu konzentrieren, die den höchsten Gewinn für Ihre Investition an Zeit und Kraft versprechen. Warum sollten Sie Ihre Anstrengungen wie eine Schrotladung streuen, wenn Sie durch ihre Konzentration einen Volltreffer landen könnten?

6. „Der einfachste Weg ist der beste Weg.“

Als der große Philosoph unter den Peanuts, *Linus*, einmal sagte: „Kein Problem ist so groß oder so kompliziert, daß man nicht vor ihm weglaufen könnte“, da unterstützte er den Mythos vom einfachen Ausweg. Das Tonband mit der Aufzeichnung vom einfachen Ausweg wird oft von denen übernommen, die sich vorher ganz auf harte Arbeit verlassen hatten. Wenn ihre ganze harte Arbeit nicht zu den erwarteten Ergebnissen führt, sind sie zutiefst enttäuscht. Anstatt die Lage logisch zu untersuchen und zu versuchen, etwas daraus zu lernen, löschen sie einfach eine Aufzeichnung und spielen eine andere ab.

Diejenigen, die im Leben immer den einfachen Ausweg wählen, kennen die Arbeitsinvestitionstheorie nicht oder haben beschlossen, sie nicht zu beachten. Leider müssen sie meist feststellen, daß der Weg des kleinsten Widerstands einen verborgenen Preis kostet.

Vor einigen Jahren wiesen mich einige Studenten in einem meiner Seminare darauf hin, daß zwei ihrer Kommilitonen für Betrügereien in Prüfungen berüchtigt seien. Bei dem nächsten Test beobachtete ich das Seminar besonders sorgfältig und bemerkte zwei Studenten, die sich sehr seltsam und verdächtig verhielten. Aber nachdem ich den Test ausgewertet hatte, verwarf ich den Gedanken, sie hätten vielleicht gespickt, einfach, weil sie die schlechtesten Arbeiten des ganzen Seminars abgegeben hatten. Später bewiesen mir andere Studenten überzeugend, daß die beiden wirklich gespickt hatten. Ihr Versuch, das System zu überlisten, hatte nur zu den schlechtesten Noten gereicht.

Wer den einfachen Ausweg wählt, versucht das Leben nur mit kurzfristigem Flickwerk zu bewältigen und kümmert sich nicht um den nächsten Tag. Aber in Wahrheit ist nichts einfach. Der einfache Ausweg ist nur etwas für Verlierer.

7. „Hart zu arbeiten ist eine Tugend."

Unsere Gesellschaft setzt seit jeher harte Arbeit mit Tugend und Adel gleich. Sätze wie: „Sie arbeitet wirklich hart" oder: „Er hat wirklich viel zu tun" werden als ganz besondere Komplimente verstanden. *Richard Nixon* faßte diesen Gedanken zusammen, als er feststellte: „Arbeit ist an sich gut. Ein Mann oder eine Frau, die arbeiten, leisten nicht nur einen Dienst für ihre Mitmenschen, sondern werden durch die Arbeit selbst zu besseren Menschen."

Es ist eine fragwürdige Annahme, daß eine menschliche Tätigkeit zu 100 Prozent tugendhaft sein kann. Harte Arbeit macht einige Menschen zu dem, was sie sind, andere zerbrechen an ihr. Es hängt alles von dem einzelnen und der jeweiligen Arbeit ab. Nach allem, was ich gelesen habe, halte ich die Ansicht für gesichert, daß *Hitler* ein harter Arbeiter war. Falls in seiner Arbeit irgendeine Art von Adel verborgen liegt, bin ich einfach unfähig, sie zu sehen.

8. „Arbeit macht keinen Spaß."

Das Alte Testament malt ein sehr düsteres Bild von der Arbeit. Die Arbeit wird als eine Strafe für Sünden betrachtet, und der Mensch muß für sein Überleben den größten Teil des Tages mit knochenbrechender Schinderei verbringen. Und so hat eine weitere häufige Überzeugung ihren Ursprung im Buch Genesis: Arbeit darf kein Vergnügen sein. *Abraham Lincoln* faßte diesen Gedanken in Worte, als er sagte: „Mein Vater lehrte mich zu arbeiten, aber nicht, die Arbeit zu lieben. Ich habe nie gerne gearbeitet, und ich stehe dazu. Ich würde lieber lesen, Geschichten erzählen, Witze reißen, reden, lachen − alles, solange es nicht zur Arbeit wird."

Von allen einprogrammierten Mythen über die Arbeit ist dieser anscheinend schon am weitesten zurückgedrängt. Die meisten Menschen sehen ein, daß es völlig natürlich ist, geistige und körperliche Kräfte einzusetzen. Es hängt vom einzelnen und seiner Arbeit ab, ob die Arbeit Spaß macht, sehr unangenehm ist oder ob alles irgendwo dazwischen liegt. Das Schlimme an diesem Tonband ist, daß Sie nur das Unangenehme an der Arbeit sehen werden, wenn Sie glauben, daß Arbeit nur unangenehm sein kann. Sie gehen dann das hohe Risiko ein, sich selbst um einige der größten Befriedigungen im Leben zu bringen.

9. „Es gibt nur einen besten Weg!"

Der größte Teil unserer Ausbildung führt uns zu dieser Anschauung. In der Schule verwenden wir die meiste Zeit darauf, die einzige Lösung eines Problems oder die einzige Antwort auf eine Frage zu erlernen. Alle anderen Antworten sind falsch, und wer die einzige richtige Antwort kennt, ist meistens der beste Schüler. Nachdem wir jahrelang den einzigen richtigen Weg gelernt haben, übertragen wir diese Denkweise auf unseren Beruf und andere Lebensbereiche. Wenn wir gelernt haben, wie wir unsere Arbeit ausführen sollen, dann kennen wir den einzigen Weg, unsere Aufgabe zu erfüllen. Andere Vorgehensweisen sind keine Überlegung wert. Wenn ein anderer die Aufgabe anders erfüllt, dann muß seine Methode eben falsch sein.

Wenn es um die Arbeit geht, kann uns diese Denkweise ernsthaft schaden. Starres, unbewegliches Denken hindert uns daran, neue, kreative, einfachere und bessere Methoden zu finden, die Arbeit zu meistern.

Wenn Sie einmal die beste Methode finden würden, um eine Arbeit auszuführen, woher würden Sie das dann wissen? Tatsächlich können Sie das gar nicht wissen. Es gibt keine endgültigen Problemlösungen. Es ist eine gute Methode, den Boden mit einem Besen zu fegen, um ihn sauber zu halten, und den Schmutz nicht mit der Hand aufzuheben, aber was ist, wenn ein Staubsauger zur Verfügung steht? Es ist eine gute Faustregel, daß es immer mindestens *zwei* gute Wege gibt, um ein Problem zu lösen.

10. „Mehr Disziplin bedeutet weniger Freiheit."

Während wir erwachsen werden, werden wir alle oft in verschiedene Formen der Disziplin eingeführt. Als kleines Kind saßen Sie an einem Tisch, der in einer Reihe von anderen Tischen stand. Sie durften nicht sprechen. Sie mußten dort sitzenbleiben, bis man Ihnen die Erlaubnis gab, aufzustehen. Sie mußten zu einer bestimmten Uhrzeit zu Hause sein und zu einer bestimmten Uhrzeit ins Bett gehen, auch wenn Sie vielleicht noch gar nicht müde waren. Nachdem Sie gerade erwachsen waren, wurden Sie vielleicht mit einer anderen Form der Disziplin konfrontiert, mit dem Wehrdienst. In der Grundausbildung mußten Sie in der Kaserne sein, wurden Ihrer Persönlichkeit beraubt und mußten Ihr Verhalten genau vorgeschriebenen Regeln anpassen.

Auf dem Hintergrund solcher Erfahrungen ist es kein Wunder, daß das Wort „Disziplin" für die meisten von uns einen negativen Beigeschmack hat. Auch wenn wir vielleicht rückblickend glauben, daß uns das alles genützt hat, verbinden wir tief in unserem Inneren Disziplin mit einem Verlust an persönlicher Freiheit. Also kommen wir zu dem Schluß, daß wir uns nur auf Kosten unserer persönlichen Freiheit Selbstdisziplin auferlegen können. Wir neigen dazu, Freiheit und Disziplin für Gegensätze zu halten, mehr von dem einen bedeutet weniger von dem anderen. Wenn wir ein wenig Abstand nehmen und Freiheit und Disziplin objektiv betrachten, wird offensichtlich, daß das nicht stimmt. Freiheit und Disziplin sind keine Gegensätze. Sie können in den verschiedensten Kombinationen vorkommen. Denken Sie nur einmal an die vier folgenden Verbindungen:

1. Geringe Freiheit kann mit wenig Disziplin verbunden sein. Ein Beispiel dafür sind die Gebiete in der Stadt mit einer hohen Kriminalitätsrate, wo man sich aus Angst um das eigene Leben nicht auf die Straße traut.

2. Große Freiheit kann mit geringer Disziplin verbunden sein. Eine Südseeinsel wie aus dem Bilderbuch, wo das Leben leicht und locker dahinplätschert, wäre ein Beispiel dafür.

3. Geringe Freiheit kann mit großer Disziplin einhergehen, und mit dieser Kombination sind wir alle am besten vertraut. Beispiele dafür sind Gefängnisse, Diktaturen und der Umgang mit dem Finanzamt.

4. Und schließlich kann große Freiheit mit viel Disziplin verbunden sein. Diese Kombination entsteht dann, wenn sich ein Mensch Selbstdisziplin auferlegt. Er setzt sich selbst seine eigenen Ziele, arbeitet eine Strategie aus und legt sich selbst eine Ordnung auf. Er programmiert sich dazu, seine eigenen Bedürfnisse zu befriedigen. Er lernt, das Beste aus seiner Zeit und Kraft zu machen, und am Ende arbeitet er weniger und leistet mehr.

11. „Gerechtigkeit für alle!"

Es wird so viel von Gerechtigkeit gesprochen. Lehrer, Regierungen, Rechtsanwälte, Politiker und Geistliche rufen nach Gerechtigkeit. Es ist so wie mit der Mutterschaft. Wer wollte schon dagegen sein? Und dennoch bleibt die Tatsache bestehen, daß unsere Welt nicht gerecht ist. Das Leben ist ungerecht und wird es immer bleiben. Es kommt immer wieder vor, daß uns das Leben schlechte Karten in die Hand drückt. Sie hatten die Arbeit und ein anderer streicht die Anerkennung ein. Das ist ungerecht. Ein anderer wird befördert, weil er besser mit dem Chef auskommt. Das ist ungerecht. Ihr Vorgesetzter macht Sie für seine eigenen Fehler verantwortlich und Sie werden entlassen. Das ist ungerecht. Sie arbeiten doppelt so hart wie Ihr Nachbar und sind dazu noch zweimal so klug, aber er verdient doppelt so viel wie Sie. Das ist ungerecht. Die Ungerechtigkeit hat unbegrenzte Möglichkeiten.

Das Leben schuldet uns gar nichts. Aber die meisten von uns benehmen sich so, als ob sie schon vor ihrer Geburt einen Vertrag über gerechte Behandlung abgeschlossen hätten. Wenn die Dinge nicht in unserem Sinn laufen, verschwenden wir Unmengen von Zeit und Kraft, um die Ungerechtigkeit zu beklagen, der wir ausgesetzt sind. ,,Das ist unfair!'' - ,,Man hat mich hereingelegt!'' – ,,Wenn die anderen nur nicht gewesen wären!'' - ,,Würde ich denn so etwas mit dir machen?'' – ,,Immer muß es mich erwischen.''

Und was noch schlimmer ist, viele von uns benutzen die Ungerechtigkeit als Ausrede. Warum sollte man es überhaupt versuchen, wenn im Leben sowieso alles schiefgeht? So verschwenden wir nicht nur Zeit mit vergangenen Mißgeschicken, wir versetzen uns dazu noch einen zweiten Schlag, indem wir uns lähmen. Wir geben einfach auf.

Wir besiegen den Gerechtigkeitsmythos, indem wir die Tatsache anerkennen, daß es einfach keine Gerechtigkeit gibt. Gerechtigkeit und Schönheit existieren nur im Auge des Betrachters.

Wenn das Schicksal Sie einmal schlecht behandelt, dann betrachten Sie Ihr Mißgeschick realistisch und beschließen Sie, etwas für die Zukunft daraus zu lernen. Kehren Sie danach auf der Stelle zu den Geschäften des Lebens, zur Freude und zur Leistung zurück. Ein Fehlschlag muß nicht zwangsläufig zu Lähmung und Selbstmitleid führen. Das ist eher eine irrationale Entscheidung, die manche von uns von Zeit zu Zeit treffen.

Wir leben in einer ungerechten Welt, und es gibt keine Erfolgsgarantien. Aber eines ist sicher: Sie haben keinen Erfolg, wenn Sie nichts versuchen.

12. ,,Leistungssteigerung durch Zeitdruck!''

Viele Menschen glauben gerne, daß sie unter Druck am meisten leisten. Aber bei näherer Betrachtung erweist sich das

nschdenken derer, die versuchen, eine Rechtferti-
ihre Aufschiebetaktik zu finden. Der vernünftige
̣sversuch lautet etwa wie folgt: ,,Da ich bessere
̣eit leiste, wenn ich unter Zeitdruck stehe, warte ich lieber bis zum letzten Moment. Das wird mich wirklich moti-
vieren. Und dann schalte ich die Nachbrenner ein,
mobilisiere meine ganze Kraft und vollbringe eine hervorragende Leistung.'' Was für eine glänzende und weitverbreitete Form von Selbstbetrug.

Gleichgültig, was wir gerne glauben möchten, nur wenige
Menschen leisten ihre beste Arbeit unter Zeitdruck, falls das
überhaupt einmal vorkommen sollte. Bevor Sie sich zukünftig unter Zeitdruck setzen, sollten Sie die folgenden möglichen Konsequenzen überdenken:

Zum ersten: Wenn Sie dazu gezwungen sind, schneller als
üblich zu arbeiten, vergrößert sich die Wahrscheinlichkeit,
daß Sie Fehler machen. Und wenn Sie wirklich einen
schwerwiegenden Fehler begehen, könnte Ihnen die Zeit
fehlen, ihn zu berichtigen.

Unter Zeitdruck sind Sie außerdem extrem anfällig für die
Auswirkungen von *Murphys Gesetz*:

Nichts ist so einfach, wie es aussieht. Alles dauert länger
als man denkt. Und alles, was schiefgehen kann, geht
auch schief, und zwar im schlechtesten denkbaren Moment.

Vielleicht kommt etwas besonders Dringliches dazwischen
und nimmt Ihnen die wenigen kostbaren Augenblicke, die
Sie Ihrer Aufgabe zugedacht hatten. Sie warten bis zum
Abend vor dem Abgabetermin, bis Sie anfangen, den wichtigen Bericht für Ihren Vorgesetzten zu schreiben, und dann
regnet es durch das Dach, oder Ihre Frau wird krank, oder
die Schreibmaschine hat einen Defekt. Am Ende kommen
Sie dann nicht dazu, die Arbeit zu beenden, oder Sie erledigen sie so schlecht, daß Sie noch einmal von vorne anfangen

müssen. Wenn Sie beim ersten Mal nicht dazu gekommen sind, etwas richtig zu machen, wo um alles in der Welt wollen Sie dann die Zeit hernehmen, noch einmal anzufangen?

Drittens: Angenommen, alles ist glatt gelaufen und Sie haben in kurzer Zeit wirklich viel geleistet, dann heißt das nur, daß Sie wissen, wie man effektiv arbeitet, aber sich eigentlich erst dann dazu entschließen, wenn Sie unter Zeitdruck stehen. Sie betrügen sich selbst, weil Sie nicht der Mensch werden, der Sie sein könnten. Um es einmal mit *Linus* zu sagen: ,,Es gibt keine schwerere Bürde als eine große Begabung.''

Irreführende Überzeugungen aufgeben

Wenn Sie Ihr Verhalten von irrationalen Überzeugungen wie den oben angeführten bestimmen lassen, wird Ihre Zeit und Kraft auf unproduktive Bemühungen abgelenkt. Deshalb ist es ein großer Schritt auf dem Weg zum effektiveren Arbeiten, wenn Sie alle irrationalen Ansichten über die Arbeit, an die Sie sich vielleicht klammern, aufspüren, ans Licht ziehen und realistisch betrachten. Irrationale Gedanken müssen bewußt offengelegt werden, bevor Sie daran arbeiten können, sie aus Ihrem Leben zu verbannen.

Fangen Sie an, diese alten Ideen, die nicht funktionieren, durch neue Ideen, die wirklich funktionieren, zu ersetzen. Löschen Sie diese alten, abgenutzten Aufzeichnungen und ersetzen Sie sie durch neue, funktionsfähige Programme, die Ihre Geistesgegenwart, Beweglichkeit und Produktivität steigern. Das ist nicht leicht. Es verlangt Erkenntnis, Motivation und Veränderungen. Aber der Versuch lohnt sich!

Kapitel 2

Es geht um Ihr Leben –
Die Ziele des Spiels

*„Wenn Sie wirklich wissen, was Sie vom Leben erwarten,
ist es aufregend zu beobachten, wie die günstigen Gelegenheiten
zu Ihnen kommen werden, die Ihnen auch die Möglichkeit bieten,
Ihre Erwartungen zu erfüllen."*

John M. Goddard

Menschen sind von Natur aus zielsuchende Wesen. Wenn wir keine Ziele haben, führen wir ein sinn- und zweckloses Leben. Wenn Ihnen jemand erzählt, daß er das Leben als nicht lebenswert oder langweilig empfindet, dann schauen Sie genauer hin. Denn tatsächlich sagt er Ihnen, daß er keine lohnenden Probleme zu lösen, keine Hindernisse zu überwinden oder Ziele zu erreichen hat.

Die Entwicklung eines Plans zur Steigerung der Effektivität fängt mit der Festlegung von Zielen an. Man kann mit gutem Recht sagen, daß Ziele und das mit ihnen verbundene Gefühl, ein sinnvolles Leben zu führen, für das bloße Überleben notwendig sind. Statistiken zur Risikobewertung bei Lebensversicherungen weisen viele Fälle von Krankheit und Tod kurz nach der Erreichung des Rentenalters nach. Nach vierzig bis fünfzig Jahren im Berufsleben ist es verständlich, wenn sich ein Mensch seiner Ausrichtung im Leben und seines Selbstwertgefühls beraubt fühlt, wenn ihm der Ruhestand aufgezwungen wird. Viele von uns erreichen völlig unvorbereitet das Rentenalter, ohne jedes weitere Ziel, und am Ende sterben wir, weil wir einrosten und nicht, weil unsere Kraft verbraucht ist.

Halten Sie doch das Ruhestandsyndrom einmal gegen die Tatsache, daß viele kreative Menschen wie Künstler und

Komponisten oft ein viel längeres Leben als der Durchschnitt genießen können. Viele werden weit über achtzig oder neunzig Jahre alt, und oft sind ihre letzten Jahre die schöpferischsten. Anders als die meisten von uns sterben sie in ihren Stiefeln. Bedeutet das, daß Künstler meistens länger leben, weil sie kreativer sind? Das ist keineswegs das Wichtigste. Ich glaube eher, daß die Langlebigkeit von Künstlern auf ein niemals endendes und ununterbrochenes Bewußtsein für Sinn und Richtung des Lebens zurückzuführen ist. Für diese Menschen gibt es immer noch eine Symphonie, die komponiert werden will oder eine Leinwand, die nach Farben verlangt.

Wir können nicht alle Künstler sein, aber wir alle brauchen Ziele und können sie auch finden. Selbstverständlich haben wir alle gewisse Ziele. Aber dennoch ist die Mehrzahl davon unbestimmt und schlecht durchdacht. Nur wenige Menschen unterziehen sich jemals der Aufgabe, sich ganz bestimmte Ziele für das Leben zu setzen. Aber gerade das würde die Chance bedeutend vergrößern, mit weniger Arbeit mehr zu leisten. Solange wir nicht festlegen, was wir wollen, ist es auch nicht sehr wahrscheinlich, es zu bekommen, und in der Zwischenzeit stolpern wir durch das Leben, arbeiten mehr und leisten weniger, weil wir unsere Zeit und Kraft ziellos verschwenden.

Leitlinien zur Zielsetzung

Die meisten Menschen erkennen die Bedeutung von Zielen an. Aber wenn dann die Aufgabe ansteht, tatsächlich feste Ziele zu bestimmen, schrecken wir zurück oder schieben die Aufgabe vor uns her. Der Gedanke bereitet uns Unbehagen. Ein Plan für das Leben scheint eine solche Bürde zu sein, daß die meisten Menschen einfach die Hände zum Himmel heben und schließlich sagen: ,,Ich weiß einfach nicht, wo ich anfangen soll.''

Hier finden Sie nun ein Programm, das Ihnen die Fundamente legen wird, auf denen Sie dann sinnvolle Zielsetzungen aufbauen können. Wenn Sie diesen Anweisungen und Richtlinien folgen, wird es Ihnen viel leichter fallen, sich selbst Ziele zu setzen. Sie werden sogar Freude daran haben.

Selbsterforschungstest

Es hat wenig Sinn, feste Vorstellungen über die eigenen Erwartungen an das Leben zu entwickeln, ohne ein klares Bild von der eigenen Person zu haben. Deshalb geht der folgende Selbsterforschungstest der Zielfestlegung voraus. Wenn Sie erst einmal ein Bewußtsein dafür entwickelt haben, wer Sie wirklich sind, besitzen Sie eine viel tragfähigere Ausgangsbasis für eine sinnvolle Zielsetzung.

Nehmen Sie zehn Karteikarten zur Hand. Beschriften Sie nun die Karten auf jeder Seite mit den folgenden unvollständigen Aussagen: Ich heiße (I h r   N a m e) und ich bin ein/eine _____ . Nehmen Sie sich nun zehn Minuten Zeit und vervollständigen Sie jede Aussage auf eine andere Art. Gehen Sie schnell vor, denn es ist das Ziel dieser Übung, Ihre wirkliche Meinung über sich selbst zu erkennen. Üben Sie bei keiner Antwort, die Ihnen in den Sinn kommt, Selbstzensur aus. Antworten wie ,,ein Spieler'', ,,ein Alkoholiker'' oder ,,ein Tischtennisfeind'' sind nicht weniger wertvoll als Antworten wie ,,ein Mensch'', ,,ein Vater/eine Mutter'', ,,ein Student'', ,,eine Ehefrau'', ,,ein Hausbesitzer'' oder ,,ein Sportfan''.

Wenn Sie mehr als zehn Karten benötigen, um so besser. Benutzen Sie so viele wie nötig. Manche Menschen haben Schwierigkeiten, zehn Antworten zu finden. Das liegt meistens daran, daß sie ihre Gedanken zensieren. Wenn Sie diesem Problem gegenüberstehen, dann führen Sie diese Übung allein und an einem ungestörten Ort durch. Denken Sie vor allem daran, daß es bei dieser Übung keine richtigen und falschen Antworten gibt. Die Hauptsache ist Spontaneität.

Wenn Sie alle zehn Aussagen vervollständigt haben, lesen Sie die Liste durch, sortieren Sie die Antworten nach ihrer Wichtigkeit und numerieren Sie sie. Dann drehen Sie die erste Karte um und ergänzen den folgenden Satz: ,,Dieses 'ich bin' steht an erster Stelle, weil _____ .'' Wiederholen Sie den Vorgang bei allen weiteren Karten.

Nehmen Sie sich nun Zeit, Ihre Selbsterforschungskarten genau anzuschauen und über sie nachzudenken. Stellen Sie sich vor, ein anderer hätte die Karten beschriftet und schreiben Sie die Antworten zu folgenden Fragen auf:

1. Was sagen mir die Karten über diese Person?
2. Was ist ihm/ihr besonders wichtig?
3. Was würde diese Person gerne mit seinem/ihrem Leben anfangen, wie unterscheidet sich das von meiner Lebensführung?
4. Wenn diese Person nur noch sechs Monate zu leben hätte, wie sollte er/sie diese Zeit meiner Meinung nach verbringen?

Bewahren Sie die Selbsterforschungskarten und Ihre Antworten auf die obigen Fragen griffbereit auf. Sie werden darauf noch zurückgreifen wollen, wenn Sie Ihre persönlichen Zielsetzungen formulieren.

Die eigenen Ziele festlegen

Beim Versuch, zu entscheiden, was Sie vom Leben erwarten, hilft es Ihnen, wenn Sie Ihre Ziele in übersichtliche Kategorien aufteilen. Versuchen Sie, das mit der folgenden Übung zu erreichen. Nehmen Sie sechs weitere Karteikarten oder Zettel zur Hand und bezeichnen Sie jede mit einer der folgenden Überschriften: Karriere, persönliche Beziehungen, Freizeit, Entwicklung der Persönlichkeit, Materielles und Prestige. Dann nehmen Sie eine der Karten und schreiben Sie einige Ziele auf, die Sie in dem jeweiligen Bereich erreichen wollen, so wie sie Ihnen gerade spontan einfallen. Genau wie in der ersten Übung sollten Sie schnell arbeiten und Ihre Impulse nicht bewerten. Wenn Sie glauben, daß Sie etwas tun wollen, haben Sie ein mögliches Ziel gefunden.

Sorgen Sie auf jeden Fall dafür, daß Ihre Ziele wirklich Ihre eigenen Ziele sind! Ich kann die Bedeutung dieses Punktes gar nicht genug betonen. Es geht um Ihr Leben. Übernehmen Sie die Verantwortung und tun Sie das, was für Sie sinnvoll ist. Wenn es in diesem Buch ein Konzept gibt, das die Wichtigkeit der Ziele noch übersteigt, dann ist es dieses: Sie selbst und nur Sie selbst müssen die Ziele festgelegt haben.

Unglücklicherweise lassen die meisten Menschen zu, daß ihre Ziele von Arbeitgebern, Eltern, Ehepartnern, Kindern, der Regierung oder von wem auch immer festgelegt werden. Ihre eigene Zielsetzung und die Treue zur eigenen Persönlichkeit werden durch eine Vielzahl von Kräften belastet, die andere Erwartungen an Sie herantragen.

Die Festlegung der eigenen Ziele und das Streben, sie auch zu erreichen, sind große Schritte auf dem Weg zu persönlicher Freiheit und zu einem sinnvollen Leben. Das schließt nicht aus, daß Sie auch das tun, was andere von Ihnen erwarten oder Anregungen über Ihre Ziele bedenken. Wenn Sie sich mit Freunden und Verwandten unterhalten, die Sie gut kennen, können sogar einige sinnvolle Ziele ans Tageslicht kommen, an die Sie allein nie gedacht hätten. Aber die endgültige Entscheidung über Ihre Ziele müssen Sie sich unter allen Umständen selbst vorbehalten. Wie *Christopher Morley* feststellte: ,,Es gibt nur einen Erfolg — die Fähigkeit, das Leben auf die eigene Art zu leben.''

Jetzt könnten Sie zu der Ansicht gelangt sein, daß dieses Reden über die Festlegung der eigenen Ziele zwar interessant, aber doch etwas unrealistisch ist. Wenn ich in Seminaren die Bedeutung von selbstgesetzten Zielen diskutiere, höre ich oft die folgende Reaktion: ,,Aber sicher, ich würde gerne eine Firma eröffnen, Weiterbildungsmaßnahmen besuchen oder in eine andere Stadt umziehen, aber ich muß doch der Realität ins Auge blicken.'' Und dann höre ich eine Reihe von Entschuldigungen, wie zum Beispiel: Ich bin zu alt, meine Frau würde mich verlassen, meine Eltern werden langsam alt und gebrechlich, ich muß an meine Kinder denken, und so weiter. Aber in Wahrheit sind solche Rechtfertigungen einfach nur die Angst vor Fehlschlägen und der Versuch, in einer Welt, wo es keine Sicherheit gibt, sich an Sicherheiten anzuklammern.

Mein guter Freund *Dennis Had* ist ein hervorragendes Beispiel für den Wert persönlicher Zielsetzungen. Im Jahr 1974 arbeitete Denny bereits seit längerer Zeit als Börsenmakler und entsprach nach den Maßstäben der Gesellschaft exakt dem Bild eines erfolgreichen Amerikaners der Mittelschicht. Er war glücklich verheiratet, hatte drei prächtige Kinder, ein Haus, zwei Autos und ein Magengeschwür. Obwohl er als Börsenmakler finanziell erfolgreich war, entsprach die Art der Arbeit nicht Dennys' Temperament. Er sehnte sich nach einer weniger abstrakten Tätigkeit und war enttäuscht von der eigenen Unfähigkeit, sein Schicksal zu bestimmen.

Denny überwand seine Frustrationen, indem er die Augen für die Tatsache öffnete, daß nur er selbst und der Himmel sein Schicksal bestimmen konnten. Weil er schon von Kindheit an ein begeisterter Funkamateur gewesen war, entschied er sich, seine eigene Firma, die *Dentron Radio Company*, zu gründen und Ausrüstungen für Amateurfunkstationen herzustellen und anzubieten.

Im April 1974 gab Denny seine Arbeit auf, verkaufte die Autos der Familie, um Kapital zu sammeln, schöpfte die finanziellen Möglichkeiten seiner Kreditkarten bis zum letzten aus und fing an, in seinem Keller Amateurfunkausrüstungen herzustellen. So entstand die Firma Dentron. Viele von Dennys Freunden und Verwandten sahen das mit Sorge und Mißbilligung, sie waren fest davon überzeugt, daß er den Verstand verloren hatte.

Am 28. August 1974 verbuchte Dentron den ersten Verkauf. Im April 1975 zog Dentron aus Dennys Keller in das Werk in Twinsburg, Ohio, um. Bis zum Ende des Jahres 1975 war der Umsatz von Dentron auf über eine Million Dollar gestiegen.

Heute ist Denny Had der Eigentümer und Präsident einer wachsenden Multi-Millionen-Dollar-Firma und -Verkaufsorganisation, die weltweit Funkausrüstungen an Amateure und öffentliche Einrichtungen verkauft. Unbegrenzte Energie und eine Begeisterung fürs Leben sind kennzeichnend für den heutigen Denny Had. Er ist ein lebendiger Beweis für *James Barries* Behauptung: ,,Nichts ist wirklich Arbeit, solange man nicht lieber etwas anderes tun würde.''

Denny Hads Methode zur Erreichung von Zielen ist einfach. ,,Sobald Sie wissen, was Sie wirklich wollen, legen Sie die Scheuklappen an und gehen Sie mit vollem Tempo voran. Hören Sie auf keinen anderen, denn man wird Ihnen nur erzählen, warum etwas unmöglich ist'', sagt Denny. Es ist nicht übermäßig erstaunlich, daß er schon seit Jahren nicht mehr unter Magengeschwüren leidet.

Im folgenden finden Sie eine Liste mit mehreren Beispielen für Ziele aus allen Bereichen, die bei dieser Übung entstehen könnten. Ich möchte damit nicht sagen, daß Ihre Ziele darunter sein müssen, sie dienen hier nur der Veranschaulichung. Wenn Ihnen ein Ziel einfällt, das in mehr als eine der Kategorien paßt, dann schreiben Sie es auf jeder passenden Karteikarte auf. Ein Ziel, das mehrmals erscheint, ist normalerweise besonders gut, weil es einen größeren Bereich von Befriedigungen abdecken kann.

Ich will folgende Ziele erreichen:

In der Karriere:

* Mit vierzig Jahren Generaldirektor meiner Firma sein
* Noch dieses Jahr befördert werden
* Eine Laufbahn finden, die meinen Neigungen und Fähigkeiten besser entspricht
* Mein eigenes Restaurant eröffnen
* In der Firmenzentrale arbeiten
* Der beste Handelsvertreter in meinem Bezirk werden
* Die Stelle meines Vorgesetzten einnehmen
* Zur Konkurrenz überwechseln
* Meine Stelle aufgeben und College-Professor werden
* Die Buchhalterprüfung bestehen

In den persönlichen Beziehungen:

* Jeden Tag zwei Stunden einsetzen, um meine Kinder besser kennenzulernen
* Mindestens alle drei Monate einmal mit meiner Frau einen Wochenendausflug machen
* Jeden Tag mindestens einen neuen Menschen kennenlernen
* Mir einen Feind zum Freund machen
* Mich verlieben
* Heiraten
* Mich scheiden lassen
* Jeden Monat eine neue enge Freundschaft schließen
* Lernen, mich an Namen zu erinnern
* Meine Schwiegermutter aus dem Haus werfen

In der Freizeit:

* Jeden Tag eine bessere Methode finden, während der Arbeit anderen Interessen nachzugehen
* Auf eine Safari gehen
* An einer Orgie teilnehmen
* Eine Amateurfunklizenz erwerben und mit Menschen überall auf der Welt Kontakt aufnehmen

* Ein Boot kaufen
* Einen Roman schreiben
* Eine Weltreise machen
* Doggen züchten
* Samstags lange schlafen
* Den Sonnenuntergang beobachten

Bei der Entwicklung der Persönlichkeit:
* Jeden Tag ein neues Wort lernen
* Einen Schnellesekurs belegen
* Lernen, mit meiner Zeit und Kraft besser umzugehen
* Jeden Monat einen Vortrag über ein Thema besuchen, über das ich wenig oder gar nichts weiß
* Lernen, mein Temperament zu zügeln
* Französische Konversation üben
* Berufssoldat werden
* Eine Nacht in der Gosse oder im Gefängnis verbringen
* Ehrenamtlich eine soziale Tätigkeit aufnehmen

Im materiellen Bereich:
* In fünf Jahren finanziell unabhängig sein
* Dieses Jahr ein Haus kaufen
* Einen Sportwagen fahren
* Die perfekte Stereoanlage kaufen
* Ein Motorrad kaufen
* Eine Yacht kaufen und auf ihr wohnen
* Ein Mietshaus erwerben
* Ein weiteres Bad ins Haus einbauen
* Genug Geld verdienen, um die Zinsen zu zahlen

Im sozialen Bereich:
* Einem angesehenen Verein beitreten
* In den Kirchenvorstand gewählt werden
* Das Studium mit Auszeichnung abschließen
* Mich um ein politisches Amt bewerben
* Teure Kleidung tragen

* In eine angesehene Gegend umziehen
* Bankette für Prominente veranstalten
* Kapitän meiner Fußballmannschaft werden
* Zum Mitarbeiter des Monats gewählt werden
* Als Experte im Radio oder Fernsehen auftreten

Greifen Sie auf jeden Fall auf Ihre Selbsterforschungskarten zurück, wenn Sie Ihre möglichen Ziele aufschreiben. Das wird Ihnen sehr helfen, den Weg zu sinnvollen Zielen zu finden. Wenn zum Beispiel auf einer Selbsterforschungskarte steht: ,,Ich bin ein Vater'', kann sich daraus logisch als Ziel ergeben, jede Woche mehr Zeit freizuhalten, um die Kinder besser kennenzulernen oder einen Hobbyraum für die Familie einzurichten. Wenn Sie auf einer Karte das Wort ,,Golfspieler'' finden, ergeben sich als mögliche Ziele, für einen neuen Satz Schläger zu sparen oder das Ergebnis bis zum Ende des Jahres um fünf Schläge zu verbessern. Dem liegt der Gedanke zugrunde, die Selbsterforschungskarten als Führer zu den Dingen im Leben zu benutzen, die Ihnen am meisten bedeuten.

Es gibt zwei Gründe, die Ziele schriftlich festzuhalten. Erstens: Es hilft Ihnen, klarer herauszufinden, was Sie wirklich wollen, wenn Sie Ihre Ziele aufschreiben. Die meisten Menschen schreiben ihre Ziele niemals auf. Wir sind schon damit zufrieden, einfach nur über sie nachzudenken. Aber Gedanken sind flüchtig und wenn die Ziele nur Gedanken bleiben, gehen wir ein großes Risiko ein, nur Tagträumen nachzuhängen. Schriftlich festgelegte Ziele können nicht so leicht vergessen werden oder im Alltagstrott untergehen.

Es verstärkt auch Ihre persönliche Bindung an Ihre Ziele, wenn Sie diese aufschreiben. Wenn Sie sich die Zeit nehmen, über Ihr Leben und Ihre Erwartungen ans Leben nachzudenken, dann wenden Sie die Arbeitsinvestitionstheorie auf das Planen an. Das ist eine Investition Ihrer Zeit, die einen der höchstmöglichen Gewinne verspricht. Wenn Sie sich die Mühe machen, Ihre Ziele aufzuschreiben, dann heißt das, daß Sie mehr von sich in ein Ziel einbringen als nur Gedanken. Und der Grad der Verpflichtung, die Sie einem Ziel gegenüber eingegangen sind, ist der wichtigste einzelne Entscheidungsfaktor dafür, ob Sie es auch erreichen.

Wenn Sie diese Übung abgeschlossen haben, besitzen Sie den ersten Rohentwurf Ihrer Ziele. Die Festlegung von Zielen entspricht in vieler Hinsicht dem Schreiben eines Artikels oder eines Berichts. Am Anfang bringen Sie einige Ideen aufs Papier und nehmen dann die Aufgabe in Angriff, Sie zu verfeinern, aufzupolieren und ein zusammenhängendes Ganzes daraus zu formen. Die folgenden Richtlinien sollen Ihnen helfen, Ihre Gedanken über das, was Sie gerne tun würden, in einen zusammenhängenden Plan zu verwandeln, wie Sie das Beste aus Ihrem Leben machen können.

Herausfordernde, aber erreichbare Ziele

Vor einigen Jahren wurde in einem Bürogebäude in der Innenstadt ein Experiment zur Leistungsmotivation durchgeführt. Ungefähr fünfzehn Leute wurden eingeladen, an einem Ringwerfspiel teilzunehmen. An einem Ende des Raums wurde ein Stab aufgestellt und jeder Spieler erhielt mehrere Seilringe, die er über den Stab werfen sollte. Jeder Spieler durfte die Entfernung von dem Stab beim Werfen frei auswählen. Diejenigen Spieler, die dicht beim Stab standen, trafen das Ziel mit Leichtigkeit und verloren schnell das Interesse am Spiel. Einige Spieler standen in weiter Entfernung, erzielten keinen Treffer und verloren bald den Mut. Einige Spieler dagegen hatten eine Entfernung gewählt, die das Spiel zu einer Herausforderung machte, aber den Erfolg ermöglichte. Die Versuchsleiter interpretierten das als Anzeichen für eine hohe Leistungsmotivation. Menschen, die viel erreichen, ziehen normalerweise gerne ihre

Befriedigung daraus, sich ständig herausfordernde, aber erreichbare Ziele zu setzen.

Experten der Leistungsmotivation wie *David McClelland* sind davon überzeugt, daß das Bedürfnis nach Leistung erlernbar ist. Es ist ein großer Schritt auf diesem Weg, ein Ziel festzusetzen, das Sie für erreichbar halten, das Sie aber gleichzeitig auch dazu zwingt, Ihre gesamten Fähigkeiten einzusetzen.

Wenn Sie die Karteikarten mit Ihren Zielen durchgehen, dann suchen Sie die Ziele aus, die erreichbar und herausfordernd sind. Unerreichbare Ziele sind keine Ziele – sie sind nur Fantasien. Nur Sie selbst können entscheiden, ob ein Ziel erreichbar ist. Wenn Sie glauben, daß Sie ein für Sie sinnvolles Ziel erreichen können, dann empfehle ich Ihnen dringend, es zu verfolgen.

Spezifische und meßbare Ziele

Je spezifischer Sie Ihre Ziele ausgestalten, um so mehr Orientierung werden Sie im Leben haben. Wenn Sie zum Beispiel das Ziel haben, ein Haus zu kaufen, dann fangen Sie mit dem Versuch an, Ihre Vorstellungen genau festzulegen. Wie groß soll das Haus sein? Wie viele Stockwerke soll es haben? Wie viele Zimmer soll es haben? Ein Fertighaus oder ein Massivbau? Wie groß soll das Grundstück sein? Wo soll das Haus liegen? Wie teuer darf es sein? Es gibt noch viele weitere Kriterien. Wenn Sie das Ziel haben, finanziell unabhängig zu werden, dann setzen Sie sich doch mit Papier und Bleistift hin und legen Sie fest, wieviel Geld Sie dazu brauchen. Es ist eine sehr persönliche Entscheidung, mit welchem Betrag Sie finanziell unabhängig sind. Für einige Menschen sind 100 000 DM genug, für andere reicht selbst eine Million nicht aus.

Vor einigen Jahren habe ich viel Zeit und Kraft gespart,

indem ich ein spezifisches Ziel festgelegt habe. Ich hatte das Ziel, ein Haus zu kaufen. Dazu legte ich schriftlich einen detaillierten Plan fest und fing danach damit an, die Immobilienanzeigen zu lesen. Zehn Tage später fand ich eine Anzeige für ein Haus in der Gegend, wo ich wohnen wollte. Das Haus entsprach in allen Einzelheiten meiner Wunschliste, bis auf eine Ausnahme: Der Preis lag um 20 Prozent unter meinen Erwartungen. Ich habe das Haus gekauft und lebe seitdem glücklich und zufrieden darin. Es war das erste Haus, das ich besichtigt hatte, und ich habe es gefunden, ohne einen Immobilienmakler einzuschalten. Natürlich habe ich Glück gehabt. Aber denken Sie daran, daß das Glück aus der günstigen Gelegenheit, die mit Vorbereitung zusammentrifft, besteht. Sie werden viel Zeit sparen, wenn Sie spezifisch festlegen, was Sie eigentlich wollen.

Nicht alle Ziele sind so leicht erfaßbar wie das Einkommen oder die Einzelheiten eines Hauses. Das Ziel, ein guter Vater, eine gute Mutter oder ein verantwortungsbewußter Staatsbürger zu werden, ist nicht in Zahlen oder Daten zu erfassen. In solchen Fällen können Sie eine Bewertungsskala von Eins bis Zehn aufstellen, in der Eins für den schlechtesten und Zehn für den bestmöglichen Wert steht. Dann können Sie Ihren jetzigen Platz auf der Skala einschätzen und festlegen, wo Sie gerne sein würden.

Wenn Sie glauben, daß eine Bewertungsskala nicht geeignet ist, dann können Sie immer noch versuchen, Ihre Wünsche so lebendig wie möglich in Worte zu fassen. Wenn Sie zum Beispiel Ihr äußeres Erscheinungsbild verbessern wollen, dann beantworten Sie doch einfach Fragen wie die folgenden: Wie kann ich meine Haare, meine Haut, meine Zähne, meine Augen, mein Gewicht und meine Kleidung verändern, damit ich besser aussehe? Eine solche Beschreibung gibt Ihnen eine viel bessere Orientierung als der einfache Satz: ,,Ich will besser aussehen.''

Wenn Sie feststellen, daß Sie ein Ziel weder in Zahlen fas-

sen, messen, bewerten oder beschreiben können, dann können Sie es getrost vergessen.

Überprüfen Sie die Vereinbarkeit Ihrer Ziele

Es ist möglich, daß Sie sich zwei oder mehr Ziele setzen, die nicht miteinander vereinbar sind. Sie möchten Vertriebsleiter Ihrer Firma werden, aber die persönliche Freiheit nicht aufgeben, die Sie als Handelsvertreter haben. Sie möchten zum besten Mitarbeiter in Ihrer Abteilung werden, was viele Überstunden und auch Arbeit am Wochenende erfordert, aber trotzdem mehr Zeit für Ihre Familie haben. Sie möchten dieses Jahr einen Auslandsurlaub machen, aber das Dach Ihres Hauses muß neu gedeckt werden und Sie können sich nicht beides gleichzeitig leisten. Das sind ganz alltägliche Beispiele für unvereinbare Ziele.

Oder Sie setzen vielleicht Ihre Zeit und Kraft für mehrere Projekte zur selben Zeit ein, nur um dann festzustellen, daß Sie nicht alle davon zum erfolgreichen Ende führen können. Unvereinbare Ziele können zu Unsicherheit und Unentschlossenheit darüber führen, welche Ziele man nun verfolgen soll. Häufig strebt man in der Folge gar kein Ziel mehr an. Überprüfen Sie gleich zu Beginn die Vereinbarkeit Ihrer Ziele. Sie können dadurch viel Zeit sparen und Frustrationen vermeiden.

Ihre Ziele wachsen mit Ihnen

Viele Menschen schrecken davor zurück, Ziele schriftlich festzulegen, weil sie das Gefühl haben, jene auf Papier festzuhalten sei genauso, wie sie für alle Zeiten in Stein zu meißeln. Es ist jetzt und hier an der Zeit, diese Idee zurückzuweisen. Als eine lebende, wachsende Persönlichkeit werden sich Ihre Bedürfnisse und Werte immer weiterentwickeln. Und deshalb werden Sie einige Ihrer Ziele neu bewerten und oftmals verändern, aufgeben oder ersetzen müssen. Wenn Sie das nicht in einem gewissen Grad tun, dann verwenden Sie nur wenige Gedanken darauf, wohin Sie sich bewegen, oder vielleicht halten Sie Ziele für starr und unbeweglich.

Ein guter Plan ähnelt in gewisser Hinsicht einem bequemen Schuh. Er erfüllt seinen Zweck und verändert seine Form, um sich den Bedürfnissen seines Benutzers anzupassen. Denken Sie daran, wenn Sie Ihre Ziele festlegen und bewerten.

Zeitlimits

Sie sollten sich nach der folgenden, bewährten Regel richten: Ein Ziel wird erst dann zum Ziel, wenn Sie ein Zeitlimit für seine Verwirklichung festgelegt haben. Zieldaten sind ein weiteres Mittel, um Ihre Motivation und Verpflichtung für ein Ziel zu stärken. Wenn Sie ein großes Ziel in Angriff nehmen wollen, dann unterteilen Sie es in Teilziele und legen Sie auch für die Teilziele Enddaten fest. Wenn Sie den Zeitplan für Teilziele einhalten, werden Sie die Befriedigung und den Stolz erleben, der aus sinnvollem Fortschritt entsteht. Und das wird wiederum noch größeren Schwung erzeugen, große Ziele zu erreichen. Zieldaten sollten genau wie Ziele realistisch sein.

Um leichter realistische Zieldaten festlegen zu können, sollten Sie jedes Ziel von einer relativen zeitlichen Perspektive aus betrachten. Aus Gründen der Einfachheit wollen wir deshalb unsere Ziele in drei zeitliche Kategorien unterteilen:

Ziele für das ganze Leben – Ergebnisse, die Sie im Lauf Ihres Lebens erreichen oder erfahren wollen. Oft, aber nicht immer, sind das langfristige Projekte und es dauert über ein Jahr, um solche Ziele zu erreichen.

Mittelfristige Ziele – Ziele, die Sie in weniger als einem Jahr erreicht haben wollen.

Tägliche Ziele — sie stellen sicher, daß Sie das Beste aus jedem Tag machen.

Alle diese Ziele müssen in Beziehung zueinander bedacht werden. Die täglichen Ziele sollen zur Erreichung von mittelfristigen Zielen beitragen. In vergleichbarer Weise sollen die mittelfristigen Ziele so festgelegt werden, um zu den Zielen für das Leben beizutragen. Das hat den Sinn, Ihren Gebrauch von Zeit und Kraft so zu koordinieren, um die höchstmögliche Effektivität zu erreichen. Das Konzept, Ziele zu einer Hierarchie zu koordinieren, wird Zielkongruenz genannt. Wenn Sie Ihre Ziele in einen Zeitrahmen einordnen, dann werden Sie vielleicht einige davon im Interesse der Zielkongruenz verändern oder aufgeben und andere Ziele hinzufügen wollen. Die meisten von uns unterlassen das. Wenn wir es nicht schaffen, unsere Gegenwart in eine Beziehung zu unserer Zukunft zu setzen, werden wir jeden Tag wieder aus dem Nichts neu anfangen müssen. Wir werden die erschreckende Tatsache bemerken, daß wir mit Vollgas fahren, aber doch nicht vorwärts kommen. Passen Sie auf, daß Ihnen das nicht geschieht.

Nehmen Sie ein Blatt Papier zur Hand und geben Sie ihm die Überschrift „Ziele für das Leben". Auf der Grundlage Ihrer Aufzeichnungen sollten Sie kaum Schwierigkeiten haben, eine Anzahl von Zielen zu finden. Viele davon werden sicher sehr weit gefaßt sein. Das ist völlig in Ordnung. Ziele für das ganze Leben haben die Aufgabe, für eine Gesamtausrichtung Ihres Lebens zu sorgen. Der Glaube, man könnte das ganze Leben bis in die Einzelheiten durchplanen, ist unrealistisch. Ihre mittelfristigen Ziele werden bestimmt schon spezifischer ausfallen, am genauesten abgegrenzt sollten die täglichen Ziele sein.

Von Zeit zu Zeit werden Sie den Wunsch haben, Ihre Zieleliste zu aktualisieren. Sie sollten damit rechnen, daß im Lauf Ihrer Weiterentwicklung neue Ziele in Ihre Liste aufgenommen und alte gestrichen werden.

Die meisten Menschen betrachten mittelfristige Ziele als Projekte – Dinge, die wir in überschaubarer Zukunft zu Ende führen wollen, normalerweise in weniger als einem Jahr. Projekte können die Lücke zwischen den täglichen Pflichten und den langfristigen Zielen überbrücken.

Im folgenden finden Sie eine Übung zur Projektplanung. Nehmen Sie einige Blätter Papier zur Hand und bearbeiten Sie die folgenden Fragen und Aufgaben:

1. Stellen Sie klar und deutlich abgegrenzt ein Ziel dar, das Sie in den nächsten sechs Monaten erreichen möchten.

2. Warum möchten Sie dieses Ziel erreichen?

3. Was wird es für Sie bedeuten, wenn Sie Erfolg haben?

4. Wie sehr streben Sie danach, dieses Ziel zu erreichen?

5. Wie wird das Erreichen dieses Zieles zum Erreichen längerfristiger Ziele beitragen?

6. Welchen Preis werden Sie für das Erreichen dieses Ziels bezahlen müssen? Sind Sie bereit, ihn zu zahlen?

7. Bewerten Sie realistisch Ihre Aussichten, das Ziel zu erreichen.

8. Was geschieht, wenn Sie keinen Erfolg haben?

9. Stellen Sie eine Liste der wichtigen Teilziele auf dem Weg zu diesem Ziel auf und legen Sie für jedes einen Zeitrahmen fest.

10. Welche Hindernisse stehen dem erfolgreichen Abschluß dieses Projekts im Weg? Wie werden Sie diese überwinden?

11. Was können Sie heute schon tun, um die ersten Schritte auf dem Weg zu diesem Ziel zurückzulegen?

Viele von Ihnen werden es sich zur Gewohnheit gemacht haben, tägliche Ziele festzulegen. Deshalb kennen sie schon den Wert einer täglichen Aktivitätenliste. Es gibt eine wohlbekannte Geschichte über die Effizienz einer täglichen Aktivitätenliste. Sie betrifft *Charles Schwab* in seiner Zeit als Präsident der Firma *Bethlehem Steel*. Er konsultierte den Unternehmensberater *Ivy Lee* und sagte: ,,Zeigen Sie mir eine Methode, wie ich in kürzerer Zeit mehr als bisher leisten kann, und ich werde Ihnen jedes beliebige Honorar zahlen, das in vernünftigem Rahmen bleibt."

,,Das ist gut", antwortete Lee. ,,Ich werde zwanzig Minuten brauchen, um Ihnen etwas zu erklären, das Ihre Leistung um mindestens fünfzig Prozent steigern wird."

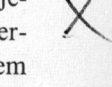

Und dann überreichte Lee Schwab ein leeres Blatt Papier und sagte: ,,Schreiben Sie die sechs wichtigsten Aufgaben auf, die Sie morgen erledigen müssen, und numerieren Sie sie nach ihrer Wichtigkeit. Stecken Sie diesen Zettel dann in die Tasche und schauen Sie sich morgen als erstes die Aufgabe Nummer 1 an. Fangen Sie dann damit an, diese Aufgabe bis zum Abschluß zu bearbeiten. Erledigen Sie dann Aufgabe Nummer 2, und so weiter. Fahren Sie bis zum Feierabend so fort und machen Sie sich keine Sorgen, wenn Sie nur ein bis zwei Aufgaben abgeschlossen haben. Sie werden so auf jeden Fall die wichtigsten Aufgaben zuerst bearbeiten. Wenn Sie nicht alle Aufgaben auf diese Art erledigen können, hätten Sie es auch mit keiner anderen Methode geschafft; und ohne ein System hätten Sie wahrscheinlich nicht einmal entscheiden können, welche Aufgaben die wichtigsten sind."

Zum Schluß sagte Lee: ,,Wenden Sie dieses System an jedem Arbeitstag an. Wenn Sie dann von seinem Wert überzeugt sind, lassen Sie Ihre Mitarbeiter das System ausprobieren. Versuchen Sie das, so lange Sie wollen und schicken Sie mir dann einen Scheck über den Betrag, den das System Ihnen wert ist."

Einige Wochen später schickte Schwab Lee einen Scheck über 25 000 Dollar und einen Begleitbrief zu, der den Rat als den lohnendsten pries, den er jemals erhalten hätte. Dieses Konzept half Charles Schwab dabei, viele Millionen Dollar zu verdienen und Bethlehem Steel zum größten privaten Stahlwerk der Welt zu machen.

Sie mögen Charles Schwab jetzt für einen Narren halten, weil er 25 000 Dollar für eine solch einfache Idee bezahlt hat. Aber Schwab hielt dieses Beratungshonorar für eine seiner besten Investitionen. ,,Natürlich war es ein einfacher Gedanke", sagte Schwab. ,,Aber welche Idee ist nicht im Grunde genommen einfach? Zum ersten Mal erledigten ich und meine Mitarbeiter die wichtigsten Dinge zuerst."

Stellen Sie am Anfang jedes Tages eine Liste der notwendigen Tätigkeiten auf. Machen Sie daraus eine Gewohnheit wie das Zähneputzen oder die Tasse Kaffee zum Frühstück. Schreiben Sie alles auf, was Sie an diesem Tag erledigen möchten und geben Sie den Aufgaben eine Rangfolge nach ihrer Bedeutung. Dieser kleine Einsatz von Zeit und Kraft wird sich auf jeden Fall immer wieder für Sie auszahlen. Achten Sie aber darauf, daß Ihre Liste auf einem einzigen Blatt Papier und nicht auf mehreren Zetteln steht. Wählen Sie den Zettel auch so klein, daß er in Ihre Tasche oder Ihr Portemonnaie paßt. Sie sollten die Liste immer bei sich tragen. Wenn Sie jemals die Versuchung spüren, die Aktivitätenliste nur im Kopf zu behalten, denken Sie daran, was *Ziggy*, die bekannte Comicfigur, einmal sagte: ,,Ich habe mir einen geistigen Notizzettel gemacht, um nicht zu vergessen, was ich heute tun muß ... aber ich habe den Zettel verloren."

Prioritäten setzen − Die 80-zu-20-Regel

Wenn Sie die obigen Zielsetzungsübungen durchgeführt haben, bereitet es Ihnen keine Schwierigkeiten mehr, viele mögliche Ziele zu finden. Tatsächlich werden Sie sogar genug Ziele für mehrere Leben haben. Aber Sie müssen weiterhin mit nur einem Leben auskommen. Sie stehen jetzt vor der Aufgabe, Prioritäten zu setzen − zu entscheiden, welche Ziele für Ihre gesamte Zufriedenheit und Erfüllung am wichtigsten sind. Prioritäten zu setzen bedeutet einfach, den wichtigsten Dingen den wichtigsten Platz einzuräumen.

Das einfachste System zur Setzung von Prioritäten ist die Aktivitätenliste mit Ihren nach ihrer Wichtigkeit geordneten Zielen, wie Charles Schwab sie benutzte. Andere Menschen, wie der Zeitmanagement-Trainer *Alan Lakein*, bevorzugen die A-B-C-Methode. Ziele werden zunächst in drei Kategorien eingeteilt:

A: Unbedingt notwendig
B: Wichtig
C: Wünschenswert

Danach wird eine Ordnung in jeder Kategorie aufgestellt. Ihr Ziel mit der höchsten Priorität heißt also A-1. Dahinter steht der Grundgedanke, mit der Kategorie A anzufangen und erst dann zur Kategorie C überzugehen, wenn alles aus den Kategorien A und B abgearbeitet ist.

Es ist nicht wichtig, welches Prioritätensystem Sie benutzen, solange es nur funktioniert. Ich komme mit einer einfachen Numerierung aus. Andere Menschen entwickeln Freude an ihrer Kreativität und markieren ihre Prioritäten mit verschiedenen Farben. Die Aufgaben mit der höchsten Priorität werden rot unterstrichen, für mittlere Priorität steht die Farbe blau, und so weiter.

Die *80-zu-20-Regel* oder *Paretos Gesetz* (so benannt nach Wilfredo Pareto, einem italienischen Nationalökonomen des 19. Jahrhunderts) erklärt, warum es so wichtig ist, Prioritäten zu setzen. Dieses Gesetz besagt, daß normalerweise 80 Prozent des Wertes einer Gruppe von Gegenständen in nur 20 Prozent der Gegenstände liegen. Das ist ein interessanter Gedanke, und es gibt eine Vielzahl von Beispielen im täglichen Leben, die die 80-zu-20-Regel untermauern. Bei einer Investition liegen 80 Prozent des Geldwertes oft in 20 Prozent der Investitionsobjekte. 80 Prozent unserer Anrufe kommen von 20 Prozent unserer Anrufer. 80 Prozent der Bestellungen in einem Restaurant beschränken sich auf 20 Prozent des Angebots auf der Speisekarte. 80 Prozent des Fernsehkonsums konzentrieren sich auf 20 Prozent der Sendungen. Wenn Sie sich bewußt an die 80-zu-20-Regel erinnern, werden Sie feststellen, daß sie auf die verschiedensten Bereiche des Lebens zutrifft.

Aber hier wollen wir die 80-zu-20-Regel nur auf Ziele anwenden. In einfachen Worten bedeutet das, daß Sie zu 80 Prozent effektiv sein können, wenn Sie 20 Prozent Ihrer Ziele erreichen. Wenn Sie eine tägliche Aktivitätenliste mit zehn Aufgaben aufgestellt haben, bedeutet das, daß Sie im großen und ganzen damit rechnen können, zu 80 Prozent effektiv zu sein, wenn Sie nur die zwei wichtigsten Aufgaben auf Ihrer Liste zu Ende führen! Sind das nicht gute Nachrichten? Dahinter steht der Grundgedanke, daß Sie sich zuerst auf die wichtigsten Aufgaben konzentrieren müssen, um effektiv zu sein.

II
Start in ein
effektiveres Leben

Kapitel 3

Ordnung – Grundlage der Effektivität

„Wohlüberlegtes Organisieren geht dem
aktiven Handeln voraus und
beugt dem Chaos vor."

In einem seiner Filme spielt *W.C. Fields* einen Manager, dessen Schreibtisch ein einziges Durcheinander von Gegenständen, Akten und Papier ist. In einer Szene kommt er zur Arbeit und stellt fest, daß irgendjemand seinen Schreibtisch aufgeräumt und sinnvoll geordnet hat. Der Schreibtisch ist nun ein mustergültiges Vorbild für Ordnung und Effizienz, Fields aber ist frustriert. Nichts kann er wiederfinden! Deshalb wirbelt er kurzentschlossen die ordentlichen Papierstapel durcheinander, als würde ein Feinschmecker seinen Salat mischen. Dann lehnt er sich zufrieden zurück, betrachtet wohlgefällig seinen Schreibtisch, greift zielstrebig in das Durcheinander und hält das gesuchte Dokument in der Hand.

Wenn wir den satirischen Gehalt dieser Szene zur Gänze auskosten wollen, müssen wir sie vor ihrem zeitlichen Hintergrund betrachten. Als Fields auf dem Höhepunkt seines Ruhms war, predigten gerade die Effizienzexperten die frohe Botschaft der guten Organisation. Eine der Todsünden wider die Effizienz war ein Schreibtisch, auf dem irgend etwas anderes als die augenblickliche Arbeit lag. Ein aufgeräumter Schreibtisch galt als das A und O von Effizienz und Produktivität.

Heute sind wir gar nicht mehr so fest davon überzeugt. Mit Sicherheit ist ein durchorganisiertes Leben bei weitem effektiver als ein Leben im Chaos. Die meisten Menschen könnten mit mehr Ordnung ihre Effektivität steigern. Aber

59

trotzdem sind feste und bestimmte Regeln nicht das Gegebene, wenn es darum geht, Ordnung zu schaffen. Genau das wollte uns *W. C. Fields* in seinem Film zeigen. Wir müssen eine Ordnung finden, die unserer Persönlichkeit und unserer Aufgabe entspricht.Wenn Sie einen Plan für Ihr Leben aufstellen, dann widerstehen Sie der Versuchung, sich eine übertriebene Ordnung aufzuerlegen – denn das tötet Ihre Effektivität ab. Ich hatte einmal einen Freund, der nach einem Semester sein Studium hinwarf. Das lag hauptsächlich daran, daß er den größten Teil seiner Arbeitszeit dafür verwendete, zahlreiche Bücher über das richtige Studieren zu lesen und deshalb einfach keine Zeit mehr für das Studium hatte. Sie können demselben Problem gegenüberstehen, wenn Sie versuchen, weniger zu arbeiten und mehr zu leisten. Denken Sie immer daran: Die Ideen, die ich Ihnen vorstelle, sind nur Mittel zum Zweck und haben das Ziel, Ihr Leben effektiver zu machen. Sie wollen doch im Leben mehr erreichen, als mit der Stoppuhr in der Hand herumzulaufen und ständig den Schreibtisch aufzuräumen.

Das richtige Werkzeug zur Effektivitätssteigerung

Thomas Carlyle bemerkte einmal: ,,Der Mensch ist ein werkzeugbenutzendes Tier ... ohne Werkzeug ist er nichts, mit Werkzeug ist er alles.'' An diese Worte müssen wir uns erinnern. Wie oft haben Sie sich schon erfolglos mit einer bestimmten Arbeit abgeplagt, nur um dann festzustellen, daß ein ganz bestimmtes Werkzeug Ihnen viel Zeit, Kraft und Enttäuschung erspart hätte? Diese Erfahrung machen wir meistens dann am deutlichsten, wenn wir versuchen, das Auto oder irgend etwas am Haus zu reparieren. Das liegt daran, daß wir uns unter Werkzeugen normalerweise greifbare Gegenstände vorstellen, und viele sind das auch. Aber um das Beste daraus zu machen, müssen wir den Begriff

„Werkzeug" in einem viel größeren Zusammenhang benutzen.

Unter Werkzeug wollen wir ab sofort alles verstehen, das Sie benutzen, um ein Ziel zu erreichen. Welche Ziele Sie auch haben und welchen Beschäftigungen Sie auch nachgehen, für alles brauchen Sie Werkzeug. Wenn Sie ein Buchprüfer sind, dann gehören zu Ihren Werkzeugen unvermeidlich Papier, Bleistift und ein Taschenrechner, aber auch Ihre Ausbildung und Ihr praktisches Wissen. Wenn Sie im Büro arbeiten, dann ist das Büro selbst mit dem Schreibtisch, dem Stuhl und dem Fußboden ein Werkzeug.

Weitere Beispiele für Gegenstände, die nicht so eindeutig als Werkzeug zu identifizieren sind, wären in diesem Zusammenhang Autos, Statistiken, Zeitungen, Fremdsprachen und Gesprächstechniken. Diese Liste könnten wir endlos fortsetzen.

Bevor Sie eine Arbeit angehen, sollten Sie innehalten und sich fragen: „Welches Werkzeug brauche ich, um die Aufgabe erfolgreich abzuschließen, besitze ich dieses Werkzeug?" Wenn Sie das geeignete Werkzeug nicht besitzen, dann denken Sie doch zunächst darüber nach, ob nicht ein anderer die Aufgabe übernehmen könnte. Vielleicht können Sie viel Zeit, Kraft und Geld sparen, wenn Sie einen anderen Menschen dafür engagieren. Aber wenn es um eine Aufgabe geht, die nur Sie selbst erledigen können, dann bemühen Sie sich darum, sich mit dem besten verfügbaren Werkzeug auszurüsten. Der Unterschied zwischen Weisen und Narren liegt oft in der Wahl des richtigen Werkzeugs begründet.

Übersicht und Ordnung am Arbeitsplatz

Betrachten Sie einmal die Umgebung, in der Sie Ihre Arbeit durchführen. Die Ordnung Ihres Arbeitsplatzes ist eine ganz persönliche Angelegenheit, die weitgehend von Ihren Vorlieben und der Art Ihrer Arbeit abhängt. Aber Sie sollten doch einige grundlegende Dinge bedenken:

1. Die Lage des Arbeitsplatzes: Wenn Sie das Glück haben, Ihren Arbeitsplatz frei wählen zu können, dann wählen Sie ihn so, daß er Ihre Arbeit fördert. Wenn Ihre Arbeit Konzentration verlangt, dann wählen Sie einen ruhigen, ungestörten Ort aus. Wenn Sie aber ein eigenes Geschäft eröffnen wollen, sollten Sie eine belebte Gegend auswählen, die es Ihren möglichen Kunden erleichtert, zu Ihnen zu finden.

2. Der nötige Raum: Wenn Sie die richtige Lage für Ihren Arbeitsplatz gefunden haben, dann messen Sie aus, wieviel Raum Ihnen für die Arbeit zur Verfügung steht. Die meisten Menschen stellen normalerweise fest, daß sie lieber mehr Raum hätten. Es ist gut zu wissen, wieviel Raum zur Verfügung steht, bevor man ihn mit den nötigen Werkzeugen ausstattet.

3. Leichter Zugang zu den häufig benutzten Werkzeugen: Hier ist es hilfreich, eine Liste Ihrer Werkzeuge aufzustellen und die einzelnen Gegenstände in der Rangfolge der Häufigkeit ihres Gebrauchs anzuordnen. So erhalten Sie einen Führer, der Ihnen sagt, wie Sie Ihr Werkzeug am besten anordnen, um immer alles griffbereit zu haben.

Stopfen Sie Ihren Arbeitsplatz nicht mit unwichtigen Gegenständen voll. Ihre Jagdtrophäen mögen ja sehr beeindruckend aussehen, aber wenn Sie bei ihrem Anblick immer von der Jagd träumen, sollten Sie ihnen einen anderen Platz zuweisen. Und vielleicht nehmen sie gerade den Platz weg, den Sie für ein nützlicheres Werkzeug verwenden könnten.

4. Bequemlichkeit: Einige Menschen können einfach nicht glauben, daß ein Arbeitsplatz bequem eingerichtet sein muß. Diese Menschen werden normalerweise von den alten Mythen ,,harte Arbeit'' oder ,,Arbeit ist an sich unangenehm'' geleitet. Aber Unbequemlichkeit ist eine Ablenkung,

die nur die Produktivität schmälert. Warum sollten wir etwas schwieriger machen, als es sowieso schon ist? Das Leben bietet schon mehr als genug Unbequemlichkeiten, Ablenkungen und Enttäuschungen.

Zu einem bequemen Arbeitsplatz gehören ganz allgemein ein angemessener Sitzplatz, eine ausreichende Belüftung und eine gute Beleuchtung. Wenn Sie bei Ihrer Arbeit lange Zeit sitzen müssen, wählen Sie einen soliden, bequemen Stuhl aus, der den Rücken gut abstützt. Suchen Sie einen Stuhl, der so bequem ist, daß Sie nicht alle zehn Minuten aufstehen müssen, aber nicht so bequem, daß Sie bei der Arbeit einschlafen. Sorgen Sie für eine gleichmäßige, indirekte Beleuchtung, welche die Augen nicht übermäßig beansprucht.

Die ausreichende Belüftung verhindert unnötige Ermüdung, die durch stickige Luft am Arbeitsplatz entsteht. Bei welcher Temperatur Sie am besten arbeiten können, ist eine persönliche Angelegenheit. Aber sorgen Sie auf jeden Fall dafür, daß Sie nicht im Durchzug arbeiten müssen.

Meistern Sie die Kunst der Schreibtischarbeit

Die große Mehrheit von uns sitzt während der Arbeitszeit meistens oder sogar immer am Schreibtisch. Wie ich schon gesagt habe, ist der Schreibtisch ein Werkzeug – und er ist eines der am häufigsten falsch eingesetzten oder mißbrauchten Werkzeuge. Deshalb sollten wir zunächst bedenken, was ein Schreibtisch nicht ist, bevor wir tiefer in die Anwendung dieses Werkzeugs eindringen und uns Gedanken machen, wie wir am besten mit ihm umgehen können.

Insbesondere ist ein Schreibtisch kein Ort, um:

1. Einen Altpapierhandel zu eröffnen. Nach meinen Erfahrungen mit zahlreichen, von Papier überquellenden Schreibtischplatten, glaube ich, daß sich Altpapierverwerter besser mit dem Abräumen von Schreibtischen in Büros beschäftigen sollten als mit dem Sammeln von alten Zeitungen in Supermärkten.

2. Eßwaren, Kleidung, Schirme und andere Gegenstände zu lagern, die nichts mit der Arbeit zu tun haben. Ich habe einmal ein Büro bezogen und mußte dann feststellen, daß ich meinen Schreibtisch mit einer Ameisenkolonie teilte. Anscheinend hatte mein Vorgänger mir einen großen, offenen Beutel mit Süßigkeiten vermachen wollen, aber die schlauen, kleinen Biester waren mir zuvorgekommen.

3. Gegenstände aufzubewahren, die Sie nicht vergessen wollen. *Alec Mackenzie* hörte einmal von einem deutschen Manager, der seinen Schreibtisch immer dazu benutzte, um dort Dinge abzulegen, an die er sich erinnern wollte. Das funktioniert leider. Jedesmal, wenn wir aufblicken, sehen wir Dinge, die wir nicht vergessen wollen und unser Geist schweift ab, unser gerade begonnener Gedankenfluß wird unterbrochen. Im Laufe der Zeit wachsen die Papierstapel, und wir vergessen, was jeder einzelne enthält. Folglich verschwenden wir viel Zeit darauf, verlorengegangene Dokumente zu suchen und an all das zu denken, was wir nicht vergessen wollen. Der Zeitberater *Merrill Douglas* berichtete mir kürzlich, wie er einmal ein genaues Zeittagebuch über einen Manager geführt hat, der einen mit Papierstapeln überfüllten Schreibtisch besaß. Das Tagebuch enthüllte, daß er täglich zweieinhalb Stunden mit der Suche nach Informationen auf seinem Schreibtisch verbrachte!

4. Auszeichnungen, Trophäen und Ähnliches auszustellen. Der Schreibtisch ist kein Statussymbol. Dieser falsche Gebrauch von Schreibtischen führt nur dazu, daß sie mehr Platz brauchen, als es eigentlich nötig wäre. Auf einer grö-

ßeren Schreibtischplatte ist Platz für noch mehr Unordnung, und irgendwie scheint Unordnung wie durch Zauberei auf jeden verfügbaren Raum überzugreifen.

Nachdem wir jetzt wissen, was ein Schreibtisch nicht ist, wollen wir seinen wahren Zweck ergründen. Er ist ein Werkzeug, das dem Empfang und der Weiterverarbeitung von Informationen dient und sollte für diese Ziele nutzbar gemacht werden.

Vielleicht haben Sie einen Schreibtisch, obwohl Sie ihn gar nicht brauchen. *Lawrence Appley*, der frühere Präsident der ,,American Management Association", hat einmal bemerkt, daß die meisten Schreibtische nur Friedhöfe für Entscheidungen seien. Einige Manager haben ihre Schreibtische aus dem Büro hinausgeworfen und behaupten, daß dadurch ihre Effektivität in der Arbeit gewachsen sei. Sie haben ihre normalen Schreibtische und Stühle durch einen Sessel, ein Klemmbrett, einen kleinen Rolltisch für Schreibarbeiten und Aktenschränke ersetzt. Befürworter des schreibtischfreien Büros berichten über eine Verbesserung der persönlichen Kommunikation und eine freiere Atmosphäre. Bedenken Sie doch einmal die Möglichkeit, ohne einen Schreibtisch auszukommen, und wenn Sie ihn abschaffen können, versuchen Sie, ohne ihn zu arbeiten.

Mehr Effektivität durch gezielte Neuorganisation des Schreibtischs

Angenommen, Sie brauchen wirklich einen Schreibtisch, dann wollen Sie vielleicht ein Projekt zu seiner Umgestaltung in Angriff nehmen. Wenn Sie beschlossen haben, Ihren Schreibtisch umzugestalten, dann halten Sie dafür mehrere ungestörte Stunden frei. Der Samstagmorgen eignet sich besonders gut dafür. Sie können dieses Projekt am besten in den folgenden Schritten durchführen:

1. Besorgen Sie sich einen großen Mülleimer.

2. Räumen Sie die Schreibtischfläche völlig ab und leeren Sie alle Schubfächer. Werfen Sie alles weg, was keinen Nutzen mehr hat.

3. Stellen Sie eine Liste von allen übrigen Gegenständen auf, die sich in Ihrem Schreibtisch befanden, und skizzieren Sie eine Rangfolge nach ihrer Bedeutung. Fragen Sie sich bei jedem Gegenstand: ,,Was kann schlimmstenfalls passieren, wenn ich das wegwerfe?'' Wenn die Folgen nicht allzu ungünstig erscheinen, dann werfen Sie den Gegenstand weg und nehmen Sie ihn nicht in Ihre Liste auf.

4. Sichten Sie kritisch die verbleibenden Gegenstände und legen Sie nur die wichtigsten in Ihren Schreibtisch. Entfernen Sie alles, was Sie nicht regelmäßig benutzen.

5. Richten Sie in den unteren Schubfächern eine Aktenablage ein, in die Sie Ihre Akten deutlich registriert und schnell zugänglich einordnen. Sichten Sie von Zeit zu Zeit die Akten in Ihrem Schreibtisch und behalten Sie nur die wichtigen, aktuellen Akten in dieser Ablage. Auf mehr als 90 Prozent aller Akten, die älter als ein Jahr sind, brauchen Sie niemals zurückgreifen.

6. Beschaffen Sie zwei große Aktenablagekörbe, um das Input-Output-Prinzip bei der Weiterverarbeitung von Informationen zu nutzen, einen davon für die eingehenden Akten und den anderen für erledigte Arbeit, die zur Weiterleitung bereit ist. Arbeiten mit geringer Dringlichkeit oder Akten, die noch benötigt werden, können Sie in den Schreibtischschubfächern unterbringen, solange Sie diese nur regelmäßig kontrollieren.

Leitlinien für die Schreibtischarbeit

Wenn Sie sich der Mühe unterzogen haben, Ihren Schreibtisch neu zu gestalten, haben Sie einen großen Schritt getan, der ihn zu einem effektiveren Werkzeug werden läßt. Einige

Menschen halten es für nützlich, alle sechs Monate den Schreibtisch wieder aufzuräumen. Die folgenden Leitlinien werden die Effektivität Ihrer Schreibtischarbeit steigern, indem sie einfach die Menge der umherliegenden Gegenstände verringern.

1. Bearbeiten Sie immer nur ein Projekt gleichzeitig auf Ihrem Schreibtisch – das sollte natürlich das Projekt sein, das gerade die höchste Priorität hat.

2. Legen Sie nichts auf den Schreibtisch, was Sie noch nicht bearbeiten können. Lagern Sie diese Arbeiten in einem Schrank oder in einem Schubfach, aber sorgen Sie dafür, daß sie außerhalb Ihres Blickwinkels liegen.

3. Lassen Sie sich nicht durch andere Aufgaben ablenken, nur weil diese im ersten Augenblick einfacher oder angenehmer sind. Sie sollten nur das Projekt bearbeiten, das für Sie die höchste Priorität besitzt, und nicht damit aufhören, bis Sie es abgeschlossen haben.

4. Legen Sie die abgeschlossenen Arbeiten in den Ausgangskorb und leiten Sie diese weiter. Überprüfen Sie danach Ihre Prioritätenliste und wenden Sie sich der nächsten Aufgabe zu.

5. Wenn Sie eine Sekretärin haben, kann sie Ihnen dabei helfen, den Schreibtisch frei zu halten und dafür sorgen, daß Sie am Anfang jedes Arbeitstages die Aufgabe mit der höchsten Priorität vorfinden.

Wie ich schon betont habe, sind dies nur Leitlinien, die Sie vielleicht nicht anwenden können. Wenn der aufgeräumte Schreibtisch zum Fetisch wird, heißt das noch lange nicht, daß die Arbeit wirklich erledigt wird, und einige Menschen werden dadurch nur von der Arbeit abgelenkt. Wählen Sie einen Weg, der zu Ihnen und Ihrer Arbeit paßt, aber seien Sie ehrlich zu sich selbst. Nur wenige Menschen erbringen ihre Höchstleistung an einem überladenen und unordentlichen Schreibtisch.

Konzentrationsfähigkeit

Konzentration in jeder Form ist ein erstaunliches Phänomen. Als sechsjähriger Junge schaute ich gebannt zu, als einer meiner Freunde ein Blatt Papier anzündete, indem er Sonnenstrahlen mit einer Lupe bündelte. Unsere Zeit und Kraft entsprechen weitgehend den Sonnenstrahlen. In dem Maß, in dem wir unsere Anstrengungen konzentrieren, werden wir das vom Leben bekommen, was wir wollen. Ihre Konzentrationsfähigkeit hat manche Menschen mit eher bescheidenen Fähigkeiten in Höhen des Erfolgs gebracht, die selbst Genies vorenthalten blieben.

In gewissem Sinne soll Ihnen dieses Buch dabei helfen, Ihre Konzentrationsfähigkeit zu verbessern. Viele der oben vorgestellten Ideen, wie die Bestimmung von Zielen und Prioritäten, die Beschaffung des richtigen Werkzeugs und die richtige Gestaltung des Arbeitsplatzes, werden Ihnen auch zur besseren Konzentration verhelfen. Es gibt noch weitere organisatorische Leitlinien, die Ihre Konzentration verbessern werden.

Effektiveres Nachdenken mit Papier und Bleistift

Wenn Sie die Zielsetzungsübung aus Kapitel 2 durchgeführt haben, haben Sie schon eine gute Vorstellung vom Wert des schriftlichen Nachdenkens. Wenn Sie Ihre Ideen schriftlich festhalten, widmen Sie ihnen automatisch Ihre volle Konzentration. Nur wenige Menschen können einen Gedanken aufschreiben und gleichzeitig an etwas anderes denken, falls das überhaupt möglich sein sollte. Deshalb unterstützen Papier und Bleistift in hervorragender Weise die Konzentration.

Machen Sie es sich zur Gewohnheit, immer dann Papier und Bleistift zur Hand zu nehmen, wenn Sie sich konzentrieren müssen. Notieren Sie Ihre Ideen, sobald sie Ihnen durch den Kopf gehen. Wenn Sie Ihre Ideen aufschreiben, werden Sie diese automatisch innerlich weiter durchdenken und klären. Sie werden bald eine Reihe von Gedanken vor sich haben, die Sie erwägen können. Wenn Sie Ihre Ideen mit einem Blick erfassen können, werden Sie viel eher erkennen, welche Ideen irrational, fehlerhaft oder miteinander unvereinbar sind.

Nutzen Sie Ihren Arbeitsplatz nur zum Arbeiten

Der Mensch ist nun einmal ein Gewohnheitstier, und wir verwenden oft wenige bis gar keine Gedanken auf unser Verhalten. Wir lernen, ein bestimmtes Verhalten mit einer bestimmten Umgebung zu verbinden. Wenn wir uns nicht der Mühe unterziehen, gute Gewohnheiten am Arbeitsplatz zu entwickeln, können unproduktive Verhaltensweisen jeglicher Art entstehen und uns Zeit und Kraft rauben.

Eine Möglichkeit, die Konzentrationsfähigkeit zu verbessern, besteht darin, den Arbeitsplatz nur für die Arbeit zu nutzen. Wenn Sie zum Beispiel im Büro am Schreibtisch arbeiten, dann erledigen Sie nichts an diesem Schreibtisch, das keine Verbindung zu Ihrer Arbeit hat. Wenn Sie plötzlich Besuch bekommen, dann stehen Sie auf und gehen vom Schreibtisch weg. Wenn Sie es sich gestatten, mit anderen gemütlich am Schreibtisch zu sitzen, werden Sie bald diesen Ort nicht mehr nur mit Arbeit verbinden. Verlassen Sie Ihren Arbeitsplatz, wenn Sie eine Pause machen. Setzen Sie sich in einen anderen Stuhl oder verlassen Sie den Raum. Wenn Sie die Gewohnheit entwickeln, einen bestimmten Platz zum Arbeiten auszuwählen, werden Sie feststellen, daß Sie viel schneller und ganz von selbst ans Ziel Ihrer Arbeit kommen.

Einer der Schlüssel zur Kunst, bei einer Sache zu bleiben, liegt im Wissen darum, wann es Zeit zum Aufhören ist. Blinde Beharrlichkeit ist nur etwas für Narren. Sie führt eher zu härterer als zu effektiverer Arbeit.

Wenn Sie feststellen, daß Ihre geistige Fähigkeit zum Problemlösen blockiert ist, dann treten Sie den taktischen Rückzug von Ihrer Arbeit an. In diesem Fall führt weiteres Vorwärtsdrängen nur zu Verwirrung und Frustration. Vielleicht brauchen Sie weitere Informationen über Ihre Aufgabe oder mehr Zeit, um die vorhandenen Informationen zu verarbeiten und zu verbinden.

Wenn Sie die Arbeit unterbrechen müssen, können Sie Verschiedenes tun, um den Neuanfang angenehmer und produktiver zu machen:

1. Versuchen Sie, Ihre Arbeit auf dem Höhepunkt abzubrechen. Wenn Sie mit einem Gefühl von Zufriedenheit aufhören, werden Sie dazu neigen, die Arbeit für lohnend zu halten und eher den Wunsch spüren, zu ihr zurückzukehren.

2. Versuchen Sie, dann aufzuhören, wenn Sie eine Teilaufgabe abgeschlossen haben.

3. Wenn Sie an einer Stelle aufhören, die Sie blockiert, dann schreiben Sie das Problem nieder und versuchen Sie zu klären, was Ihren Fortschritt hemmt.

4. Sorgen Sie für einen logischen Punkt, an dem Sie wieder anfangen können. So verringern Sie Ihre Anfangsphase, wenn Sie zu Ihrer Aufgabe zurückkehren.

Verbessern Sie Ihr Durchhaltevermögen

Im richtigen Moment aufhören ist ein gutes taktisches Manöver, aber die Arbeit wird dadurch nicht erledigt. Irgendwann müssen Sie die Aufgabe in den Griff bekommen und dann bis zum Abschluß durchhalten. Es folgen einige Ideen, die Ihnen helfen werden, das, was Sie anfangen, auch zu Ende zu führen. Einige davon kennen Sie schon, andere werden Sie in späteren Kapiteln noch genauer kennenlernen.

1. Entwickeln Sie Interesse an Ihrer Arbeit. Interesse und Motivation hängen wie siamesische Zwillinge zusammen. Beschaffen Sie weitere Informationen. Je mehr Sie über einen Gegenstand wissen, desto eher wird er Sie fesseln.

2. Versuchen Sie, sich die Befriedigung vorzustellen, die Sie nach dem erfolgreichen Abschluß der Aufgabe erleben werden. Denken Sie daran, wieviel besser Sie aussehen werden, wenn Sie erst einmal diese zwanzig Pfund abgenommen haben oder um wieviel besser Sie sich fühlen werden, wenn Sie das Rauchen aufgegeben haben. Denken Sie an die bessere Arbeitsstelle und das glücklichere Leben, wenn Sie schließlich diese zusätzliche Qualifikation erworben haben oder befördert worden sind. Während ich dieses Buch schreibe, stelle ich mir vor, an einer Buchhandlung vorbeizugehen und mein Buch im Schaufenster zu sehen. Ich stelle mir Menschen vor, die mir erzählen, wie ihnen mein Buch zu einem glücklicheren Leben verholfen hat. Ich stelle mir vor, welche Möglichkeiten mir die Honorarschecks eröffnen werden. Wissen Sie was? Ich werde gerade ganz aufgeregt! Wir sollten besser zum nächsten Punkt übergehen, damit ich das Buch auch zu Ende schreiben kann.

3. Fordern Sie sich mit Zeitgrenzen zum Abschluß Ihres Projekts heraus.

4. Versuchen Sie, sich vor Unterbrechungen und Ablenkungen zu schützen.

5. Arbeiten Sie mit einem anderen, verläßlichen Menschen zusammen. Wenn Sie sich verpflichten, etwas mit einem anderem zusammen zu tun, werden Sie die Aufgabe eher erledigen als allein. Vor dem Abitur pflegten wir in Gruppen zu arbeiten, um unsere Verpflichtung zum Lernen

zu bestärken. Wir nannten das „gemeinsam zum Abitur". Wichtig dabei ist, daß jeder einzelne in der Gruppe zuverlässig ist. Wenn beide Seiten eine Verpflichtung eingegangen sind, kann jeder für den anderen das Tempo vorgeben.

Verbessern Sie Ihr Gedächtnis

Zu unseren hervorragendsten zeit- und kraftsparenden Werkzeugen gehört das Gedächtnis. Ohne ein Gedächtnis hätte unser Lernen keinen Sinn, wodurch wir gezwungen wären, jede Situation so zu behandeln, als ob sie völlig neu wäre. Wir nutzen unser Erinnerungsvermögen, um das Gehen, das Sprechen, die Aufnahme von Informationen, die Lösung von Problemen, das Autofahren, das Lesen und vieles andere mehr zu lernen. Die Möglichkeiten und das Fassungsvermögen des menschlichen Gedächtnisses sind ein Wunder. Sie können in Ihrem zwei Pfund schweren Gehirn mehr Daten speichern als im höchstentwickelten, modernsten Computer.

Unglücklicherweise ist das Speichern von Informationen etwas völlig anderes als das erneute Abrufen. Hier ist uns der Computer überlegen. Aber man kann die individuelle Fähigkeit verbessern, Informationen zu speichern und wieder abzurufen, wenn man erst einmal verstanden hat, wie das Erinnerungsvermögen arbeitet und sich durchringt, einige einfache Methoden zur Gedächtnisschulung anzuwenden.

Ihr Gedächtnis ist kein Gegenstand, sondern besteht aus einer Reihe von Fähigkeiten. Sie können es weder sehen, fühlen, messen noch abwiegen. Die Leistungen des Gedächtnisses werden allgemein in drei Schritte eingeteilt:

1. Merken – Der Versuch, die Information zu speichern.
2. Behalten – Die Information im Gehirn speichern, bis sie wieder gebraucht wird.

3. Erinnern – Die Information wieder hervorholen, wenn sie gebraucht wird.

Dieser letzte Schritt ist die Ursache unserer größten Probleme. Wie oft haben Sie schon gesagt: „Es liegt mir auf der Zunge, aber ich kann mich einfach nicht daran erinnern."

Wir können nur wenig oder gar nichts tun, um unser Erinnerungsvermögen an sich zu verbessern. Aber trotzdem hängt unsere Fähigkeit zum Abrufen von Informationen in gewissem Maß davon ab, wie wir die Informationen speichern. Deshalb können wir unser Gedächtnis verbessern, wenn wir unsere Methoden des Speicherns abwandeln. Es folgen in aller Kürze einige Leitlinien, die Ihnen helfen werden, das Beste aus Ihrem Gedächtnis herauszuholen.

1. Vertrauen Sie die Informationen Ihrem Gedächtnis an, wenn Sie ausgeruht sind. Wenn Sie versuchen, sich etwas zu merken, obwohl Sie müde sind, führt das wahrscheinlich nur zu Frustrationen.

2. Teilen Sie lange Listen in kleinere, verarbeitbare Einheiten und Unterkategorien auf, bevor Sie versuchen, sie im Gedächtnis zu speichern. Wenn Sie sich die Hauptstädte von zwanzig Staaten merken müssen, unterteilen Sie diese in fünf Vierergruppen oder sechs Dreiergruppen und eine Zweiergruppe.

3. Wiederholen Sie den Stoff mehrmals. Es ist auch hilfreich, alles aufzuschreiben.

4. Teilen Sie den Lernvorgang in mehrere Abschnitte auf. Beginnen Sie jeden neuen Abschnitt, indem Sie wiederholen, was Sie schon gelernt haben.

5. Setzen Sie Ihren Lernstoff in Beziehung zu vertrauten Ideen, Personen, Symbolen und zu anderen Dingen, die bereits fest in Ihrem Gedächtnis verankert sind. Zum Beispiel können Sie sich sicher daran erinnern, wie Italien auf der Landkarte aussieht, weil es die Form eines Stiefels hat. Aber erinnern Sie sich auch an Jugoslawien?

6. Benutzen Sie „Eselsbrücken". Verbinden Sie die Begriffe, die Sie lernen müssen, mit einem Formelsystem, einem Codewort, einem Merksatz oder Reim, um Ihr Erinnerungsvermögen zu unterstützen. Wenn Sie sich die Reihenfolge der Klavierkonzerte *Beethovens* merken wollen, können Sie auf den Merksatz „Cleopatra bereitete Caesar gutes Essen" zurückgreifen. Die Anfangsbuchstaben stehen für die Tonart der Konzerte (C-Dur, B-Dur, C-moll, G-Dur, Es-Dur). Wenn Ihnen die Herren Bauer, Engelmeier, Roloff und Nansen vorgestellt werden, können Sie sich die Namen mit dem Codewort *Bern* merken. Setzen Sie Ihre Fantasie ein, die Möglichkeiten sind unbegrenzt.

7. Nutzen Sie freie Augenblicke, wie zum Beispiel Wartezeiten, um Informationen im Gedächtnis zu speichern. Nehmen Sie Notizen zum schnellen und einfachen Rückgriff mit.

Mit Hilfe dieser sieben Leitlinien habe ich die zwei größten Herausforderungen an mein Gedächtnis in meinem Leben bewältigt. Ich mußte Prüfungen ablegen, in denen ich Texte aus zwei Fremdsprachen ins Englische übersetzen mußte. Ich war noch nie mit der deutschen Sprache in Berührung gekommen und meine Kenntnisse des Französischen beschränkten sich auf das Schreiben meines Namens und das Entziffern von Straßenschildern in New Orleans. Aber ich habe beide Prüfungen trotzdem bestanden, nachdem ich sechs Wochen vorher bei Null angefangen hatte. Zum Beginn kaufte ich mir die passenden Vokabelkarten (je einen Satz von tausend Stück) und eine Reihe von Lesebüchern mit abgestuften Schwierigkeitsgraden. Ich las jeden Tag eine Stunde in einem Lesebuch und lernte dreißig neue Vokabeln mit Hilfe meiner Karten. Bevor ich neue Wörter lernte, wiederholte ich jedesmal die schon bekannten Vokabeln, um mein Erinnerungsvermögen zu verstärken. Nach fünf Wochen hatte ich alle tausend Vokabeln gelernt und meine Fähigkeiten im Lesen und Übersetzen verbesserten sich ständig. Die letzte Woche hatte ich dem Verfeinern und Wiederholen vorbehalten. Ich bestand beide Prüfungen mit Auszeichnung.

Wenn Sie einige der modernen Lernhilfen, die als mnemotechnische Hilfen bekannt sind, anwenden, werden Sie sich und andere durch Gedächtnisleistungen verblüffen können. Mit den richtigen Übungen kann fast jeder lernen, ein gut gemischtes Blatt Karten durchzublättern und die Reihenfolge der Karten hinterher wiederzugeben, fünfzig Menschen kennenzulernen und sich sofort ihre Namen zu merken oder über hundert Telefonnummern im Kopf zu behalten. Wenn Sie mehr über das Gedächtnistraining erfahren wollen, können Sie auf zahlreiche Bücher zum Thema zurückgreifen.

Nebensächlichkeiten zusammenfassen

Wir alle sind durch eine Anzahl von alltäglichen Aufgaben geplagt, die schnell erledigt werden müssen. Zum Beispiel müssen wir Rechnungen bezahlen, Besorgungen machen, einkaufen, die Hausarbeit erledigen, den Garten pflegen, kleinere Reparaturen ausführen, Briefe schreiben, lesen und anrufen. Wenn wir diese Aufgaben nach dem Zufallsprinzip angreifen, ist das eine sichere Methode, mehr zu arbeiten und dabei doch weniger zu leisten.

Eine Methode, die verhindert, daß Nebensächlichkeiten Ihre Fähigkeit zur Effektivität einschränken, ist, diese Aufgaben zu bündeln und jedesmal einen ganzen Block zu erledigen. Erledigen Sie mehrere Besorgungen auf einmal. Gehen Sie auf einem Weg einkaufen, zur Bank und zur Tankstelle. Erledigen Sie mehrere Hausarbeiten hintereinander oder gleichzeitig. Sammeln Sie Ihre Rechnungen und bezahlen Sie alle zu einem bestimmten Termin im Monat. Versuchen Sie, Ihre Anrufe zu bündeln und mehrere Briefe nacheinander zu schreiben. Wenn Sie Nebensächlichkeiten in Blöcken bearbeiten, haben Sie eine effektive Methode gefunden, um die kleinen Aufgaben klein zu halten, so daß sie das Erreichen großer Ziele nicht behindern.

Problemlösungsstrategien

Es ist Ihnen inzwischen klar, daß Planen und Ziele festlegen im Grunde nichts anderes ist als Entscheidungen zu treffen, und Entscheidungen treffen heißt Probleme lösen. Wenn Sie den Weg durchorganisieren, wie Sie ein Problem angehen, haben Sie es schon halb gelöst. Die folgenden allgemeinen Leitlinien werden in Ihnen die grundsätzliche Bereitschaft wecken, alle Hindernisse auf dem Weg zum Erfolg anzugehen und dann auch zu überwinden.

Verkomplizieren Sie Ihre Probleme nicht

Wir leben in einem Zeitalter der hochentwickelten Technik mit Flügen zum Mond, Elektronengehirnen und Atomenergie. Komplexität ist die Norm. Folglich erwarten wir in allen Lebensbereichen Komplexität. Es scheint ein ungeschriebenes Gesetz unserer Gesellschaft zu sein, daß nichts mehr mit Recht einfach sein darf. Nur allzuoft entscheiden wir uns für die komplizierte Lösung, wenn wir auch den einfachen Weg wählen könnten. Der Witz von den fünf Männern, die eine Glühbirne wechseln (Einer hält die Birne fest und vier drehen die Leiter), bringt uns zum Lachen. Aber wie die meisten guten Witze enthält er einen verborgenen Kern, der eine Wahrheit vermittelt. Wenn Sie versuchen, ein Problem zu lösen, dann suchen Sie zunächst nach einer einfachen, befriedigenden Lösung. Vielleicht können Sie so viel Zeit sparen.

Gehen Sie das Problem kreativ an

Unsere Fähigkeit zur Problemlösung wird oft dadurch behindert, daß sie in eine ganz bestimmte Art, ein Problem zu betrachten, eingebunden ist. Vielleicht haben Sie schon die Geschichte von dem Lastwagen gehört, der in einer Unterführung steckenblieb. Eine Gruppe von Ingenieuren wurde hinzugezogen, um herauszufinden, wie der Lastwagen befreit werden könnte. Als echte Ingenieure wählten sie einen technischen Ansatz und fingen an, eine Reihe von komplizierten Belastungsrechnungen aufzustellen. Ein kleiner Junge, der zusah, fragte: ,,Hallo, warum lassen Sie nicht einfach die Luft aus den Reifen?'' Das Problem war auf der Stelle gelöst.

Je mehr Freiheit wir uns geben, ein Problem von verschiedenen Seiten zu betrachten, desto größer sind unsere Chancen, eine zufriedenstellende Lösung zu finden.

Alex F. Osborne hat eine Checkliste für neue Ideen erarbeitet, die Ihre kreativen Fähigkeiten anregen soll. Vielleicht wird Ihnen die Checkliste genauso helfen wie mir, wenn Sie Probleme lösen müssen:

Könnten wir etwas ...
1. modifizieren?

_____ etwas hinzufügen?
_____ längere Zeitdauer, häufiger?
_____ stärker, größer, länger, dicker?
_____ verdoppeln, vervielfältigen, übertreiben?

2. verkleinern?

_____ etwas weglassen?
_____ kleiner, zusammengefaßt?
_____ weglassen, einfacher anordnen, aufspalten?
_____ niedriger, kürzer, leichter?

Könnten wir etwas ...
3. ersetzen?

_____ ein anderer Vorgang, andere Zutaten, ein anderes Material?

_____ ein neuer Ort, ein anderer Ansatz oder eine neue Betrachtungsweise?

4. neu anordnen?

_____ Teile vertauschen?

_____ eine andere Reihenfolge, ein anderer Zeitplan, ein neues Muster, eine neue Ausführung?

5. umkehren?

_____ Positiv und Negativ vertauschen?

_____ das Gegenteil versuchen, umdrehen oder auf den Kopf stellen?

_____ die Rollen vertauschen?

6. kombinieren?

_____ Anwendungen, Zwecke, Ideen, Ansätze?

7. anders anwenden?

_____ neue Arten der Anwendung?

_____ neue Anwendungen nach Modifikationen?

_____ was gibt es Ähnliches?

William James sagte einmal: ,,Genie ist nicht viel mehr als die Fähigkeit zur Wahrnehmung in ungewohnten Formen.'' Ob Sie nun die Checkliste von *Osborne*, das Brainstorming oder irgend etwas anderes anwenden, normalerweise ist der Versuch hilfreich, Dinge aus einer anderen Perspektive zu sehen.

Als *Dwight D. Eisenhower* Präsident der USA wurde, versuchte er seine Verwaltung so zu organisieren, daß ihm nur die dringenden und wichtigen Regierungsgeschäfte vorgetragen wurden. Alles andere sollte an die subalternen Verwaltungsebenen delegiert werden. Aber er entdeckte bald, daß eine Angelegenheit nur selten gleichzeitig dringend und wichtig war. Dieses Prinzip gilt auch fast immer für unser tägliches Leben. Die wirklich wichtigen Dinge sind nur selten dringend, und die dringenden Angelegenheiten sind nur selten wichtig. Es ist viel dringender, den defekten Reifen am Auto zu wechseln, wenn Sie schon verspätet zu einer Verabredung kommen, als daran zu denken, die Autoversicherung zu bezahlen, aber wirklich wichtig ist es nur in den seltensten Fällen.

Unglücklicherweise sind viele Menschen in ihrem Leben hauptsächlich mit der Katastrophenbewältigung unter der ,,Fuchtel der Dringlichkeit'' beschäftigt. Am Ende ignorieren sie dann die weniger dringlichen, aber wichtigeren Dinge des Lebens; und das tötet dann einen großen Teil ihrer Effektivität ab.

Wenn Sie einer Reihe von Problemen gegenüberstehen, die gelöst werden müssen, dann fragen Sie sich doch, welche davon wichtig sind, und behandeln diese mit Priorität. Wenn Sie es zulassen, daß Ihr Leben von der ,,Fuchtel der Dringlichkeit'' beherrscht wird, werden Sie von einer Krise in die nächste schlittern. Sie werden höchst aktiv sein und vielleicht sogar der meistbeschäftigte Mensch weit und breit werden. Aber vielleicht wachen Sie dann eines Tages auf und stellen fest, daß Ihre Mühen zu nichts geführt haben.

Wenden Sie Krisen ab, bevor sie entstehen

Die Ärzte sagen uns immer wieder, daß Vorbeugung die beste Medizin sei. Deshalb ergreifen auch Sie wahrscheinlich vorbeugende Maßnahmen, um Ihre Gesundheit zu erhalten, zum Beispiel achten Sie auf ausreichenden Schlaf, ernähren sich gesund, treiben Sport, lassen sich impfen und so weiter.

Allgemein ist es mit dem Lösen von Problemen genauso. Wenn Sie Krisen vorhersehen und Schritte unternehmen, um sie zu verhindern, machen Sie einen klugen Gebrauch von Ihrer Zeit. Krisen entstehen selten ohne Vorwarnung. Mit ein wenig Voraussicht und einigen vorbeugenden Maßnahmen können Sie sicher sein, daß Sie Ihre Zeit mehr darauf verwenden können, große Ziele zu erreichen, statt nur auf Krisen zu reagieren.

Vertrauen Sie Ihr Problem Ihrem Unterbewußtsein an

Einige unserer größten Fähigkeiten zur Problemlösung liegen ein wenig unterhalb der Grenze unseres Bewußtseins. Oft haben wir einfach nur deshalb Schwierigkeiten, die Lösungen für Probleme zu finden, weil wir uns zu sehr unter Druck setzen, die Antwort zu finden. Die Sorge und Anspannung, die wir mit der Suche nach einer Lösung schaffen, behindern nur unsere kreativen Fähigkeiten und führen dazu noch zu nutzloser Zeitverschwendung.

Vor einigen Jahren, als ich gerade mit einem Aufbaustudium begann, zermarterte ich mir den Kopf, um ein Thema für meine Dissertation zu finden. Ich hatte noch zwei Jahre Zeit für die Entscheidung, aber dennoch quälte mich der Gedanke an das Thema, zumal ich noch nie eine Doktorarbeit geschrieben hatte. Der Gedanke an die zusätzlichen Seminare und Prüfungen machte mir dagegen keine Sorgen. Das hatte ich alles schon einmal hinter mich gebracht, und deshalb vertraute ich auf meine Fähigkeiten.

Je mehr ich versuchte, mir ein Thema zu überlegen, desto besorgter wurde ich, und meine Ideen für eine Dissertation waren gleich Null. Eines Tages beschrieb ich mein Dilemma einem meiner Professoren, worauf dieser vorschlug, daß ich die Sache einfach vergessen und mich auf meine jetzigen Aufgaben konzentrieren sollte. „Überlassen Sie das Problem getrost Ihrem Unterbewußtsein", sagte er, „und lassen Sie es für sich arbeiten. Wenn Sie bereit sind, die Dissertation anzugehen, wird Ihr Unterbewußtsein schon ein Thema für Sie bereithalten. Die wichtigsten Entscheidungen werden normalerweise im Unterbewußtsein getroffen."

Ich nahm seinen Rat an und habe es nicht bereut. Ein halbes Jahr, bevor ich meine Dissertation in Angriff nehmen konnte, fiel mir ein Thema ein. Daß ich den Wert der unterbewußten Entscheidungsfindung zu schätzen lernte, war eine der bedeutendsten Lektionen meines Aufbaustudiums.

Kapitel 4

Jeder Tag zählt

*,,Menschen glauben oft an die vielen Möglichkeiten,
Zeit zu sparen. Das ist ein Irrglaube, denn nur wenn
man sich darauf konzentriert, wie man seine
Zeit verbringt, wird man lernen,
sie auch effektiv zu nutzen."*

Merrill Douglas

,,Wo ist die Woche nur wieder geblieben? Ich habe jeden Tag von morgens bis abends wie ein Verrückter geschuftet und habe damit nur erreicht, daß ich erschöpft bin."

,,Mein Fortschritt wird hauptsächlich dadurch behindert, daß es mich unendlich viel Zeit kostet, um nur den Status quo zu erhalten."

,,Ich habe so viel zu tun, daß ich mich ganz verloren und überfordert fühle. Es ist, als hätte mir jemand einen Eimer in die Hand gedrückt und mir gesagt, ich solle die Nordsee ausschöpfen."

Uns allen steht die gleiche Menge an Zeit in einem gegebenen Zeitraum zur Verfügung, sei es nun ein Tag, eine Woche oder ein Monat. Aber dennoch müssen wir uns bloß ein wenig umschauen, um festzustellen, daß einige Menschen viel mehr aus ihrer Zeit machen als andere. In diesem Kapitel wollen wir uns mit zwei Aspekten der Zeit beschäftigen: Wie wir unseren Gebrauch der Zeit analysieren können, und wie wir einen Plan für ihre effektive Nutzung aufstellen können.

,,Wissen Sie wirklich, womit Sie Ihre Zeit verbringen?" Die meisten Menschen sagen darauf ja, aber in Wirklichkeit wissen das nur die wenigsten von uns. Schlicht und einfach gesagt hängt unser Gebrauch der Zeit weitgehend von Gewohnheiten ab. Viele dieser Gewohnheiten sparen Zeit, weil wir Dinge erledigen können, ohne vorher eine Denkpause machen zu müssen. Aber dennoch sind viele Gewohnheiten nutzlos und verschwenden nur unsere Zeit.

Die meisten Menschen möchten sich lieber nicht allzu genau kennenlernen. Es ist bei weitem einfacher, den Kopf in den Sand zu stecken, als das eigene Verhalten zu beobachten und sich Rechenschaft darüber abzulegen. Sich selbst ins Auge zu blicken und den eigenen Umgang mit der Zeit objektiv zu bewerten, erfordert viel Mut. Aber wenn Sie das dennoch für eine Woche wagen wollen, werden Sie zweifellos eine lohnende Erfahrung machen.

Die folgende Übung wird Ihnen vieles offenbaren, was Sie *wirklich* mit Ihrer Zeit und damit auch mit Ihrem Leben machen. Die Übung enthält eine einwöchige Bestandsaufnahme Ihres Umgangs mit der Zeit. Ich möchte im voraus betonen, daß diese Übung Sie nicht zum fanatischen Sekundenzähler machen will. Ich schlage Ihnen nur vor, daß Sie eine Woche lang aufschreiben, wie Sie den größten Teil jeder halben Stunde Ihres Lebens verbringen. Und das klingt doch gar nicht so schlimm, nicht wahr?

Diese Übung wird Ihnen einen guten, objektiven Blick auf sich selbst ermöglichen. Es wird Ihnen nicht alles behagen, was Sie über sich erfahren werden. Aber machen Sie sich klar, daß Sie deutlich bessere Möglichkeiten haben, Ihre schlechten Angewohnheiten zu verringern und auszumerzen, wenn Sie erst einmal den Mut aufbringen, sie auch zu erkennen. Sie machen einen großen Schritt auf dem Weg zum effektiveren Arbeiten, wenn Sie versuchen, zeitraubende Angewohnheiten zu erkennen und abzuschaffen.

Die folgenden Anweisungen führen Sie Schritt für Schritt zu einer Bestandsaufnahme Ihres Gebrauchs der Zeit. Nach der Bestandsaufnahme werden wir einige wichtige Fragen erörtern, deren Beantwortung Ihnen den Weg zu einem besseren Umgang mit Ihrer Zeit weist.

Tabelle 2: Bestandsaufnahme des Zeitgebrauchs

Berufliche Aktivitäten	geschätzte wöchentliche Zeit	tatsächliche wöchentliche Zeit	Differenz	Anteil an der Gesamtzeit in %
1. Fahrt zur Arbeit				
2. Konferenzen				
3. Telefongespräche				
4. Lesen, Korrespondenz				
5. Unterstützung von Mitarbeitern				
6. überraschende Besucher				
7. Gespräche mit dem Chef				
8. Dienstreisen				
9. Kundenbesuche				
10. Verschiedenes				
Summe				

Persönliche Aktivitäten

11. Hygiene und Körperpflege				
12. Essen				
13. Schlafen				
Summe				

Familiäre Aktivitäten

14. Kochen				
15. Waschen				
16. Putzen				
17. Gartenarbeit und Reparaturen				

Berufliche Aktivitäten	geschätzte wöchent- liche Zeit	tat- sächliche wöchent- liche Zeit	Differenz	Anteil an der Ge- samtzeit in %
18. Einkauf von Lebensmitteln				
19. Weitere Einkäufe				
20. Rechnungen bezahlen				
21. Kinderbetreuung				
22. Religiöse Aktivitäten				
23. Familienausflüge				
24. Gespräche in der Familie				
25. Verschiedenes				
Summe				

Freizeitbeschäftigungen

26. Radio- und Musikhören				
27. Fernsehen				
28. Lesen				
29. Hobbys				
30. Sport als Zuschauer				
31. Aktiver Sport				
32. Reisen und Ausflüge				
33. Feste und Geselligkeit				
34. Verschiedenes				
35. Sonstiges				
Summe				
Gesamtzeit in Stunden	168	168	0	100 %

Die einwöchige Zeitanalyse in der Praxis

1. Bereiten Sie zunächst eine eigene Bestandsaufnahme nach dem Muster von Tabelle 2 vor. Die folgende hypothetische Bestandsaufnahme stammt von Herrn Joachim Echt-Effektiv, einem 35 Jahre alten Verkaufsleiter, Ehemann und Vater von zwei Kindern. Auch Frau Echt-Effektiv ist berufstätig, also teilen sich beide die Hausarbeit.

Stellen Sie zuerst eine Liste von ungefähr dreißig Tätigkeiten auf, die Sie jede Woche durchführen. Ordnen Sie diese Tätigkeiten dann fünf oder sechs größeren Gruppen zu. Tabelle 2 schlägt eine Aufteilung in berufliche, persönliche, familiäre, Erholungs- und andere Aktivitäten vor, aber für Sie kommen ja vielleicht völlig andere Tätigkeiten und Kategorien in Frage als für Herrn Echt-Effektiv.

Wenn Sie glauben, daß Sie eine ausreichende Anzahl von Tätigkeiten und Kategorien aufgestellt haben, numerieren Sie jede einzelne Aktivität und stellen Sie Ihre eigene Zeitbestandsaufnahme nach dem Muster von Tabelle 2 auf.

2. Versuchen Sie, auf eine halbe Stunde genau einzuschätzen, wie lange Sie in einer Woche mit jeder Tätigkeit beschäftigt sind und notieren Sie die Werte in Spalte 1 von Tabelle 2.

3. Bereiten Sie im nächsten Schritt ein Zeitanalyseblatt nach Tabelle 3 vor, das Ihre Tätigkeiten und Kategorien aus der Bestandsaufnahme auflistet.

4. Nehmen Sie in der darauffolgenden Woche beide Tabellen immer und überall hin mit. Notieren Sie jede halbe Stunde die Nummer der Tätigkeit, die Sie gerade ausgeführt haben, an der passenden Stelle der Zeitanalysetabelle. Wenn sich Herr Echt-Effektiv zum Beispiel montags von 7.00 bis 7.30 Uhr für die Arbeit anzieht, notiert er die Nummer 11 in dem Kasten für Montag, 7.00 Uhr.

Tabelle 3: Formblatt zur einwöchigen Zeitanalyse

Zeit	Mo	Di	Mi	Do	Fr	Sa	So	Tätigkeit	Summe
7.00								1. Fahrt zur Arbeit	
7.30								2. Konferenzen	
8.00								3. Anrufe	
8.30								4. Lesen und Korrespondenz	
9.00								5. Hilfen für Mitarbeiter	
9.30								6. überraschende Besuche	
10.00								7. Besprechung mit dem Chef	
10.30								8. Dienstreisen	
11.00								9. Kundenbesuche	
11.30								10. Verschiedene berufliche Tätigkeiten	
12.00								11. Hygiene und Körperpflege	
12.30								12. Essen	
13.00								13. Schlafen	
13.30								14. Kochen	
14.00								15. Waschen	

Zeit	Mo	Di	Mi	Do	Fr	Sa	So	Tätigkeit	Summe
14.30								16. Putzen	
15.00								17. Gartenarbeit und Reparaturen im Haushalt	
15.30								18. Lebensmittel einkaufen	
16.00								19. Sonstige Einkäufe	
16.30								20. Rechnungen bezahlen	
17.00								21. Kinderbetreuung	
17.30								22. Religiöse Betätigung	
18.00								23. Familienausflüge	
18.30								24. Gespräche mit der Familie	
19.00								25. Verschiedene familiäre Aktivitäten	
19.30								26. Radio- und Musikhören	
20.00								27. Fernsehen	
20.30								28. Lesen	
21.00								29. Hobbys	

Zeit	Mo	Di	Mi	Do	Fr	Sa	So	Tätigkeit	Summe
21.30								30. Passiver Sport, Erholung	
22.00								31. Aktiver Sport	
22.30								32. Erholungs- reisen	
23.00								33. Feste und Geselligkei- ten	
23.30								34. Verschie- dene Frei- zeitaktivitä- ten	
24.00								35. Sonstiges	

5. Nach einer Woche sollte die ganze Tabelle ausgefüllt sein. Es ist nun Ihre Aufgabe, zusammenzuzählen, wie oft jede Tätigkeit erscheint. Wenn zum Beispiel Tätigkeit 3 auf dem Formblatt von Herrn Echt-Effektiv 13mal erscheint, heißt das, daß er dreizehn halbe Stunden oder ungefähr sechseinhalb Stunden bei der Arbeit telefoniert hat. Folglich müßte er in in der letzen Spalte in der Zeile für Anrufe 6,5 eintragen. Machen Sie nach diesem Prinzip weiter, bis in Ihrem Zeitanalyseblatt unter „Summe" in jeder Kategorie eine Zahl steht, auch wenn es eine Null ist.

6. Wenden Sie sich nun wieder der Bestandsaufnahme zu und übertragen Sie die Zahlen aus der letzten Spalte des Zeitanalyseblatts in die Spalte für tatsächliche wöchentliche Zeit der Bestandsaufnahme.

7. Ziehen Sie nun den Betrag der tatsächlichen wöchentlichen Zeit von der geschätzten ab und tragen Sie die Differenz in der nächsten Spalte ein. Wenn Sie hier einen

negativen Wert erhalten, haben Sie mehr Zeit für eine Tätigkeit als geschätzt aufgewendet. Wenn Sie dagegen einen positiven Wert erhalten, haben Sie weniger Zeit als geschätzt aufgewendet.

8. Füllen Sie nun die Spalte für Prozentsatz von der tatsächlichen Zeit aus. Wenden Sie dazu die folgende Formel an:

$$\text{\% der Gesamtzeit} = \frac{\text{Tatsächliche wöchentliche Zeit}}{168} \bullet 100$$

9. Überprüfen Sie die eingetragenen Zahlen. Die Werte in der Spalte für die tatsächliche wöchentliche Zeit sollten zusammen 168 Stunden ergeben und die Summe der Prozentzahlen sollte bei ungefähr 100 liegen. Durch die Rundung können kleinere Abweichungen entstehen. Machen Sie sich darüber keine Sorgen. Diese Übung soll Ihnen zeigen, wo Ihre Zeit bleibt; es geht nicht um Genauigkeit.

10. Wenden Sie sich nun den Zahlen für jede einzelne Tätigkeit zu und errechnen Sie daraus die Gesamtsumme der für jede Kategorie aufgewendeten Zeit. Bauen Sie aus diesen Werten eine zusammengefaßte Bestandsaufnahme der für die einzelnen Kategorien aufgewendeten Zeit auf. Diese Zusammenfassung könnte bei unserem Herrn Echt-Effektiv wie in Tabelle 4 aussehen.

Wenn Sie einmal die Bestandsaufnahme abgeschlossen und sich mit den Daten vertraut gemacht haben, ist es Ihre nächste Aufgabe, diese Informationen für einen besseren Gebrauch Ihrer Zeit in der Zukunft auszunutzen. Sie haben sicher einige wirkliche Überraschungen erlebt, und bestimmt nicht nur angenehme.

Tabelle 4

	geschätzte wöchentliche Zeit	tatsächliche wöchentliche Zeit	Differenz	Anteil an der Gesamtzeit in %
Berufliche Aktivitäten, Gesamtzeit	45	50	– 5	29,8 %
Persönliche Aktivitäten, Gesamtzeit	45	40	5	23,8 %
Familiäre Aktivitäten, Gesamtzeit	32	46	– 14	27,4 %
Freizeitbeschäftigungen, Gesamtzeit	40	27,5	12,5	16,4 %
Sonstiges	6	4,5	1,5	2,6 %
Summe	168	168	0	100 %

Jetzt ist es Ihre Aufgabe, bei der Durchführung der nächsten Übung absolut ehrlich mit sich selbst zu sein.

Nehmen Sie mehrere leere Blätter Papier, Ihre Zeitbestandsaufnahme und Ihre schriftlich festgelegten Ziele zur Hand und ziehen Sie sich an einen ungestörten Ort zurück. Schreiben Sie nach sorgfältiger Überlegung einige Antworten auf die folgenden Fragen auf:

1. Wo habe ich Zeit verschwendet? Wie kann ich den Zeitverlust zukünftig verhindern oder reduzieren?
2. Wo habe ich die Zeit anderer Menschen verschwendet? Wessen Zeit habe ich verschwendet? Wie kann ich das verhindern?
3. Welche Tätigkeiten, die ich jetzt ausführe, kann ich vermindern, ausmerzen oder delegieren?
4. Wo haben andere Menschen meine Zeit verschwendet? Kann ich irgend etwas unternehmen, um das in Zukunft zu vermindern oder auszumerzen? Wenn ja, was?
5. Wo habe ich etwas getan, das dringend, aber unwichtig war?

6. Wo habe ich etwas getan, das im Licht meiner Ziele wichtig war?
7. Verbringe ich meine Zeit damit, den Dingen nachzugehen, die mir wichtig sind? Falls nicht, warum nicht? Wenn ja, wie?

Durch die Beantwortung dieser Fragen sollten Sie viele Ideen bekommen, die Ihnen die Möglichkeit geben werden, Ihre Zeit besser zu nutzen. Es ist weiterhin ein guter Gedanke, die Übung zur Zeitbestandsaufnahme jedes halbe Jahr zu wiederholen. Beim zweiten Mal ist es viel einfacher. Sie kennen bereits die Vorgehensweise und werden weniger Überraschungen erleben. Sie werden höchstwahrscheinlich eine Steigerung Ihrer Effektivität feststellen, nachdem Sie einmal bewußt angefangen haben, zu planen und Ziele festzulegen. Sie können jetzt neue, schlechte Angewohnheiten sofort aufdecken, bevor sie sich fest verwurzelt haben. Wie schon *Samuel Johnson* sagte: ,,Die Ketten der Gewohnheit sind so leicht, daß man sie nicht spürt, bis sie so stark werden, daß sie nicht mehr gesprengt werden können.'' Die regelmäßige Wiederholung der Zeitbestandsaufnahme bietet Ihnen eine ausgezeichnete Chance, diese Ketten zu sprengen.

Alte Verhaltensweisen durch neue ersetzen

Somerset Maugham sagte einmal: ,,Es ist das Unglück mit dieser Welt, daß man gute Angewohnheiten so viel leichter aufgeben kann als schlechte.'' Er hätte auch noch weiter sagen können, daß man sich viel leichter an alte Gewohnheiten klammert, als neue zu übernehmen. Die Trägheit macht Veränderungen so schwierig. Es ist nicht unmöglich, Antriebskräfte für neue Verhaltensweisen zu gewinnen, aber es ist schwer. Was dazu erforderlich ist, kann in ein Wort gefaßt werden: Willenskraft.

Vor ungefähr einem Jahrhundert schrieb der berühmte amerikanische Psychologe *William James* eine wissenschaftliche Abhandlung darüber, wie man gute Verhaltensweisen entwickeln und schlechte ablegen kann. Er hob drei wichtige Punkte hervor, die man befolgen muß, wenn man alte Verhaltensweisen durch neue ersetzen will:

Führen Sie *erstens* die neue Verhaltensweise kraftvoll und mit innerer Überzeugung ein. Entwickeln Sie eine neue, gewohnheitsmäßige Handlungsweise, die im Gegensatz zu der alten steht. Erzählen Sie Ihren Freunden davon oder kündigen Sie die Veränderung öffentlich an. Wenn Sie sich entschließen, noch in diesem Monat zehn Pfund abzunehmen, dann erzählen Sie aller Welt von Ihrem Plan und wie Sie ihn erfüllen wollen. Das wird Ihnen Schwung verleihen und der Versuchung ein Ende bereiten, doch den verlockenden Eisbecher zu bestellen. Und jedesmal, wenn Sie den Wunsch verspüren, sich auf den Weg zum Kühlschrank zu machen, werden Ihnen die Menschen einfallen, denen gegenüber Sie eine Verpflichtung eingegangen sind.

Als *Zweites* empfiehlt James, auf jeden Fall und uneingeschränkt an der neuen Verhaltensweise festzuhalten, bis sie sich fest eingeschliffen hat. Jeder kleine Verstoß bei der Ausübung der neuen Verhaltensweise wird nur das alte Verhaltensmuster wieder stärken. Das ist dann wie ein völliger Neuanfang, und der Anfang ist immer am schwersten. Je schneller eine Verhaltensweise fest eingeführt werden kann, desto größer sind die Chancen auf ihre Beständigkeit. Ein Alkoholiker, der das Trinken aufgegeben hat, kann als lebendiges Zeugnis für den Wert der zweiten Empfehlung von James dienen.

Schließlich empfiehlt James, die neuen Verhaltensweisen so schnell wie möglich bei der ersten guten Gelegenheit einzuführen. Wenn wir bis zum nächsten Monat warten, bevor wir damit beginnen, eine Stunde früher aufzustehen, für das neue Haus zu sparen oder das Rauchen aufzugeben, werden wir nie damit anfangen. Gute Angewohnheiten werden durch Übung erworben und verstärkt, nicht durch Aufschub. William James formulierte das folgendermaßen: „Die Neigung, eine Handlung auszuführen, wird nur in dem Maße in uns verankert werden, in dem die Handlung auch wirklich geschieht. Wenn ein Gedanke oder ein schwaches Aufleuchten eines Gefühls sich verflüchtigen dürfen, ohne Früchte zu tragen, ist das schlimmer als eine verpaßte, gute Gelegenheit; damit können sogar zukünftige Gedanken und Gefühle verhindert werden."

Eine große Hilfe bei der Überwindung von zeitverschwendenden Angewohnheiten ist es, sich an die Aufstellung von Zeitplänen zu gewöhnen. Lassen Sie uns nun ohne weiteren Aufschub einige Ideen betrachten, die Ihnen die Möglichkeit geben, weniger zu arbeiten und dabei doch mehr zu leisten.

Strategien effektiver Zeitplanung

Wie jede andere Form des Planens läßt sich auch die Aufstellung von Zeitplänen am besten schriftlich durchführen. Ein gutes Werkzeug zur Aufstellung von Zeitplänen ist der wöchentliche Terminkalender nach Tabelle 5. Sie können eine ganze Woche vor Ihren Augen ausbreiten und auf diese Weise besser erfassen, wie sie geplant werden sollte. Dieser Terminkalender enthält auch Raum, Ihr wichtigstes Ziel für diese Woche schriftlich festzuhalten.

Es ist Ihre ganz persönliche Angelegenheit, in welcher Form Sie Ihren Wochenablauf planen wollen. Aber es ist wichtig, daß Sie eine Form wählen, die Ihrem Lebensstil und Ihren Neigungen entspricht. Einige Menschen können mit einem einfachen Terminkalender, der zwei Seiten für jeden Tag enthält, recht effektive Zeitpläne aufstellen. Anderen genügt ein großer Wandkalender für einen Monat mit reichlich Raum für Notizen hinter jedem Datum. Noch andere Menschen bevorzugen eine Mischung aus monatlichen, wöchentlichen und täglichen Zeitplänen. Wählen Sie eine Methode, mit der Sie sich wohlfühlen. Es ist keine Tugend, das Leben übertrieben durchzuplanen. Wenn dabei die Planung ins Extrem übersteigert wird, kann das die Effektivität genauso behindern wie ein völliges Chaos.

Tabelle 5: Der wöchentliche Terminkalender

Zeit	So	Mo	Di	Mi	Do	Fr	Sa
8.00							
8.30							
9.00							
9.30							
10.00							
10.30							
11.00							
11.30							
12.00							
12.30							
13.00							
13.30							

Zeit	So	Mo	Di	Mi	Do	Fr	Sa
14.00							
14.30							
15.00							
15.30							
16.00							
16.30							
17.00							
17.30							
Abend							

Wichtigstes Ziel:
Woche vom: bis zum:

Reservieren Sie Zeit für das Planen

Halten Sie auf jeden Fall eine gewisse Zeit jedes Tages für das Nachdenken, Überlegen und Planen frei. Betrachten Sie diese Zeit als eine Zeit der Stille, in der Sie Ihre Gedanken dahingehend ordnen können, wohin Sie eigentlich wollen und wie gerade der heutige Tag dazu beitragen kann. Für die meisten Menschen ist der frühe Morgen, bevor die Hektik des Tages beginnt, der geeignetste Zeitpunkt. Andere planen es am besten für den Abend oder als letzte Aufgabe eines Arbeitstages ein.

Welche Zeit Sie auch immer für das Planen ansetzen, tun Sie es! Es wird sich immer wieder für Sie auszahlen. Reden Sie sich nie ein, daß Sie wegen Überlastung keine Zeit für das Planen haben. Sie sind höchstwahrscheinlich unter anderem deshalb so beschäftigt, weil Sie keine Zeit zum Planen gefunden haben. Sie sind in einem selbstgeschaffenen Teufelskreis gefangen. Das ist so wie in dem Sprichwort: „Wer auf einem Tiger reitet, darf niemals absteigen." Auch wenn Sie nur fünf bis zehn Minuten am Tag für das Planen freihalten können, werden Sie feststellen, daß dieser Zeitaufwand sich lohnt.

Markieren Sie nicht frei verfügbare Zeit

Nachdem Sie Zeit zum Planen festgelegt haben, markieren Sie alle Zeitabschnitte in Ihrem Plan, über die Sie nicht verfügen können. Dazu gehören zum Beispiel Termine beim Arzt und beim Zahnarzt, Konferenzen, Dienstreisen, Seminare und Workshops sowie Ihre Berufsarbeit.

Kein Terminplan ohne Zeitlimits

In Kapitel 2 habe ich deutlich gemacht, daß ein Ziel bis zu seiner Verwirklichung eine Zeitgrenze haben muß, wenn es tatsächlich ein Ziel sein soll. Folgerichtig sollten Sie bei der Aufstellung eines Zeitplans diese wichtigen Abschlußtermine berücksichtigen. Zeitgrenzen fördern die Aufstellung eines Zeitplans, wenn die folgenden Punkte berücksichtigt werden:

1. Legen Sie die Zeitgrenze für die Erreichung eines Zieles fest und tragen Sie sie in Ihren Zeitplan ein.

2. Schätzen Sie ab, wieviel Zeit Sie brauchen werden, um die betreffende Aufgabe zu Ende zu führen. Denken Sie dabei an *Murphys* Gesetz. Genau wie der Staat seinen Anteil

an Ihrem Geld eintreibt, wird Murphy seinen Anteil von Ihrer Zeit bekommen.

3. Wenn Sie einmal abgeschätzt haben, wieviel Zeit eine Aufgabe verschlingen wird, gehen Sie von dem Zieldatum zurück und halten Sie einen Teil der noch verfügbaren Stunden für diese Aufgabe frei. So erfahren Sie auch, wann Sie spätestens mit der Aufgabe beginnen müssen, um das Abschlußdatum noch erfolgreich einzuhalten.

Gestalten Sie Ihren Zeitplan flexibel

Das Leben ist voller Überraschungen und wird auch immer so bleiben. Wir müssen immer damit rechnen, daß etwas Unerwartetes geschieht und unsere schönsten Pläne durchkreuzt werden. Wir können nur erfolgreich mit dem Unerwarteten umgehen, wenn wir Zeit dafür einplanen. Wenn wir versäumen, Verschnaufpausen in den Plan einzubauen, begehen wir den häufigsten und größten Fehler beim Aufstellen eines Zeitplans. Wenn wir nach einem knapp kalkulierten Zeitplan vorgehen wollen, fordern wir praktisch das Unerwartete auf, eine Katastrophe anzurichten und unsere ganzen Bemühungen zu zerstören. Und nebenbei haben die meisten Menschen nicht viel Freude an knappen Zeitplänen.

Ich habe festgestellt, daß die folgende Faustregel beim Aufstellen von Zeitplänen zumindest für mich gut funktioniert: Schätzen Sie ab, wie lange Sie für eine bestimmte Aufgabe brauchen werden und multiplizieren Sie den Wert mit 1,25. Wenn ich also einen Termin beim Zahnarzt habe und annehme, daß er eine Stunde in Anspruch nehmen wird, plane ich eine Stunde und fünfzehn Minuten auf meinem Zeitplan dafür ein. Wenn ich glaube, daß ich für die Vorbereitung einer Vorlesung vier Stunden brauchen werde, plane ich fünf Stunden dafür ein. Wenn ich mit einer Aufgabe überhaupt nicht vertraut bin oder wenn ich ctwas noch niemals zuvor getan habe, schätze ich die Zeit ein und multipliziere den Wert mit 1,5. Es ist eine weitere, hervorragende Faustregel, nur fünfzig Prozent der verfügbaren Zeit zu verplanen.

Wichtig: Zeit für Erholung und Unterhaltung

Um es mit *Evan Esar* zu sagen: ,,Nur Arbeit und kein Vergnügen macht Jack zu einem dummen Jungen – und Jill zu einer reichen Witwe." Es scheint bizarr zu sein, daß ich die Empfehlung, Zeit zur Erholung und Entspannung freizuhalten, überhaupt erwähnen muß. Aber wir müssen uns nur mit offenen Augen umsehen, um festzustellen, wie viele Menschen keine ganzen Menschen mehr sind, wenn sie gerade nicht arbeiten. Arbeitssüchtige sind meistens besonders ehrgeizige Menschen, die bereit sind, wirklich jeden Preis zu zahlen, um an die Spitze zu gelangen. Leider bemerken viele von ihnen dabei nicht, daß die völlige Hingabe an die Arbeit die Effektivität im Beruf behindern kann. Da sie sich nicht die Zeit nehmen, einmal Abstand von allem zu gewinnen, verlieren Arbeitssüchtige leicht die langfristige Perspektive, die doch für den Erfolg so wichtig ist. Sie sehen den Wald vor lauter Bäumen nicht mehr.

Je mehr Streß mit der Arbeit verbunden ist, desto größer wird die Notwendigkeit, sich häufig Ablenkung und Erholung zu gönnen. Viele amerikanische Präsidenten waren für ihre Freizeitbeschäftigungen, bei denen sie sich erholten, bekannt. *Eisenhower* war ein begeisterter Golfspieler und *Kennedy* ein Anhänger des Wassersports. Die große Last eines solchen Amtes macht es zwingend notwendig, daß diese Männer immer in Höchstform sind. Wenn Sie sich einen Überblick über das Leben höchst erfolgreicher Menschen verschaffen, werden Sie im allgemeinen viel mehr vorfinden als nur die berufliche Tätigkeit. Vielleicht leben diese Menschen für die Arbeit, aber sie leben auch noch für vieles mehr.

Nehmen Sie sich vor, Ihr nicht beruflich bestimmtes Ich wiederzuentdecken und halten Sie Zeit für diese Aufgabe frei. Entwickeln Sie Interessen und Hobbys, die nicht mit Ihrem Beruf verbunden sind. Es ist nicht wichtig, was das ist, solange Sie Freude daran haben und geistig und/oder körperlich dem Alltag entfliehen können. Was das Tennisspiel hier für einige Menschen bedeutet, kann für andere das Briefmarken- oder Mineraliensammeln sein. Ich habe zur Zeit zwei Hobbys: Als Amateurfunker mit dem Code K5ML mit anderen Funkern auf der ganzen Welt zu sprechen, und meinen Katzen Kunststücke beizubringen (eine meiner Katzen kann das Licht ausschalten). Beide Hobbys bieten einen willkommenen Kontrast zu dem zwar schönen, aber doch recht einsamen Beruf des Schriftstellers.

Sie werden auch feststellen, daß Ihre Effektivität durch Pausen im Laufe des Arbeitstages gesteigert wird. Die ideale Anzahl und Länge der Pausen hängen von Ihrer Arbeit und Ihrer persönlichen Konstitution ab. Seit meiner Studentenzeit und auch heute bei meiner Arbeit als Schriftsteller empfinde ich das 50-zu-10-System als besonders effektiv. In jeder Stunde schreibe oder studiere ich fünfzig Minuten und widme zehn Minuten der Entspannung. Wenn ich viel länger als eine Stunde ohne Pause weiterarbeite, neige ich dazu, an Konzentration zu verlieren, darunter leidet dann die Qualität meiner Arbeit. Bei anderen beruflichen Tätigkeiten habe ich kaum ein Bedürfnis nach Pausen verspürt.

Um das Beste aus Ihren Pausen zu machen, können Sie getrost mit verschiedenen Systemen experimentieren, bis Sie eine harmonische Verbindung von Annehmlichkeit und guten Ergebnissen gefunden haben. Es ist wichtig, sich daran zu erinnern, daß Unterhaltungen genauso wie Vergnügen zur Steigerung der Effektivität notwendig sind. *Clarence Randall* hat die Probleme des überarbeiteten Managers am besten in Worte gefaßt: ,,Haben Sie Mitleid mit dem überarbeiteten Manager! Hinter Wällen aus Akten kämpft er tapfer gegen eine anscheinend übermenschliche Last an Verantwortung an. Mit unerfüllbaren Terminen beladen, von ständigen Notfällen in Anspruch genommen, hat er nie auch nur die kleinste Chance, Ordnung in seine Arbeit zu bringen. Haben Sie Mitleid mit ihm – aber erkennen Sie auch die Gefahr, die er darstellt."

Vermeiden Sie Überlastung – Lernen Sie, nein zu sagen

Der Künstler *James Whistler* glaubte, daß das Geheimnis des erfolgreichen Malens im Wissen darum liegt, was nicht auf die Leinwand gebracht werden darf. Genauso liegt Ihr Erfolg beim effektiveren Arbeiten im Wissen darum, was zu unterlassen ist. Wenn Sie die Kunst beherrschen, zu wissen, wie und wann Sie nein sagen sollten, haben Sie die Schlacht schon halb gewonnen.

Wir behindern unsere Effektivität am häufigsten durch Überlastung. Wie ich schon in Kapitel 1 herausgestellt habe, können Sie nicht einen großen Teil Ihrer Persönlichkeit einer großen Sache widmen, wenn Sie schon ein Stückchen von sich für alles eingebracht haben. Sie werden unfähig, sich auf die wichtigen Ziele mit den höchsten Gewinnen zu konzentrieren. Aber leider wissen viele Menschen nicht, wie sie eine Bitte um Ihre Zeit ablehnen können, auch wenn sie eigentlich Besseres zu tun hätten. Wir sagen normalerweise aus zwei Gründen ja: Wir fürchten, daß unser Ansehen bei einem anderen sinken könnte, oder eine Bitte um unsere Hilfe schmeichelt unserem Ego. Bitte, mißverstehen Sie mich jetzt nicht – ich bin nicht dagegen, anderen Menschen zu helfen. Ich beziehe mich nur auf die Fälle, wo wir ja sagen, obwohl wir genau wissen, daß es in unserem eigenen, wohlverstandenen Interesse liegt, nein zu sagen. Wenn Sie ja sagen, weil Sie eine Bestätigung suchen, sagen Sie in Wirklichkeit, daß die Meinung anderer Leute über Sie wichtiger ist als Ihre eigene Selbsteinschätzung. Ja zu sagen, um das eigene Ego zu stärken, heißt, sich selbst zum Märtyrer zu machen. Dahinter verbirgt sich die Botschaft: „Das schuldest du mir alles." Die Betonung liegt dabei auf dem „Schulden". Das ist eine Methode, sich heimlich andere Menschen zu verpflichten.

Gewöhnen Sie sich daran, höflich und direkt Bitten abzulehnen, die nicht in Ihrem eigenen Interesse liegen. Das Neinsagen entspricht in gewisser Weise dem Schwimmen. Die Fähigkeiten steigen mit der Übung.

Die folgenden Leitlinien werden Ihnen helfen, Ihre Fähigkeit zum Neinsagen zu verbessern. Die richtige Anwendung dieses doch so negativen Wortes kann sehr positive Auswirkungen auf die effektive Nutzung Ihrer Zeit haben.

1. Sagen Sie schnell nein, bevor die Leute vermuten, Sie könnten vielleicht ja sagen. Antworten wie „Ich weiß nicht" oder „Darüber muß ich noch nachdenken" wekken nur falsche Hoffnungen. Ein aufgeschobenes Nein erhöht nur die Wahrscheinlichkeit, daß andere Menschen unwillig reagieren.

2. Machen Sie sich klar, daß Sie das Recht zum Neinsagen haben. Sie müssen nicht jedesmal eine Begründung geben, wenn Sie eine Bitte ablehnen.

3. Kleiden Sie Ihre Ablehnungen in eine angenehme und höfliche Form. Sie müssen sich nicht verteidigen – Sie haben das Recht, nein zu sagen.

4. Machen Sie einen Gegenvorschlag, wenn Sie es für angebracht halten. „Ich kann dich heute nicht auf der Konferenz vertreten, Joe. Aber ich kann gerne deine Anrufe annehmen, solange du verhindert bist." Dieser Ansatz läßt Ihre Absage in einem etwas positiverem Licht erscheinen.

Da das Wissen um die notwendigen Unterlassungen ein entscheidender Aspekt des effektiveren Arbeitens ist, erscheint es nur folgerichtig, daß wir eine Unterlassungsliste haben sollten. Ich möchte nicht anregen, daß Sie nun jeden Tag eine neue Liste aufstellen. Greifen Sie lieber auf meine bewährte Liste zurück.

Was Sie nicht tun sollten: LeBoeufs Unterlassungsliste

1. Alle Aufgaben mit niedriger Priorität — es sei denn, alle hochrangigen Aufgaben sind bereits erfüllt.
2. Jede Aufgabe, deren Erfüllung wenig bis gar keine Auswirkung hat. Wenn Sie etwas zu tun haben, fragen Sie sich, was schlimmstenfalls passiert, wenn Sie es nicht tun. Wenn die Antwort nicht zu negativ ausfällt, unterlassen Sie es.
3. Alles, was andere für Sie erledigen können.
4. Alles, was Sie nur deshalb tun, um anderen gefällig zu sein, weil Sie Angst vor ihrem Urteil haben oder sie verpflichten möchten.
5. Gedankenlose oder unangemessene Forderungen an Ihre Zeit und Kraft.
6. Alles, was andere selbst erledigen sollten.

Immer, wenn Sie das Gefühl bekommen, schwer zu arbeiten und wenig zu leisten, denken Sie an die Unterlassungsliste. Sie kann Ihnen den Weg zur Eingrenzung Ihres Problems weisen.

Nutzen Sie Ihre besten Zeiten

Die beste Zeit ist die Zeit des Tages, an der Sie für eine bestimmte Aufgabe in Höchstform sind. Sie werden feststellen, daß Sie mit weniger Anstrengung mehr leisten können, wenn Sie wichtige Aufgaben auf die Tageszeit legen, zu der Sie diese am besten ausführen können.

Welche Zeiten nun die besten sind, hängt von Ihrer Persönlichkeit und der Art der Aufgabe ab. Wenn die Aufgabe ungestörte Konzentration verlangt, wählen Sie die Tageszeit, zu der Sie sich am besten konzentrieren können. Bei vielen Menschen liegt diese Zeit vor 9 Uhr am Morgen, andere dagegen mögen sich vielleicht am besten am späten Abend konzentrieren können. Falls Sie ein Morgenmuffel sind, sollten Sie die Morgenstunden meiden, wenn Sie eine Aufgabe nur mit anderen Menschen zusammen erfüllen können. Ich habe einen guten Freund, der vor 3 Uhr nachmittags kaum ein ganzer Mensch ist. Er scheint seine Höchstform zwischen 10 Uhr abends und 2 Uhr am frühen Morgen zu erreichen. Glücklicherweise erlaubt ihm seine Stelle beim Rundfunk, Vorteile aus seiner besten Zeit in der Nacht zu ziehen.

Durch Zeitpläne, die auf Versuch und Irrtum beruhen, können Sie nach und nach Ihre besten Zeiten für eine bestimmte Aufgabe entdecken. Als ich zum Beispiel mit dem Schreiben anfing, nahm ich meinen Stift zu verschiedenen Tageszeiten zur Hand. Ich stellte fest, daß ich morgens gute Ideen hatte, es mir aber schwerfiel, sie zu Papier zu bringen. Am frühen Nachmittag erreichte ich die höchste Produktivität beim Schreiben, abends leistete ich meine schlechteste Arbeit. Deshalb habe ich meinen Zeitplan so gestaltet, daß ich morgens über die Gegenstände nachdenke, über die ich schreiben will. Ich notiere kurz die Ideen und lege sie zur Seite. Dann wende ich mich bis zum frühen Nachmittag den anderen Pflichten des Tages zu, danach fange ich an, zu schreiben. Dieser Zeitplan macht es mir möglich, mit mehr Freude und weniger Anstrengung zu schreiben.

Verplante Zeit doppelt nutzen

Wenn Sie einen Tagesplan aufstellen, werden Sie Zeit für alltägliche Notwendigkeiten wie die Körperpflege, das Anziehen und den Weg zur Arbeit einplanen. Aber dennoch können Sie fest vergebene Zeiten mehrfach nutzen. Einer meiner Freunde zum Beispiel, der im Fernstudium Betriebswirtschaft studiert, lernt beim Duschen, Anziehen und auf dem Weg zur Arbeit für sein Studium. Er spricht seine Aufzeichnungen auf eine Tonbandkassette und hört die Aufnahme morgens noch einmal ab. Ein weiterer Freund, der Handelsvertreter ist, nutzt seine Fahrtzeiten, um sich die Namen seiner Kunden und Einzelheiten über die Geschäfte einzuprägen. Auch er benutzt einen Kassettenrecorder.

Auch Wartezeiten können wir doppelt nutzen. Die meisten Menschen schreiben einfach die Wartezeit beim Arzt, beim Zahnarzt oder beim Friseur als nutzlos ab. Aber mit geringer Mühe können wir alle möglichen Tätigkeiten in dieser Zeit unterbringen. Wenn Sie auf eine Verabredung warten, können Sie das Wochenende planen, Ihre Ziele oder Ihre Pflichtenliste aktualisieren, isometrische Übungen durchführen, Überweisungsformulare ausfüllen, meditieren, Briefe schreiben oder sich einfach entspannen.

Es gibt auch viele größere Projekte, die Sie Stück für Stück in freien Augenblicken erledigen können. Sie können einen Pullover stricken, Ihr Traumhaus planen oder den Roman skizzieren, den Sie schon immer schreiben wollten. Mit ein wenig Fantasie können Sie selbst eine große Zahl von Ideen entwickeln.

Eine weitere Art von fest verplanter Zeit sind die notwendigen Einkäufe. Es kann viel Zeit kosten, die zudem meistens noch unproduktiv ist, zum Lebensmittelladen, in die Stadt oder ins Einkaufszentrum zu gehen. Die beste Methode, die Zeit für das Einkaufen effektiv zu nutzen und sie auf ein Minimum zu beschränken, ist der Einkauf, wenn die Geschäfte leer sind. Gehen Sie nicht am Freitagabend oder Samstagmorgen in Supermärkte oder Einkaufszentren. Gehen Sie dann zur Bank, wenn kein großer Andrang herrscht. Seien Sie vorbereitet und halten Sie eine Aufgabe bereit, falls Sie doch einmal in einer langen Schlange warten müssen. Nehmen Sie einen Merkzettel mit und prägen Sie sich die Telefonnummern oder Namen und wichtige Daten von Kunden ein.

Eine weitere gute Möglichkeit, das Beste aus fest vergebenen Zeiten zu machen, ist, Karteikarten oder Notizzettel mitzunehmen, um darauf Ideen zu notieren, die Ihnen durch den Kopf gehen. Noch besser ist ein Diktiergerät oder ein Kassettenrecorder.

Die meisten Menschen betrachten die Zeit in Einheiten von Stunden, Tagen und Wochen. Aber wir vernachlässigen die Minuten und die gesamte Lebenszeit. Mit ein wenig Nachdenken können wir das Beste aus beidem machen.

Ein abschließender Gedanke zur Zeitplanung

Wenn Sie nun meine Ideen über die Zeitplanung durchgehen, mögen Sie vielleicht denken: ,,Daran kann ich mich aber nicht immer halten.'' Machen Sie sich keine Sorgen, das kann niemand. Das Leben ist weit von der Vollkommenheit entfernt. Sie werden vielleicht oft nicht in der Lage sein, Ihren Zeitplan so flexibel zu gestalten, wie Sie ihn eigentlich gerne hätten. Vielleicht erlaubt Ihnen die Art Ihres Berufes unglücklicherweise nicht, das Konzept der besten Zeiten zu Ihrem größten Vorteil zu nutzen. Niemand ist in der Lage, jede dieser Ideen immer anzuwenden, aber jeder kann zur richtigen Zeit einige davon nutzbringend anwenden.

Kapitel 5

Mit neuen Grundeinstellungen zu mehr Effektivität

„Diamant: Kohle, die unter Druck veredelt wurde"

Bekannte Kreuzworträtseldefinition

Das Leben ist eine Einstellungssache. Dessen bin ich ganz sicher. Und weil die Arbeit einen sehr großen Teil des Lebens ausmacht, folgt daraus, daß es auch eine Einstellungssache ist, wie wir unsere Zeit und Kraft einsetzen. Sagen Sie mir, was Sie denken und wie Sie sich fühlen, und ich sage Ihnen, wer Sie sind.

Auf unserem Lebensweg nehmen wir feste Ansichten über unsere Gedanken und Gefühle auf, und genau wie bei den Aufzeichnungen über die Arbeit sind viele dieser Überzeugungen falsch. Man hat uns eingeredet, daß unsere Gefühle mysteriös, unkontrollierbar und von unseren Gedanken unabhängig sind. Weiter werden wir mit der Meinung bombardiert, daß das „wahre Leben" aus hochgradig unkontrollierbaren Gefühlserfahrungen besteht. Wir haben gelernt, daß wir für die Gefühle und Einstellungen anderer verantwortlich sind. Wir erfahren, daß derjenige ein „guter, verantwortungsbewußter Mensch" ist, der sich für seine Vergangenheit schuldig fühlt und sich Sorgen um seine und die Zukunft anderer Menschen macht. Es ist ein Wunder, daß überhaupt noch etwas zu Ende geführt wird, wenn man einmal die Menge an Zeit und Kraft betrachtet, die auf diese Mythen Tag für Tag nutzlos verschwendet wird.

Sie sind besser als Sie glauben

Es kann gar keinen Zweifel geben. Wenn wir uns selbst bewerten sollen, verkaufen wir uns immer unter Wert. Sie sind klüger, stärker, kreativer und talentierter als Sie selbst glauben. Die große Mehrheit der Menschen erreicht auch nicht einmal im Entferntesten die Grenze ihrer Fähigkeiten. Ich kann nicht mit Sicherheit sagen, warum das so ist, aber meiner Meinung nach werden unsere Fähigkeiten am meisten durch unser Selbstbild eingeschränkt.

Vertrauen Sie nicht nur auf meine Worte. Fragen Sie doch einmal *Woody Hayes*, den erfolgreichen Trainer der Footballmannschaft des Ohio State College. Bei einem Fernsehinterview bemerkte Hayes einmal, daß er fest daran glaubt, daß alle Menschen besser sind, als sie selbst meinen, und daß er seine Aufgabe als Trainer im Grunde genommen darin sieht, einen jungen Menschen vier Jahre lang anzuleiten und ihn davon zu überzeugen, daß er besser ist, als er glaubt.

Trainer *Paul ,,Bear'' Bryant* von Alabama wiederholte Woody Hayes Ansichten aus einem anderen Blickwinkel. ,,Es gibt verschiedene Typen von Footballspielern'', sinnierte Bryant einmal, ,,es gibt die, die es haben und das auch wissen, die, die es haben und es nicht wissen, die, die es nicht haben und das wissen, und die, die es nicht haben und das nicht wissen. Die letzte Kategorie hat mehr Spiele für uns entschieden als alle anderen zusammen.''

Es scheint so, als ob unser Selbstbild unserem gesamten Verhalten zugrundeliegt und daß die Erhaltung unseres Selbstbildes das Motiv für fast alle unsere Handlungen ist. Wir klammern uns hartnäckig an alle möglichen Ideen über uns selbst, ob sie nun zum Guten oder Schlechten führen. Das erzeugt eine selbsterfüllende Prophezeiung, unser Verhalten bestätigt unser Selbstbild. Glauben Sie nur fest, daß Sie schüchtern, aggressiv, wertvoll, freundlich, intelligent oder was auch immer sind, und Ihr Verhalten wird Ihr Selbstbild weitgehend stützen.

Wir klammern uns an Selbstbilder und widersetzen uns Veränderungen, weil Selbstbilder zum größten Teil unseren Kontakt zur Wirklichkeit herstellen. Es ist wirklich eine traumatische Erfahrung, den Kontakt mit sich selbst zu verlieren. Aber vieles über unser inneres Wesen, an das wir fest glauben, ist einfach falsch oder aber eine Rationalisierung. Wie oft haben Sie schon die Worte gehört: ,,Tut mir leid, aber so bin ich nun einmal.'' Nicht der Selbsterhaltungstrieb verleiht einem Menschen die höchste Motivation, sondern der Trieb, sein Selbstbild zu erhalten.

Ein Schlüssel zu gesteigerter Effektivität liegt in einer Stärkung des Selbstbewußtseins. Genau betrachtet sehen sich Sieger vor allem als Sieger. Sie mögen nicht alles gewinnen, aber sie gewinnen mehr als ihren gerechten Anteil. Leider trifft die selbsterfüllende Prophezeiung auch auf Verlierer zu. *Disraeli* hatte schon weitgehend recht, als er sagte: ,,Wir machen selbst unser Glück und nennen das dann Schicksal.''

Stärken Sie Ihr Selbstbild

Ein stärkeres Selbstbewußtsein verleiht uns die Kraft des ,,Das-geht'', um die höchsten Gipfel zu erklimmen und trotzdem noch überschüssige Energie zu haben. Es ist wirklich schwer, das eigene Selbstbild zu verändern, aber mit ein wenig Willenskraft und Selbstdisziplin ist es möglich. Die folgenden Leitlinien werden Ihnen helfen, Ihr Selbstbewußtsein zu festigen.

Vergangen ist vergangen

Während wir aufwachsen, machen wir alle Erfahrungen, die zur Entstehung unseres Selbstbewußtseins beitragen. Aber unglücklicherweise bleiben davon falsche Ideen über unsere Fähigkeiten und Charaktereigenschaften zurück, an die wir uns klammern. Darunter sind auch selbstzerstörerische Aussagen wie die folgenden, die unsere Arbeit beeinträchtigen:

* Mir fehlt die Initiative.
* Ich kann mich nicht gut ausdrücken.
* Ich kann nicht mit Verantwortung umgehen.
* Mir fehlt Stärke.
* Ich kann nicht klar denken.
* Ich muß doppelt so schwer wie die meisten Menschen arbeiten.
* Ich lehne mich immer gegen Autoritäten auf.
* Ich bin faul.
* Ich bin unordentlich und undiszipliniert.
* Ich werde verrückt, wenn ich nichts zu tun habe.
* Ich kann nicht ohne Aufsicht arbeiten.
* Ich bin kein guter Arbeiter.
* Ich bin es nicht wert, befördert zu werden.
* Ich bin sarkastisch und verletzend.

Vieles von dem, was wir über uns selbst denken, ist nur deshalb wahr, weil wir beschlossen haben, daran zu glauben.

Wir können dieser Falle entkommen, indem wir die Vergangenheit aus dem richtigen Blickwinkel sehen. Der letzte Tag Ihres Lebens liegt näher als gestern, denn der vergangene Tag kommt niemals zurück.

Sagen Sie nicht: ,,Ich bin unordentlich" oder ,,Ich bin initiativlos", sagen Sie lieber stattdessen: ,,In der Vergangenheit habe ich beschlossen, so zu sein, aber ein neuer Tag ist angebrochen."

Legen Sie dann schriftlich einige Ziele fest, mit denen Sie diese Aussagen widerlegen werden. Wenn Sie sich immer gesagt haben, daß Sie initiativlos sind, dann beginnen Sie ein neues Projekt, das Ihren Wert für die Firma steigern wird. Stellen Sie eine Liste von allen Aussagen über sich selbst auf, an die Sie glauben, und entwerfen Sie dann einen Handlungsplan, der Sie selbst Lügen strafen wird. Verfolgen Sie Ihren Plan konsequent, und bald wird eine große Last von Ihren Schultern abfallen, wenn die Geister der Vergangenheit erst einmal vertrieben sind.

Bauen Sie auf Ihre Stärken

Das Selbstbild jedes Menschen besteht aus einer Mischung von positiven und negativen Merkmalen. Deshalb können Sie nicht nur negative Bewertungen richtigstellen, sondern auch Ihr Selbstbild aufwerten, indem Sie sich Ihre positiven Qualitäten besser bewußt machen und sie zum größtmöglichen Vorteil ausnutzen.

Stellen Sie eine Liste Ihrer positiven Eigenschaften auf und sammeln Sie dazu Beispiele, die beweisen, daß Sie diese Eigenschaften wirklich besitzen. Wenn Sie zum Beispiel glauben, daß eine Ihrer besonderen Stärken in den zwischenmenschlichen Beziehungen liegt, dann schreiben Sie auf, wie Sie Ihrer Firma durch Ihren persönlichen Charme diesen wichtigen Auftrag gesichert haben, oder wie Sie ein Mißverständnis geklärt und damit einen wichtigen Mitarbeiter von der Kündigung abgehalten haben.

Bedenken Sie Ihre Stärken im Licht Ihrer Ziele, nachdem Sie die Liste fertiggestellt haben. Wie können Sie Ihre Stärken einsetzen, um Ihre Ziele zu erreichen? Welche werden Ihnen in dieser Hinsicht am meisten nützen?

Wenn Sie sich die Zeit nehmen, einmal eine Bestandsaufnahme Ihrer Stärken zu machen, werden Sie staunen, wie viele gute Seiten Sie haben. Seien Sie jetzt nicht bescheiden und stellen Sie Ihr Licht nicht unter den Scheffel. Bauen Sie sich selbst auf! Beschließen Sie dann, das Beste aus Ihren Stärken zu machen. Das ist die psychische Grundlage des effektiveren Arbeitens.

Nehmen Sie sich bedingungslos an

Verwechseln Sie nie Ihren inneren Wert mit Ihren äußeren Erfolgen, Fehlschlägen, Triumphen und Tragödien. Sie sind ein vollkommen wertvoller Mensch, einfach deshalb, weil Sie leben.

Wenn Sie sich nur unter gewissen Bedingungen selbst annehmen, sorgen Sie mit Sicherheit dafür, daß Sie nie in völligem Frieden mit sich selbst leben werden. Wie oft haben Sie nicht schon gedacht: ,,Ich werde dann mit mir zufrieden sein, wenn ich meinen Schulabschluß habe, die Fahrprüfung bestehe, ... D-Mark im Jahr verdiene, ein eigenes Haus besitze, befördert werde, die Hypothek abbezahlt habe, eine Gehaltserhöhung bekomme...'', und so weiter? Aber wenn wir ein Ziel erreichen, werden wir schon wieder von dem nächsten ,,Ich werde mit mir zufrieden sein, wenn...'' bestimmt. Sie sind jetzt in Ordnung, so wie Sie sind.

Ihr Selbstbewußtsein hängt nicht von anderen ab

Wenn Sie Ihr Selbstbewußtsein auf den Meinungen anderer gründen, ist es wie ein Haus, dessen Fundament auf Treibsand ruht. Früher oder später wird das Gebäude einstürzen. Leider werden wir von der Wiege bis ins Grab von dem Glauben beherrscht, daß Verhaltensweisen, die positiv aufgenommen werden, die Grundlage unseres persönlichen Glücks und Wohlbefindens sind. Unsere Gesellschaft übermittelt uns viele verschiedene Arten von Botschaften, einige davon sind subtil, andere weniger, um sicherzustellen, daß unser Verhalten fremdbestimmt bleibt. Besonders Frauen fallen diesen Botschaften oft zum Opfer. Die gesamte Werbung ist praktisch auf der Wertvorstellung aufgebaut, anderen gefallen zu wollen. Die Botschaft ,,Kaufe unser Produkt, damit du akzeptiert, geliebt, bewundert und interessanter wirst'' wird ständig wiederholt. Wir alle sind glücklicher, wenn wir uns der Zustimmung anderer erfreuen können. Aber wir nehmen die Zustimmung anderer inzwischen so wichtig, daß viele Menschen ihr Selbstbewußtsein mit ihr verknüpfen.

Aber im großen und ganzen sind die Leute unbeständig, und wer Sie heute lobt und verehrt, tut morgen vielleicht etwas ganz anderes. Immer wenn Sie jemand ablehnt, verurteilt oder versucht, Sie zu demütigen, dann denken Sie an die Worte von *Eleanor Roosevelt*: ,,Niemand kann Ihnen ohne Ihre Zustimmung Minderwertigkeitsgefühle vermitteln.''

Es ist auch eine kluge Entscheidung, die eigenen Fähigkeiten nicht mehr von anderen definieren zu lassen. Lassen Sie sich von niemandem einreden, Sie seien zu alt, zu jung, zu faul oder zu was auch immer, um das zu erreichen, was Sie wollen. Wenn Sie glauben, daß Sie etwas können und es auch tun wollen, dann gehen Sie mit aller Kraft voran. Wie *Emerson* schrieb: ,,Selbstvertrauen ist das wichtigste Erfolgsgeheimnis.''

Auf unserer Erde gibt es an allen Ecken und Enden Experten, die den Leuten erzählen, was sie können und was nicht. Und auf jeden Experten kommen mindestens hundert Menschen, die seine Worte Lügen strafen. *John F. Kennedy* hätte als Katholik niemals zum Präsidenten der Vereinigten Staaten gewählt werden können, und *Jimmy Carter* als Südstaatler hatte eigentlich auch keine Chancen. Während meiner Schulzeit rieten mir meine Lehrer, nach der Mittleren Reife ein Handwerk zu erlernen, weil ich ja doch nie mein Abitur schaffen würde. Aber acht Jahre später hatte ich meinen Doktortitel. Mir gefällt die folgende Definition von *Robert Ringer* besonders gut: ,,Ein Experte ist einfach irgend jemand, der ganz genau weiß, warum man etwas nie schaffen wird.''

Räumen Sie Ihren Wünschen den höchsten Stellenwert ein

Jahrelang sind wir mit einer weiteren Botschaft unserer Gesellschaft gefüttert worden, und zwar, daß wir unsere Wünsche denen anderer Menschen unterordnen sollen, um die Welt insgesamt zu verbessern. Folglich opfern wir unsere eigenen Bedürfnisse zugunsten unserer Frau, unserer Kinder, unserer Firma, unseres Staates oder für wen auch immer. Welch' ein Unglück!

Diese Lebenshaltung schafft das Problem, daß letztendlich bei allen Beteiligten Groll entsteht. Sie helfen den Armen nicht, wenn Sie auch arm werden. Sie helfen ihnen, wenn Sie Ihre eigenen Bedürfnisse befriedigen und ihnen helfen, sich selbst zu helfen.

In allen unseren anderen Beziehungen sieht es sehr ähnlich aus. Ein gesunder Egoismus ist die Voraussetzung für gute Beziehungen zu anderen Menschen. Solange Sie sich nicht wohlfühlen und mit Ihrem Leben unzufrieden sind, können Sie anderen nur wenig geben.

Um es einmal mit dem *Talmud* zu sagen: ,,Jeder Mensch hat das Recht, zu fühlen, die Welt wurde meinetwegen geschaffen.'' Wenn Sie von einer brennenden Selbstlosigkeit erfüllt sind, sollten Sie meiner Meinung nach diesen Standpunkt übernehmen. Sie können einen leeren Eimer nicht in einem ausgetrockneten Brunnen füllen. Es ist schon so, wie *George Bernard Shaw* sagte: ,,Das Interesse eines Menschen an der Welt ist nur ein Überschuß des Interesses an der eigenen Person.''

Sie allein sind für Ihre Gefühle verantwortlich

Schuldgefühle – ein übler Fall von Selbstsabotage

Von allen Gefühlen, die unsere Effektivität abtöten, sind Schuldgefühle bei weitem am nutzlosesten. Kein noch so großes Bedauern, keine Reue und kein ungutes Gefühl können die Vergangenheit ändern. Wie dem auch sei, Schuldgefühle sind per definitionem ungute Gefühle und Lähmungen, die aus dem entstehen, was in der Vergangenheit passiert ist oder hätte geschehen sollen. Sie können die Geschichte der Vergangenheit umschreiben, aber Sie können sie nicht umgestalten.

Wenn Schuldgefühle nun eine solche vergebliche, irrationale Zeit- und Kraftverschwendung sind, warum verwenden wir dann einen solch großen Teil des Lebens darauf, uns von ihnen verzehren zu lassen? Auf diese Frage gibt es mehrere Antworten.

Erstens und vor allem ist es eine Tatsache, daß man uns in der Kindheit Schuldgefühle anerzogen hat. Die Eltern, die Lehrer und die Kirche setzten Schuldgefühle ein, um unser Verhalten zu beeinflussen. Als Kinder haben wir gelernt, was gut und was böse ist. Dann sagte man uns, daß wir uns gut fühlen sollten, wenn wir das Gute taten, und schlecht, wenn wir böse waren. Dieses Denken und diese Verhaltensweisen werden ins Erwachsenenleben übernommen. Und folglich finden wir die Anwendung von Schuldgefühlen zur Regulierung von Verhaltensmustern in jeder Institution und in jedem Bereich unserer Gesellschaft vor.

Aber es gibt noch weitere Gründe, die uns dazu verführen können, unsere Anstrengungen auf Schuldgefühle zu verschwenden. Schuldgefühle sind eine hervorragende Ausrede für mangelnde Effektivität. Wenn Sie mit Ihren Schuldgefühlen beschäftigt sind, müssen Sie nicht die Gegenwart nutzen, um etwas zu schaffen.

Schuldgefühle sind eine perfekte Entschuldigung dafür, daß Sie sich nicht ändern wollen. Sie tun etwas, das nicht gerade Ihrer Persönlichkeitsentwicklung dient. Sie gehen den Risiken genauso wie der Arbeit aus dem Weg, die mit positiver Selbstentwicklung verbunden sind. Wir sehen hier noch eine weitere Anwendung des Mythos' vom einfachen Weg.

Schuldgefühle sind eine großartige Möglichkeit, andere für Ihr Verhalten und Ihre Gefühle verantwortlich zu machen und sich so von allen Fehlern reinzuwaschen. Dieses

Verhalten findet oft seinen Ausdruck in Redewendungen wie: ,,Sieh nur, wozu man mich getrieben hat'', ,,Wenn nur die anderen nicht gewesen wären'' oder ,,Da seid ihr selbst schuld.''

Und schließlich sind Schuldgefühle eine wirksame Methode, die Zuwendung und das Mitleid anderer zu erhalten. Wenn Sie sich schuldig fühlen, zeigen Sie der Welt ganz deutlich, was für ein wunderbarer, gewissenhafter und fürsorglicher Mensch Sie doch sind. Unglücklicherweise möchten viele von uns lieber Mitleid als Erfüllung ernten.

Auf die Arbeit angewendet führen Schuldgefühle normalerweise zu dem, was ich die Fälle von ,,Ach hätte ich doch nur'' nenne. Die Symptome dieser Krankheit finden wir in Aussagen wie: ,,Ach hätte ich doch nur um Zustimmung gebeten, bevor ich angefangen habe'' und ,,Hätte ich doch nur alle Punkte auf meiner Pflichtenliste erfüllt.'' Aber es bleibt die Tatsache, daß ein ,,Ach hätte ich doch'' überhaupt nichts ändert. Die Vergangenheit ist unwiederbringlich vorbei. Sie können nur aus ihr lernen und beschließen, sich jetzt und in Zukunft anders zu verhalten.

Viele Menschen verschwenden einen großen Teil ihrer Zeit und Kraft auf Schuldgefühle in bezug auf das, was sie nicht erledigen. Eine Sekretärin fragte mich einmal, wie sie mehr leisten könne, und ich empfahl ihr eine ,,Pflichtenliste''. Einige Wochen später traf ich zufällig mit ihr zusammen und fragte sie, wie sich die Sache entwickelt habe. Sie antwortete: ,,O ja, Ihr Rat hat mir wirklich geholfen, aber ich mußte die ,Pflichtenliste' wieder aufgeben. Ich habe es nie geschafft, alle Punkte auf der Liste zu erledigen und fühlte mich dann so schlecht, daß ich jeden Abend mit Kopfschmerzen nach Hause kam.'' Als ich das hörte, erklärte ich ihr, daß sie gar nicht alle Punkte auf der Liste erledigen müsse und erzählte ihr von der 80-zu-20-Regel.

,,Ach so! So klingt das Ganze ja viel besser'', antwortete sie. ,,Warum haben Sie mir das nicht gleich gesagt?''

„Ich weiß nicht", antwortete ich. „Hätte ich das doch bloß getan!"

Schuldgefühle in bezug auf Dinge, die Sie nicht erledigen, sichern Ihnen lebenslänglichen Kummer, denn Sie werden nie alles schaffen können. Wenn Sie versuchen, alles zu schaffen, ist das genauso, als ob ein Hund seinen Schwanz jagt. Aber dennoch bleibt immer genug Zeit übrig, die wichtigen Dinge zu Ende zu führen. Ich habe einmal ein Gebet unbekannter Herkunft gelesen, das den richtigen Blickwinkel besitzt: „Herr, es gibt nie genug Zeit für alles. Hilf mir, etwas weniger ein wenig besser zu tun."

Es muß nicht mehr gesagt werden, daß es uns ohne Schuldgefühle besser geht. Es folgen einige vernünftige Empfehlungen, die die schmerzhaften Stiche der Schuldgefühle beenden oder zumindest auf ein Minimum beschränken sollen:

1. Lassen Sie die Vergangenheit ruhen. Schreiben Sie zehn Dinge auf, die Sie getan haben, aber besser unterlassen hätten. Schreiben Sie dann zehn Dinge auf, die Sie unterlassen haben, aber besser getan hätten. Geben Sie sich fünf Punkte für jeden Fall, in dem Bedauern etwas ändert. Und wie sieht Ihr Ergebnis aus? Natürlich null Punkte!

2. Üben Sie sich in Schuldgefühlen. Nehmen Sie sich fünfzehn bis zwanzig Minuten Zeit und suchen Sie ein vergangenes Ereignis aus, das Sie bedauern können. Und jetzt steigern Sie sich in die Sache hinein und fühlen sich schuldig! O, mein Gott! Ist es nicht schrecklich! Wenn ich das doch bloß nicht getan hätte! Das dagegen hätte ich tun sollen! Sie werden bald feststellen, was für eine enorme Menge an Energie durch Schuldgefühle verbraucht wird. Das wird Sie so beeindrucken, daß Sie die Notwendigkeit einsehen werden, sich von Ihren Schuldgefühlen zu verabschieden.

3. Akzeptieren Sie Ihre vergangenen Fehler und Mißgeschicke und beschließen Sie, etwas aus ihnen zu lernen. Als Mensch haben Sie ein Recht auf Ihre Fehler.

4. Weisen Sie die Leute, die Schuldgefühle ausnutzen, in ihre Schranken. Die Welt ist voll von Neurotikern, die gewohnheitsmäßig versuchen, ihre schlechten Gefühle auf andere zu übertragen. Solche Leute sind so nützlich wie die Pest oder eine vierjährige Hungersnot. Es ist Ihre einzige Verantwortung, solche Leute zu ignorieren oder noch besser, sie aus Ihrem Leben zu entfernen.

Es gibt noch eine weitere heftige Gemütsbewegung, die den Schuldgefühlen weitgehend entspricht. Dabei handelt es sich um die . . .

Sorge

Sorgen sind ein Spiegelbild der Schuldgefühle. Statt die Vergangenheit zu bereuen, denken sorgengeplagte Menschen schaudernd an die furchtbaren Dinge in der Zukunft. Schuldgefühle sind in die Vergangenheit gerichtet, Sorgen in die Zukunft. Beide verhindern mit Sicherheit jede positive Leistung in der Gegenwart.

Über die Sorge sagte *Mark Twain* einmal: ,,In meinem Leben habe ich unvorstellbar viele Katastrophen erlitten. Die meisten davon sind nie eingetreten.'' Es ist eine Tatsache, daß unsere Sorgen bloße Fantasien sind. Nichts, worüber wir uns Sorgen machen, existiert in der Gegenwart, und das meiste davon wird es auch in der Zukunft nicht geben. Und was immer auch geschehen mag, es wird durch unsere Sorgen jedenfalls nicht verhindert.

Die psychischen Auswirkungen der Sorge sind denen der Schuldgefühle sehr ähnlich. Wer sich Sorgen macht, hat eine gute Entschuldigung für seine mangelnde Effektivität gefunden. Wie oft haben Sie schon die folgenden Worte gehört: ,,Ich bin so aufgeregt und besorgt, daß ich mich einfach nicht auf meine Arbeit konzentrieren kann.'' *Robert Lee Frost* sagte einmal: ,,Mehr Menschen kommen durch Sorgen als durch Arbeit ums Leben, einfach, weil sich mehr

Menschen mit Sorgen als mit Arbeit beschäftigen." Sich Sorgen zu machen ist Arbeit – sogar schwere Arbeit und dazu noch völlig unproduktiv.

Ihre Sorgen zeigen nebenbei allen Leuten, um was Sie sich alles kümmern und wie verantwortungsbewußt Sie sind. Und jedenfalls machen Sie deutlich klar, daß Sie an die Zukunft denken und keine Zeit auf die Freude in der Gegenwart verschwenden.

Es ist leichter, sich Sorgen zu machen, als sich zu verändern. Sie können den Versuch, durch gegenwärtige Taten die Zukunft positiv zu beeinflussen, einfach durch Sorgen über das, was geschehen könnte, ersetzen. Mein Freund Harry zum Beispiel ist ein fünfunddreißigjähriger Alkoholiker. An sechs Abenden in der Woche kann man ihn in der Kneipe um die Ecke antreffen, wo er sich sinnlos betrinkt. Es ist nicht weiter überraschend, daß Harry unter Bluthochdruck leidet, der zum größten Teil eine Folge seines Alkoholkonsums ist.

Harry macht sich große Sorgen um sein Herz. Aber hat er deshalb etwa sein Trinken eingeschränkt? Aber woher denn? Stattdessen verbringt er Tage damit, in der Stadtbücherei medizinische Fachzeitschriften zu lesen und ständig zu seinem Arzt in die Sprechstunde zu gehen. Harry ist arbeitslos, obwohl er ein kluger Kopf ist und ein naturwissenschaftliches Studium abgeschlossen hat. Harry ist nicht gezwungen, sein Geld durch Arbeit zu verdienen. Sein Vater ist sehr wohlhabend und unterstützt ihn mit einer beträchtlichen Summe im Monat, die zum Leben und Trinken mehr als ausreicht. Vor einigen Jahren fand Harry eine Stelle, die er aber nach einem Tag aufgab. Er behauptete, die Arbeit sei schlecht für sein Herz. Ob sich Harry wohl irgendwann einmal ändern wird? In der näheren Zukunft auf keinen Fall, falls er es überhaupt einmal tut. Warum sollte er sich den Härten einer Veränderung unterziehen, wenn es doch so leicht ist, zu trinken und sich Sorgen zu machen?

Sich Sorgen machen gehört zu den Tätigkeiten, die wir alle einschränken könnten. Sie finden im folgenden einige Ratschläge, wie Sie die Sorge aus Ihrem Leben verbannen können:

1. Denken Sie an einen bestimmten Abschnitt Ihres Lebens zurück, ob nun seitdem ein, fünf, zehn oder zwanzig Jahre vergangen sind. Schreiben Sie alles aus dieser Zeit auf, worüber Sie sich Sorgen machten. Was ist davon nicht eingetroffen? Sicher das meiste. Was haben Sie durch Ihre Sorgen abwenden können? Gar nichts. Und was ist schließlich eingetreten, hat sich dann aber als ein verkappter Segen entpuppt?

Ein Professor, wir wollen ihm einfach den Namen Roscoe geben, fühlte sich in seiner Stellung als Hochschullehrer nicht übermäßig wohl und machte sich ständig Sorgen, er könnte entlassen werden. Was sollte er dann bloß machen? Wer würde die Rechnungen bezahlen und für die Familie sorgen? Wie zu erwarten war, wurde sein schlimmster Alptraum wahr und er wurde entlassen. Ein Jahr später traf ich ihn zufällig wieder und begegnete einem neuen Menschen. Nur einen Monat, nachdem er die Universität verlassen mußte, fand er eine gute, beratende Tätigkeit, sein Einkommen stieg um das Doppelte. Aber was weitaus wichtiger ist, er fand seine neue Stelle viel herausfordernder und befriedigender. Seine ganze Sorge um die Sicherheit als Akademiker hatte ihn nur von einem glücklicheren Leben abgehalten. Die Erfahrung von Professor Roscoe erinnert mich an einen anonymen Ausspruch, den ich irgendwo einmal gelesen habe: ,,Der Mensch kann keine neuen Welten entdecken, wenn er sich nicht aufs Meer wagt und die bekannten Küsten verläßt.''

2. Stellen Sie eine Liste der schlimmsten Dinge zusammen, die Ihnen jemals passiert sind. Fragen Sie sich dann, wie viele davon völlig überraschend eintraten. Die meisten

wirklichen Tragödien in diesem Leben treffen uns ohne Vorwarnung, und das ist ein wahrer Segen. Sie haben vorher gar keine Möglichkeit, sich Sorgen zu machen, außerdem hätten Sorgen die Ereignisse sowieso nicht beeinflussen können.

3. Wenn Sie sich über etwas Sorgen machen, gehen Sie das Problem doch einfach direkt an. Fragen Sie sich: ,,Was kann daraus schlimmstenfalls entstehen?'' Wenn Sie diese Frage einmal beantwortet haben, müssen Sie sich normalerweise keine Sorgen mehr darüber machen.

4. Setzen Sie sich in eine Ecke und machen Sie sich Sorgen. Denken Sie sich möglichst viele schlimme Dinge aus, die Ihnen in den nächsten 24 Stunden zustoßen könnten. Sie könnten zum Beispiel sterben, gelähmt werden, einen geliebten Menschen verlieren, das Haus könnte abbrennen, und so weiter. Sie werden bald bemerken, daß Sie die Liste endlos fortsetzen könnten und gar keine Zeit haben, sich über alles Sorgen zu machen. Nun denn, warum sollten Sie sich dann überhaupt Sorgen machen?

5. Ersetzen Sie die Sorgen durch einen guten Aktionsplan für die Zukunft. Wenn Sie sich schon so sehr mit der Zukunft beschäftigen, dann sollten Sie auch Ihre Zeit und Kraft dafür einsetzen, sie für sich und Ihre Familie besser zu gestalten. Setzen Sie sich sinnvolle Ziele und verfolgen Sie diese auch, und zwar ab sofort! Wenn Ihnen die Ziele wirklich etwas bedeuten, wird es Ihnen so viel Spaß machen, in ihrer Verfolgung aufzugehen, daß Ihnen gar keine Zeit mehr für die Sorgen bleibt.

Wenn Sie Schuldgefühle und Sorgen aus Ihrem Leben vertreiben, dann befreien Sie Ihre Effektivität von zwei großen Hindernissen. Aber es warten noch zwei weitere Drachen auf Sie, die Sie töten müssen. Anscheinend haben sich die Sorgen und die Schuldgefühle vereinigt, um ein drittes Ungeheuer hervorzubringen, und das ist die . . .

Halten Sie einen Moment inne und denken Sie an die wunderbaren Dinge auf dieser Welt, die nie geschehen sind, weil jemand einen Fehlschlag befürchtete und nicht den Mut zur Tat fand. Denken Sie einmal an die vielen Bücher, Lieder und Theaterstücke, die nie geschrieben wurden. Denken Sie an die vielen Sänger, Maler und Bildhauer, die ihre Gaben nie weiterentwickelten, weil sie Angst vor der Lächerlichkeit hatten. Denken Sie an die vielen arbeitssparenden Erfindungen und an die Heilmittel für bis heute unheilbare Krankheiten, die uns fehlen, weil jemand Angst hatte, seine ungewöhnlichen Ideen weiterzuverfolgen. Und denken Sie schließlich an die schönen menschlichen Beziehungen, die nie zustande kamen, weil eine oder beide Seiten Angst vor Ablehnung hatten. Das ist nur ein Bruchteil des Preises, den wir für unser Verharren in der Angst vor Fehlschlägen bezahlen.

Die überraschende Wahrheit ist, daß es Fehlschläge gar nicht gibt. Das Wort „Fehlschlag" gibt nur der Meinung Ausdruck, daß eine vorgegebene Handlung nicht befriedigend ausgeführt wurde. Stellen Sie sich einmal vor, wenn Sie so viel Fantasie haben, daß eine Biene zur anderen sagt: „Sie haben mich zur Arbeit im Bienenkorb eingeteilt, weil ich nur eine Fünf im Honigsammeln hatte." Oder noch besser, können Sie sich ein Eichhörnchen vorstellen, das zum anderen sagt: „Max, du bist ja ein hervorragender Kletterer, aber im Nußknacken bist du nur ungenügend." Wie weit können Sie die Lächerlichkeit treiben? Tiere wissen wirklich einfach nicht, was ein Fehlschlag ist. Sie tun einfach etwas und freuen sich daran. Fehlschläge halten sie nicht auf, denn sie wissen nicht, was das ist. Wenn Max einmal eine Nuß nicht öffnen kann, wird er es einfach mit der nächsten versuchen. Er wird sich nicht in Selbstmitleid ergehen oder schwören, für den Rest seines Lebens nur noch von Baumrinde zu leben.

Wie bei den anderen lähmenden Gefühlen hat es auch bei der Angst vor Fehlschlägen bestimmte Auswirkungen, wenn wir unser Leben von ihr bestimmen lassen. Wer von der Angst vor Fehlschlägen geleitet wird, wählt immer den einfachsten Ausweg. Statt die Herausforderung anzunehmen, ein sinnvolles Ziel zu verfolgen, können Sie es leichter von Ihrer Liste streichen und sich sagen, daß Sie es ja doch nie erreichen werden oder daß sich die Mühe nicht lohnt.

Wenn Sie in der Vergangenheit jemals Mißerfolge hatten (und wer hatte die nicht), bietet Ihnen die Angst vor Fehlschlägen eine perfekte Entschuldigung dafür, jetzt und in Zukunft von weiteren Versuchen abzusehen. Und warum sollte man sich so vielen Mühen unterziehen, wenn letzten Endes doch nichts dabei herauskommt?

Und schließlich, wenn Sie nicht versuchen zu handeln, erlauben Sie sich den Luxus, zum Kritiker zu werden. Sie können Ihre Zeit und Kraft ins Zuschauen investieren und all diese Narren lächerlich machen, die da draußen dem Erfolg nachjagen. Die schärfsten Kritiker sind meistens Menschen, die vom eigenen Handeln enttäuscht sind und von ihrer Angst vor Fehlschlägen geleitet werden.

Die Menschen, die ihren Ängsten nachgeben und die psychischen Auswirkungen in Kauf nehmen, übersehen einen wichtigen Punkt. Der Fehlschlag ist auf der Erfolgsskala nicht eingezeichnet. Tatsächlich ist der Fehlschlag, wie wir schon klargestellt haben, eigentlich gar nichts. Im Leben zählt nicht das, was man verliert, sondern das, was man gewinnt und was übrigbleibt.

Wenn Sie erkennen, daß die Angst vor Fehlschlägen Sie lähmt, können Sie die Lähmung durch die folgenden Ratschläge überwinden:

1. Legen Sie Ihren eigenen Erfolgsmaßstab fest. Denken Sie daran, daß die Bezeichnung ,,Fehlschlag'' willkürlich ist. Lassen Sie nicht zu, daß Ihr Leben von anderen Maßstä-

ben als nur den eigenen bestimmt wird. Sie müssen nicht Generaldirektor der Firma werden, nur weil Ihr Vater oder Ihre Frau das wollen. Das muß allein Ihre Entscheidung bleiben.

2. Fallen Sie nicht auf ein vereinfachendes Erfolgs-Fehlschlags-Denken herein. Wenn Sie ein Ziel festlegen und es dann verfolgen, bewerten Sie Ihren Fortschritt nach selbstgesetzten Erfolgsstufen.

3. Lassen Sie sich nicht von dem Gefühl leiten, Sie müßten bei allem Erfolg haben oder überall herausragende Leistungen erbringen. Es ist nichts Schlechtes an einer mittelmäßigen Golfrunde (zumindest sage ich mir das immer wieder) oder einem schlechten Tennisspiel, solange Sie Ihren Spaß daran haben.

4. Bekämpfen Sie ganz offen Ihre Angst vor Fehlschlägen. Suchen Sie irgend etwas aus, was Sie gern tun würden, wobei Sie aber einen Fehlschlag befürchten, und tun Sie es. Selbst wenn der Erfolg nicht Ihren Erwartungen entspricht, müssen Sie keine Reue fürchten. Schließlich haben Sie das getan, was Sie wirklich tun wollten. Es ist besser, eigene Taten als verpaßte Gelegenheiten zu bedauern. Jede Unternehmung bringt ein Risiko mit sich, aber nichts unternehmen heißt, das Leben zu verschwenden.

5. Wenn Sie wirklich das Gefühl haben, daß Sie einen Fehlschlag erleiden, dann betrachten Sie das Ganze als eine lehrreiche Erfahrung, die Sie klüger machen und zu späteren Erfolgen beitragen wird. Gewitzte junge Politiker gehen so vor. Sie kandidieren für ein politisches Amt, obwohl sie ganz genau wissen, daß sie keine Siegchancen haben. Aber weil sie in den Ring steigen, werden sie zunehmend bekannter und lernen, wie man eine Wahlkampagne durchführt. Die Bekanntheit und das erworbene Wissen können später einmal zu einer siegreichen Kampagne beitragen. Aus unseren Fehlschlägen können wir viel mehr lernen als aus unseren Erfolgen, vorausgesetzt, wir nehmen die Chance wahr.

6. Machen Sie sich klar, daß ein bedeutender Erfolg selten leicht errungen wird und normalerweise erkämpft werden muß. Aber die Menschen, die den Willen zum Kampf haben, werden letztendlich gewinnen. Die meisten von uns werfen viel zu früh das Handtuch, wo es doch zum Erfolg führen würde, nur ein wenig länger durchzuhalten. In seinem Buch „Die Kunst, egoistisch zu sein" erzählt *David Seabury* die folgende Geschichte:

In Südafrika wird nach Diamanten geschürft. Es müssen Tonnen von Erde bewegt werden, um einen kleines Steinchen zu finden, das nicht einmal so groß ist wie ein Fingernagel. Die Schürfer achten auf die Diamanten, nicht auf Schmutz und Erde. Sie sind bereit, den ganzen Schmutz abzutragen, um die Kostbarkeiten zu finden. Im Alltag vergessen die Menschen dieses Prinzip und werden zu Pessimisten, weil es mehr Schmutz als Diamanten gibt. Wenn es Ärger gibt, dann lassen Sie sich nicht von dem Negativen abschrecken. Suchen Sie nach den guten Dingen und fördern Sie sie zu Tage. Sie sind so wertvoll, daß es überhaupt nichts ausmacht, wenn Sie tonnenweise Schmutz beiseite schaufeln müssen.

Der letzte, aber nicht der unwichtigste unter den Zeit- und Kraftverschwendern ist der . . .

Zorn

Falls überhaupt etwas Gutes aus Zorn und seinen Nebenprodukten, Haß und Bitterkeit, entstehen kann, habe ich es noch nicht gesehen. Der Zorn führt mit Sicherheit zu nichts Gutem, ob er nun gegen andere, die eigene Person oder Dinge gerichtet ist. Wenn man es genau betrachtet, sagt ein zorniger Mensch nichts anderes als: „Die Welt und ihre Bewohner sollen sich gefälligst nach meinen Wünschen richten." Natürlich ist diese Forderung vollkommen lächerlich.

Durch Zorn werden sogar Kriege ausgelöst, und solange wir nicht lernen, ihn unter Kontrolle zu halten, kann er zur völligen Auslöschung der Menschheit führen.

Wie die drei anderen lähmenden Gefühle hat auch der Zorn seine neurotischen Auswirkungen. Wenn Sie Zorn gegen andere Menschen oder Dinge fühlen, sind diese selbst schuld, daß sie nicht Ihren Erwartungen entsprechen. Folglich müssen Sie sich selbst nicht ändern.

Durch Zorn können Sie eine Menge Verständnis, Aufmerksamkeit und Macht über andere Menschen bekommen, die zulassen, von Ihnen manipuliert zu werden. ,,Der arme Georg, er hat ein schreckliches Temperament. Es ist wirklich jammerschade, denn dadurch hat er Kopfschmerzen, Rückenschmerzen und Bluthochdruck. Laßt uns bloß tun, was er will. Der Himmel weiß, was passiert, wenn er zornig wird. Und außerdem, ist es denn sein Fehler, daß er ein so sensibler, gefühlsstarker und lebendiger Mensch ist?''

Ihr Zorn gibt Ihnen die Freiheit, von Zeit zu Zeit verrückt zu spielen, er befreit Sie so von der Verantwortung für unbefriedigende Verhaltensweisen. Sie können dann sich und anderen einreden: ,,Ich weiß wirklich nicht, was über mich gekommen ist. Ich bin einfach völlig aus der Fassung geraten.''

Und schließlich ist Zorn eine Entschuldigung für Unfähigkeit. Sie können Ihr hitziges Temperament für Ihre Unfähigkeit, klar zu denken oder konstruktiv zu handeln, verantwortlich machen.

Natürlich sind alle diese Folgen völlige Zeit- und Kraftverschwendungen. Es bringt Sie nicht weiter, wenn Sie bei einer Panne auf der Autobahn aussteigen und gegen die Reifen treten. Aber der selbstzerstörerischste Ärger ist der, welcher gegen andere Menschen gerichtet ist. Der verstorbene Senator *Hubert Humphrey* hat das sehr treffend formuliert: ,,Bitterkeit verbraucht viel zu viel Energie und führt zu nichts. Sie verletzt den anderen nicht. Sie glauben, daß Sie

Bitterkeit wie Laserstrahlen aussenden, aber alles bleibt in Ihrem Inneren – und *verzehrt Sie* mit der Zeit."

Wir leben in einem Zeitalter des Zornes, das durch eine hohe Kriminalitätsrate, kleinliche Streitereien, zerbrochene Familien und Menschen, die sich wegen der geringsten Kleinigkeit gegenseitig verklagen, gekennzeichnet ist. Worin auch immer die Gründe verborgen liegen, es gibt jedenfalls viele Menschen, die offensichtlich glauben, daß Zorn die gegebene Antwort auf unsere Probleme ist. Es ist schon ein Unglück.

Sie sind am besten dran, wenn Sie den Zorn völlig aus Ihrem Leben verbannen können. Falls das nicht möglich ist, folgen hier einige nützliche Ideen über den Umgang mit dem Zorn:

1. Lassen Sie Ihren Ärger konstruktiv los. Es ist gesundheitsschädlich, Ärger zu unterdrücken, aber Sie können ihn konstruktiv einsetzen. Sie können zum Beispiel Ihre Frustrationen durch regelmäßige körperliche Betätigung abarbeiten.

Manchmal kann ein kleines bißchen Zorn einen zusätzlichen Anstoß liefern, der Sie weiter auf Ihr Ziel zubewegt. Als ich zum Beispiel damit anfing, Pläne für dieses Buch zu schmieden, erwähnte ich das bei der Arbeit gegenüber einem Kollegen. Er lachte darüber und sagte, daß das Buch doch nie geschrieben, geschweige denn veröffentlicht würde. Ich ging nach Hause und nahm noch am selben Tag mein Projekt in Angriff. Ich hatte genau diese negative Reaktion gebraucht, um in Bewegung zu kommen. Werde ich meinem Kollegen jemals genug Dank erweisen können?

2. Nehmen Sie Ihre Arbeit und nicht sich selbst ernst. *Ethel Barrymore* hat das am besten formuliert, als sie sagte: „An dem Tag, an dem Sie zum ersten Mal über sich selbst lachen konnten, sind Sie erwachsen geworden." Es hat absolut keine Zukunft, das Leben übermäßig ernst zu nehmen.

Unsere Nervenkliniken und Gefängnisse sind voll von Leuten, die diesen Fehler begangen haben.

Entwickeln Sie Ihren Sinn für Humor und setzen Sie ihn häufig ein. Man kann nicht gleichzeitig lachen und zornig sein. Ein hochentwickelter Sinn für Humor setzt positive Kräfte frei und hindert negative Gefühle daran, das Leben zu überschatten. Das Leben ist ein Geschenk, das Sie eines Tages Ihrem Schöpfer zurückgeben müssen. Kosten Sie es also mit Genuß aus und überlassen Sie die langen Gesichter denjenigen, die ewig leben werden.

3. Nehmen Sie die Tatsache an, daß vieles im Leben nicht Ihren Erwartungen entsprechen wird. Die Welt kann wohl kaum vollkommen genannt werden, und ich weiß nicht, wie es Ihnen geht, aber ich würde mich fehl am Platze fühlen, wenn sie es wäre. Nehmen Sie einfach die Dinge hin, die Sie nicht ändern können. Toleranz und Gelassenheit sind hervorragende Gegengifte zum Zorn.

4. Schieben Sie Ihren Zorn auf. Wenn Sie sich über jemanden aufregen, dann zählen Sie bis zehn, oder, besser noch, sagen Sie sich: ,,Morgen werde ich deshalb aus der Haut fahren.'' Wenn Sie den Zorn aufschieben, benutzen Sie eine gute Methode, ihn auf ein Mindestmaß einzuschränken. Wenn Sie Ihren Zorn spontan an Ihrem Chef, Ihrer Frau oder Ihrer Sekretärin auslassen, können Sie ein kleines Mißgeschick zur großen Katastrophe ausweiten. Wenn Sie Ihren Zorn erst einmal auf Eis legen, vermindern Sie diese Gefahr.

5. Machen Sie sich bewußt, daß Sie nicht erst zornig werden müssen, um konstruktiv handeln zu können. Positive Gefühle und Begeisterung führen zur Erfüllung, sorgen für eine gute Nutzung der Zeit und schaffen mehr Energie als sie verbrauchen.

Sie können zu einem neuen Menschen werden, wenn Sie sich von Schuldgefühlen, Sorgen, Angst vor Fehlschlägen und Zorn befreien. Sie werden plötzlich feststellen, daß Sie nun Zeit, Kräfte und Fähigkeiten besitzen, von denen Sie bisher nicht einmal zu träumen wagten. Stellen Sie sich einmal vor, Sie wären ein Behälter, in dem Ihre Zeit und Kraft in flüssiger Form gespeichert sind. Die Löcher in dem Behälter sind Ihre negativen Gefühle. In dem Maße, in dem Sie in der Lage sind, die Löcher zu stopfen, stehen ihnen mehr Zeit und Kraft zur Verfügung, um die Dinge im Leben zu tun, die für Sie Erfüllung bedeuten. Um den Vergleich noch ein Stück weiter zu treiben: Je größer der Druck ist, unter dem die Flüssigkeit steht, desto schneller entweicht sie durch die Löcher. Das läßt sich auch auf die Arbeit übertragen. Zeit und Kraft lassen sich am besten nutzen, wenn der Druck weggenommen wird. Aber bevor wir den Druck wegnehmen können, müssen wir erkunden, was ihn *wirklich* erzeugt.

Den Druck vermindern

In der Transaktionsanalyse wird der gehetzte Arbeiter erwähnt. Er oder sie kann Manager, Angestellter, Hausfrau, Lehrer, Arzt, Bauer oder was auch immer sein. Welcher Beruf auch ausgeübt wird, die Situation ist immer dieselbe. Ein gehetzter Arbeiter steht mit dem Rücken zur Wand. Er ist immer überarbeitet und beschwert sich darüber, daß er seine Arbeit und dazu noch die von allen anderen erledigen muß. Er nimmt am Abend und am Wochenende Arbeit mit nach Hause. Bei der Arbeit ist er in ständiger Bewegung und verhält sich gegenüber Kollegen, Vorgesetzten und Untergebenen immer kurz angebunden. Er sagt zu allen Anforderungen an seine Zeit und Kraft ja, und vielleicht klagt er sogar darüber, in den letzten fünfzehn Jahren keinen Urlaub gehabt zu haben. Harte Arbeit und das Leben sind bei ihm Synonyme, und er trägt das Abbild des schwer arbeitenden Menschen deutlich sichtbar wie einen Orden an der Brust, den alle bewundern dürfen.

Aber früher oder später fordert der Druck des gehetzten Lebens seinen Preis. Der gehetzte Held verblaßt langsam. Er sagt noch immer zu allen Anforderungen ja, aber er kann sie nicht mehr erfüllen. Seine Gestalt wirkt jetzt erschöpft, seine Augen liegen tief in dunklen Höhlen und sind blutunterlaufen. Häufig stellen sich Krankheiten und Depressionen ein. Das Leben des gehetzten Arbeiters findet oft ein plötzliches und unerwartetes Ende. Man findet ihn über dem Schreibtisch zusammengesunken, inmitten seiner Arbeit einem Herzanfall erlegen. Der Druck seiner Arbeit ist ihm einfach über den Kopf gewachsen. Richtig? Falsch!

Der gehetzte Arbeiter schafft sich, wie jeder andere Mensch auch, selbst den Druck, unter dem er steht. Bei genauer Untersuchung erweist sich das Druckgefühl genau wie Glück, Zorn, Schuldgefühle, Sorgen und Ängste als ein innerer Zustand. Sie stehen nur dann unter Druck, wenn Sie beschließen, ihn zu akzeptieren. Jedermann klagt über die harte Arbeit und den Druck, denen wir in unserer Gesellschaftsordnung ausgesetzt sind, aber wenn wir über Druck sprechen, sprechen wir in Wirklichkeit über etwas, das wir uns selbst antun. Es liegt schon viel Wahrheit in dem folgenden Ausspruch: ,,Wenn wir dem Feind begegnen, werden wir oft feststellen, daß wir es selbst sind.‘‘

In jedem Kapitel dieses Buches werden Sie irgend etwas finden, das Ihnen indirekt helfen wird, den Druck der Arbeit zu verringern. Und dazu stelle ich Ihnen noch die folgenden Ideen vor, die Ihnen zu einer gelassenen, vom Druck befreiten Einstellung zur Arbeit verhelfen werden.

Gehen Sie Ihre Arbeit entspannt an

Als ich mit dem Golfspielen anfing, nahm ich bei einem Berufsspieler Unterricht. Es stellte sich heraus, daß ich dabei viel mehr als das Golfspielen erlernte. Die Anweisungen meines Lehrers, wie ich den Golfschläger schwingen sollte, gaben mir jedesmal vieles zu bedenken, wenn ich mich dem Ball näherte. Ich mußte an meine Körperhaltung, meinen Griff, meinen Rückschwung, meine Hüften, mein Durchziehen, meinen Kopf und an vieles mehr denken. Aber das Wichtigste war, alles entspannt anzugehen, wie mein Lehrer sagte. Und er hatte recht. Wenn Sie sich zu sehr auf jede Einzelheit des Schlages konzentrieren, verspannt sich Ihr Körper, und am Ende treffen Sie den Ball nicht oder streifen ihn nur. Der Golflehrer nannte dieses Ergebnis einer übertriebenen Konzentration ,,Paralyse durch Analyse''. Sie können nicht effektiv Golf spielen, bis Sie gelernt haben, sich zu entspannen. Es ist der lockere, wohlkoordinierte Schlag, der Ihnen die Kontrolle über den Ball verleiht.

Genauso verleiht Ihnen ein lockeres, wohlkoordiniertes Herantreten an die Arbeit die erforderliche Effektivität. Wenn Sie sich besonders angespannt fühlen, dann machen Sie eine Pause und fragen Sie sich, wohin diese ganze Anspannung führt. Verlangsamen Sie dann Ihre Gangart. Bewegen Sie sich ruhig und besonnen auf Ihre Ziele zu. Der entspannte, lockere Ansatz verleiht in Wahrheit große Kräfte. Denken Sie daran, daß Aktivität nicht mit Produktivität gleichzusetzen ist.

Wenn wirklich einmal Hektik ausbricht, ist eines der besten Gegenmittel eine kurze Pause, in der Sie nichts anderes tun, als sich zu entspannen, und zwar körperlich wie geistig. Wenn Sie sich wieder einmal mitten in der Arbeit besonders angespannt und erregt fühlen, machen Sie doch einmal folgenden Versuch:

1. Setzen oder legen Sie sich bequem hin. Lockern Sie alle einengende Kleidung.

2. Schließen Sie die Augen und stellen Sie sich vor, am friedlichsten Ort der Welt zu sein. Das ist vielleicht ein stiller

See oder ein Fluß mit einem schönen Blick auf die Berge. Fühlen Sie die angenehme Wärme der Sonne im Gesicht, wenn Sie sich dieses Bild völliger Stille vorstellen. Befreien Sie Ihren Kopf von allen anderen Gedanken.

3. Entspannen Sie jetzt langsam jedes einzelne Körperteil. Atmen Sie tief durch und konzentrieren Sie sich darauf, zuerst Ihre Stirn, dann Ihr Gesicht, Ihren Nacken, Ihre Arme, Ihren Körper und die Beine zu entspannen; halten Sie sich an diese Reihenfolge. Stellen Sie sich Ihren Körper als Ballon vor, dem die Luft entweicht und der dabei völlig erschlafft.

4. Behalten Sie diesen völlig entspannten Zustand zehn Minuten lang bei, oder noch länger, wenn Sie wollen. Denken Sie daran, der Schlüssel zu dieser Übung ist die völlige körperliche Entspannung in Verbindung mit einer völligen Entleerung des Kopfes von Gedanken und Problemen.

Nach den Aussagen einer medizinischen Forschungsgruppe der Harvard-Universität verbessern Entspannungspausen während der Arbeit den gesamten Gesundheitszustand und die Zufriedenheit eines Arbeiters, indem sie den Blutdruck senken und die Häufigkeit von Kopfschmerzen vermindern, gleichzeitig verbessern sie die Fähigkeit, mit anderen Menschen umzugehen. Diese Investition von Zeit ist mit hohen Gewinnaussichten verbunden.

Mit Freude arbeiten

Vielleicht werden Sie für Ihre Arbeit hervorragend bezahlt. Vielleicht haben Sie eine Stelle mit außergewöhnlich langem Urlaub und hervorragenden Sozialleistungen. Aber wenn Sie dazu nicht noch Spaß an Ihrer Arbeit haben, wage ich, Ihren Erfolg anzuzweifeln.

Die Menschen, die während der Arbeit Freude an ihrer Tätigkeit haben, sind die erfolgreichsten, die ich kenne. Die wahre Freude am Leben entsteht aus dem völligen, kreativen Aufgehen in einer Aufgabe und nicht aus den äußerlichen Belohnungen für einen erfolgreichen Abschluß. Wenn Sie Ihre Arbeit genießen, dann erleben Sie Harmonie, Lebenssinn und Zufriedenheit; und diese Erfahrung eines inneren Erfolgs wird die Aussichten auf äußerliche Belohnungen auf längere Sicht sehr steigern.

Wenn Sie Ihre Arbeit nicht mögen, dann geben Sie Ihre Stelle auf und suchen Sie sich eine Tätigkeit, an der Sie Freude haben. Offenbar hat jede Arbeit ihre guten und schlechten Seiten, aber wenn Sie sich mit der Natur Ihrer Tätigkeit grundsätzlich nicht anfreunden können, sollten Sie besser nach fetteren Weiden suchen. Auch wenn Sie jetzt daran zweifeln mögen, ich darf Ihnen versichern, daß Sie es nie bereuen werden.

Paradoxon der Perfektion

Es ist das Paradoxon der Perfektion, daß Sie einen großen Fehler machen, wenn Sie bei sich oder anderen Perfektion erwarten. Die meisten Menschen werden vom Perfektionismus in einem höheren Maß gelähmt, als sie erkennen oder zugeben wollen. Wir sind von unserer Gesellschaft mit großen Dosen von ,,Sei-Perfekt" geimpft worden. Diejenigen, die anscheinend perfekter als andere sind, werden als leuchtende Vorbilder hochgehalten. ,,Schau nur, wie klug Mary ist. Sie hat im Diktat keinen einzigen Fehler gemacht, und Johnny hat eine Eins-plus in Mathematik nach Hause gebracht. Ist das nicht toll?"

Manchmal ist es kein Fehler, nach Perfektion zu streben. Das Problem ist nur, daß zu viele Menschen einem fehlgeleiteten Perfektionismus huldigen. Einige Aufgaben erfordern einfach Perfektion, zum Beispiel das Programmieren eines Computers, der Bau einer Uhr oder eines Flaschenschiffs. Aber viele Aufgaben im Leben erfordern keine Perfektion. In diesem Fall behindert Perfektionismus nur die Effektivität und führt zu Zeit- und Kraftverschwendung. Wenn Sie in bezug auf Ihr Auto, Ihr Haus, Ihren Schreibtisch, Ihre Kleidung, Ihre Kinder, Ihre Frau, Ihre Kollegen und so weiter ein überzeugter Perfektionist sind, vergeuden Sie nur nutzlos Zeit. Das kann Sie sogar davon abhalten, die wichtigen Ziele in Ihrem Leben zu erreichen.

Ein Perfektionist kann kein glückliches Leben führen, weil er einem unerfüllbaren Traum nachjagt. In den meisten Fällen ist der Perfektionist auch uneins mit sich selbst, weil er niemals seinen eigenen Anforderungen entsprechen kann.

Viele Perfektionisten sind von Ihren Taten enttäuscht und haben Angst, Fehler zu machen. Nur wer die Hände in den Schoß legt, kann keine Fehler machen, folglich legen diese Menschen die Hände in den Schoß. Die Unsinnigkeit dieser Haltung wird am besten durch einen Ausspruch aufgedeckt, den ich irgendwo einmal gelesen habe: ,,Es ist besser, ein starker Mann mit einem schwachen Punkt als ein schwacher Mann ohne einen starken Punkt zu sein. Ein Diamant mit einem Fehler ist wertvoller als ein fehlerloser Ziegelstein.''

III
Die Zeitdiebe
besiegen

Kapitel 6

Schluß mit der Aufschieberei

,,Wenn Sie eine einfache Aufgabe zu einem schweren Problem
machen wollen, dann bleiben Sie doch einfach
weiter beim Aufschub."

Olin Miller

Sind Sie ein Mensch, der gerne Dinge vor sich her schiebt?
Wenn Sie jetzt ja gesagt haben, möchte ich Ihnen zu Ihrer
Ehrlichkeit gratulieren. Bis zu einem gewissen Grad sind wir
doch alle so. Das Aufschieben ist so weit verbreitet, daß
jetzt sogar in den USA ein Nationaler Verein für Aufschub
gegründet werden soll. Seine Mitglieder planen schon seit einiger Zeit eine Gründungsversammlung, aber sie sind bis
jetzt noch nicht dazu gekommen.

Aufschieberitis – Sie bezahlen einen hohen Preis

Verschiedene Ansichten über die Arbeit, die wir in Kapitel 1
kennengelernt haben, sind tiefsitzende Überzeugungen, die
uns zum Aufschub veranlassen können. Mythen wie ,,Akti-
vität bedeutet Produktivität", ,,Der einfache Weg ist immer
der beste Weg", ,,Arbeit ist von Natur aus unangenehm",
der ,,Mythos von der Gerechtigkeit" und der ,,Mythos, daß
wir unter Druck am besten arbeiten können" liefern uns viele Gründe, eine Aufgabe aufzuschieben oder überhaupt
nicht zu erledigen.

Aufschub ist oft schwer zu erkennen, weil er kein faßba-
rer Gegenstand ist. Die Aufgaben, die Sie erfüllen, sind das,
was Sie schaffen, und der Rest bleibt eben liegen oder wird

vertagt. Aber der Aufschub wird dann zum Problem, wenn Sie die Dinge vernachlässigen oder vertagen, die für Sie persönlich wichtig sind.

Wir bezahlen einen unermeßlichen Preis, wenn wir uns den Luxus leisten, es uns im Schoß des Aufschubs gemütlich zu machen. Wir stehen hier vor dem häufigsten Effektivitätsmörder. Ich stelle Ihnen einige Wege vor, auf denen der Aufschub seinen enormen Zoll eintreibt.

Vergeudete Gegenwart

Dale Carnegie schreibt: ,,Eine der tragischsten Tatsachen, die mir über das menschliche Leben bekannt sind, ist die Neigung, das Leben aufzuschieben. Wir träumen alle von einem magischen Rosengarten jenseits des Horizonts − dabei könnten wir uns doch an den Rosen freuen, die gerade jetzt vor unserem Fenster blühen.''

Das ist wahrscheinlich der höchste Preis für den Aufschub, denn die Gegenwart ist doch alles, was wir haben. Alles Reden, Hoffen und Wünschen in bezug auf die Zukunft ermöglicht weder das gegenwärtig Beste noch baut es etwas für die Zukunft auf. Die Vergangenheit ist unwiederbringlich vorüber und der kommende Tag ist nichts als eine Vision, aber wer etwas aufschiebt, vergeudet das Heute. Und was noch schlimmer ist, das Aufschieben wird sehr schnell zur Gewohnheit. Wir können uns sicher alle vorstellen, was ein Mensch, der die Dinge gerne vor sich her schiebt, mit dem nächsten Tag machen wird. Der Kreislauf wird sich immer wiederholen und das Ergebnis ist ein . . .

Unerfülltes Leben

Ein erfülltes Leben bringt jeden Tag Erfolge und Freude mit sich. Aber der Aufschub wirkt lähmend und verhindert die Erfüllung. Für den Menschen, der die Dinge gern vor sich herschiebt, gibt es immer noch einen nächsten Tag, also gilt der heutige Tag nichts. So entsteht in der Gegenwart ein Vakuum, und vieles weniger Erstrebenswerte füllt die Lücke aus.

Langeweile

Lawrence Peter erzählte einmal von einem Lehrer, der genau dieser Langweiler-Typ war, daß ein Raum gleich heller wirkte, wenn er ging. Wenn Sie Langweiler kennen (und wer kennt die nicht?), werden Sie bei näherem Hinsehen erkennen, daß es sich um Menschen handelt, die selbst unter Langeweile leiden. Vielleicht möchten Sie diese Menschen bedauern, aber das kann ich nicht befürworten. Langeweile ist ein Lebensstil und ein einfacher Fluchtweg, um die Augenblicke der Gegenwart nicht konstruktiv nutzen zu müssen. Es ist Ihre freie Entscheidung, ob Sie sich langweilen wollen oder nicht, aber Sie werden mich niemals davon überzeugen können, daß das Leben langweilig ist. Wenn er die Langeweile als seinen Lebensstil wählt, hat der Mensch, der die Dinge gern vor sich herschiebt, nur noch einen Weg gefunden, um seine Zeit zu strukturieren:

Die hohe Anspannung, ständig unter Druck zu arbeiten

Indem er immer bis zur letzten Minute wartet, schafft der Mensch, der gerne die Dinge vor sich herschiebt, zahlreiche Gelegenheiten, sein Leben mit Streß zu füllen. Wenn Sie das nicht glauben, dann gehen Sie doch einmal zum Finanzamt, wenn der letzte Tag zur Abgabe des Lohnsteuerjahresausgleichs gekommen ist. Sie werden staunen, wie viele Menschen sich bis zum letzten Tag Zeit lassen, bevor sie ihr Geld zurückfordern.

Nicht tragfähige Ziele

Viele Menschen, die gerne etwas aufschieben, setzen sich natürlich genauso wie die aktiv handelnden Menschen Ziele. Aber sie kommen nie dazu, ihre Ziele zu verfolgen, geschweige denn, sie zu erreichen. Folgerichtig sind ihre Ziele auch keine wirklichen Ziele, sondern verdichten sich zu einer Nebelwolke. Diese Menschen sind sehr leicht an ihrem ständig wiederholten Ausspruch „Irgendwann einmal werde ich" zu erkennen.

* Irgendwann einmal werde ich nach Europa reisen.
* Irgendwann einmal werde ich eine bessere Arbeitsstelle finden.
* Irgendwann einmal werde ich das Abitur nachholen.
* Irgendwann einmal werde ich ein eigenes Haus kaufen.
* Irgendwann einmal werde ich mit dem Rauchen aufhören.
* Irgendwann einmal werde ich eine Schlankheitskur machen.
* Irgendwann einmal werde ich noch groß herauskommen. (Hier haben wir nun das Lebensmotto des Menschen, der zum Aufschub neigt, vor Augen.)

Die Liste ließe sich noch beliebig erweitern, deshalb werde ich Ihnen nicht irgendwann, sondern jetzt sofort über einen weiteren hohen Preis berichten, den wir für den Aufschub zahlen müssen.

Ungelöste Probleme – eine ständige Last

Es gibt einige Probleme im Leben, die einfach von der Zeit geheilt werden. Aber ein Mensch, der zum Aufschub neigt, ordnet die meisten, wenn nicht sogar alle Probleme, in diese Kategorie ein. Aber die meisten Probleme werden weder durch Nichtbeachtung noch durch die Weigerung, sie zu sehen, gelöst. Und was noch schlimmer ist, ungelöste Probleme brüten noch weitere, neue Probleme aus. Versäumen Sie, ein kleines Loch in Ihrem Dach zu reparieren, und eines Tages wird das ganze Dach einstürzen. Achten Sie nicht auf Ihr Gewicht, und eines Tages werden Sie wie ein Kuchen aufgehen und dadurch krank werden. Lassen Sie die unangenehmen, aber wichtigen Pflichten Ihrer Arbeit unbeachtet, und eines Tages werden Sie auf der Straße stehen. Ungelöste Probleme sind wie Unkraut. Wenn Sie sich nicht die Mühe machen, sie zu bekämpfen, wuchern sie unkontrolliert weiter und wachsen Ihnen schließlich über den Kopf.

Ständig frustriert

Kein Mensch mag Frustrationen. Sie sind nicht das, was wir vom Leben erwarten. Wer braucht sie schon? Der Mensch, der zum Aufschub neigt, muß wohl ein Bedürfnis nach ihnen haben, sonst würde er ihnen nicht nachlaufen. Anstatt zu handeln, sagt er sich: ,,Ich hoffe‘‘, ,,Ich wünsche‘‘, ,,Vielleicht geht ja alles noch einmal gut aus‘‘ und anderen Unsinn dieser Art.

Wenn es einen Preis für ständige Frustrationen durch Untätigkeit gäbe, müßte ein Buchprüfer aus meinem Bekanntenkreis zu den Preisträgern gehören. Rufus arbeitet seit über zwanzig Jahren in einem großen Konzern. Er ist in etwa so dynamisch wie eine Schüssel kalter Haferschleim. Rufus mag weder die berufliche Sackgasse, in der er steckt, noch seinen Chef oder die Firma. Er mag auch die Stadt nicht, in der er wohnt. Aber Rufus wird nichts Einschneidendes wie einen Umzug oder einen Wechsel der Arbeitsstelle in Angriff nehmen. Er hofft einfach weiter, daß sich alles ändern wird. Er ist Junggeselle und geht schon seit zehn Jahren mit demselben Mädchen aus. Sie möchte ihn heiraten. Wenn Sie das Gespräch auf dieses Thema bringt, antwortet Rufus immer: ,,Ach weißt du, wir lernen uns doch gerade erst richtig kennen. Sollen wir uns nicht noch ein wenig Zeit nehmen?''

Vor ein paar Jahren begegnete ich Rufus zufällig, als er gerade wieder sehr frustriert und aufgebracht war. Seine Wohnung, in der er schon seit sieben Jahren lebte, war ihm gekündigt worden. Ich fragte ihn nach den Gründen und erhielt eine verblüffende Erklärung. Anscheinend brachte er seinen Müll nicht gerne weg, deshalb ließ er ihn einfach in der Wohnung liegen. Eines Tages erfuhr die Wohnungsverwalterin von einem modrigen Geruch, der aus Rufus' Wohnung drang, und ging der Sache auf den Grund. Sie fand in seiner Wohnung unzählige Müllsäcke vor, die sich über längere Zeit angesammelt hatten. Kurz nacheinander wurden die Abfälle und Rufus aus der Wohnung befördert.

Ich habe kürzlich gehört, daß Rufus eine neue Wohnung gefunden hat und dort gerade mit Erfolg eine neue Müllsammlung aufbaut. Aber wie dem auch sei, Rufus ist nicht mein Problem. Er wird es schon schaffen — vielleicht morgen — hofft er.

Weitere Aufschieberitis-Folgen

Gesundheitliche Störungen — ein weiterer Preis, den man neben Verletzungen und vorzeitigen Todesfällen für den Aufschub zahlen muß. Es kann tödlich enden, wenn wir Krankheitssymptome unter den Teppich kehren und ihre Behandlung aufschieben.

Weitere potentielle Katastrophen durch den Aufschub drohen, wenn wir noch eine Woche mit den abgefahrenen Reifen oder den alten Bremsbelägen herumfahren. Wichtige Dinge sind selten dringend, bis es dann doch zu spät ist.

Eine mittelmäßige berufliche Karriere — ein Preis, den der Luxus des Aufschiebens fordert. Viele Menschen, die zum Aufschub neigen, sind damit zufrieden, in einer untergeordneten Stellung oder einem Beruf, für den sie wirklich nicht geeignet sind, zu bleiben. Verpaßte geschäftliche Chancen sind oft das Ergebnis des Aufschiebens. Versäumen Sie, noch heute einen Kunden anzurufen, und ein Konkurrent wird ihn von Ihrer Firma abwerben. Versäumen Sie es, ein Produkt rechtzeitig zu modernisieren, und Sie werden im Wettbewerb untergehen. Nichtstun führt zu schlechten oder schlimmstenfalls zu gar keinen Ergebnissen.

Ein Leben voller Unentschlossenheit – Jede Entscheidung bietet eine Chance, zumindest ein wenig die Zukunft mitzubestimmen. Aber wenn Sie Entscheidungen aufschieben, vergeben Sie diese Chance. Früher oder später werden die Umstände Ihnen die Entscheidung abnehmen, Ihnen bleibt dann keine Wahl mehr. Wenn Sie unentschlossen sind, lassen Sie zu, ein Sklave und nicht der Herr der Zukunft zu sein. Unentschlossenheit hat schon viele Karrieren im Management beendet.

Schlechte persönliche Beziehungen – Auch sie sind Folgen eines untätigen Lebens. Immer wenn ein Konflikt in einer persönlichen Beziehung entsteht, schrecken Menschen, die zum Aufschub neigen, vor weiteren Kontakten zurück, statt eine freundschaftliche Lösung zu suchen. Es ist nur allzu bezeichnend für untätige Menschen, weiter für einen Chef zu arbeiten, den sie nicht mögen und eine schlechte Ehe oder eine gespannte Beziehung aufrechtzuerhalten. Ein Mensch, der zum Aufschub neigt, klammert sich nicht nur an schlechte Beziehungen an, sondern verbaut sich dazu noch die Chance, glückliche und sinnvolle Beziehungen aufzubauen.

Müdigkeit – Das sollte jetzt keine Überraschung mehr sein. Das Aufschieben ist eine verteufelt anstrengende Methode, seine Zeit und Kraft zu verbrauchen. Aber bei genauer Betrachtung ist es die ganz persönliche Entscheidung eines Menschen, Dinge vor sich herzuschieben und seine Kräfte dabei aufzubrauchen. Jeden Tag leistet er Schwerstarbeit im Kampf mit Zweifeln, Unentschlossenheit, Frustration und Langeweile. Und es ist kein Wunder, daß er dabei müde wird.

Warum wir aufschieben

Wenn der Aufschub solch einen unermeßlichen Preis fordert, drängt sich die folgende Frage geradezu auf: ,,Warum tun wir es dann?'' Die meisten, aber nicht alle Gründe für den Aufschub entspringen unseren Gefühlen.

Um einer großen Aufgabe zu entkommen – scheinbar

Wenn Sie die Augenblicke der Gegenwart mit Trivialitäten ausfüllen, können Sie vor Aufgaben fliehen, die zwar wichtig sind, aber zu groß erscheinen, als daß sie bewältigt werden könnten. Ben zum Beispiel, ein Abteilungsleiter, steht vor der Aufgabe, einen Halbjahresbericht über den Geschäftsgang zu schreiben. Er sieht sich seine Aufgabe an und denkt: ,,Wenn ich jetzt damit anfange, werde ich doch nur immer wieder unterbrochen.'' Folglich betrügt er sich selbst und glaubt, daß er den Bericht eines schönen Tages schreiben wird, wenn er sich um Unterbrechungen keine Sorgen mehr machen muß und schreibt den lieben langen Tag bedeutungslose Aktennotizen, telefoniert, unterhält sich mit Kollegen und erledigt die Routinekorrespondenz. Er geht müde, aber zufrieden nach Hause. Schließlich hat er an diesem Tag viel geschafft. Wenn der endgültige Abgabetermin für den Bericht naht, wird Ben in ein Eilprogramm einsteigen und am Ende mit Sicherheit den Bericht über Nacht oder am Wochenende schreiben, dabei wird er sich beklagen, wie überarbeitet er doch ist.

Wir alle müssen von Zeit zu Zeit unangenehme, aber wichtige Aufgaben ausführen. Wenn wir die Wahl zwischen einer angenehmen und einer unangenehmen Aufgabe haben, werden wir normalerweise das erstere wählen.

Sehen wir uns doch zum Beispiel einmal den armen, alten Charlie an. Seine Garage ist ein einziges Chaos. Eines Samstags hält ihm seine Frau am frühen Morgen die Pistole an die Brust: Entweder die Garage sieht bis zum Abend sauber und ordentlich aus, oder du schläfst in der nächsten Nacht darin. Auf dem Weg zur Garage bemerkt Charlie, daß sein Nachbar Fred Ärger mit dem Auto hat. Als guter Nachbar und begeisterter Hobbymechaniker hilft Charlie in den nächsten zwei Stunden bei der Reparatur des Autos. Fred revanchiert sich dann mit einer Einladung auf ein Glas Bier, das ist doch das mindeste, was er Charlie schuldig ist. Nachdem sie nun einmal zusammensitzen, verbringen die beiden die nächsten drei Stunden vor dem Fernseher. Wie aufregend doch die Sportreportagen heute wieder sind! Und dann kommt noch das Spitzenspiel der Bundesliga.

Dann sind die Sportsendungen vorüber, und der Samstagnachmittag auch. Charlie geht zu seiner aufgebrachten Frau nach Hause, deren Blicke die Inquisition in den Schatten stellen. Am Ende verbringt Charlie dann die Nacht damit, die Garage aufzuräumen und zu putzen. Seine Bemühungen werden durch die Dunkelheit behindert, und das Ergebnis sieht entsprechend aus, was ihm eine zusätzliche Abfuhr beschert.

Um schlechte Arbeit zu entschuldigen

Das ist eine der größten Ausreden, die der Aufschub ermöglicht: ,,Ich bin erst in letzter Sekunde dazu gekommen. Mit ein bißchen mehr Zeit hätte ich bessere Arbeit leisten können.'' Als Professor höre ich diese Ausrede oft von Studenten, die mangelhafte Seminararbeiten abgeben. Das Erstaunliche dabei ist, daß die Arbeitsthemen in der ersten Semesterwoche verteilt werden und der Abgabetermin am Semesterende liegt. Trotzdem höre ich mindestens einmal im Semester diese Entschuldigung.

Um Verständnis zu gewinnen

,,Sieh nur, wie sehr ich mich bemühe'', lautet der Schlachtruf des aufschiebenden Kriegers. Dieser Ausspruch hat eine Übersetzung: ,,Achte bitte nicht darauf, wie wenig ich bisher geschafft habe.'' Ben, der erschöpft und überarbeitet aussieht, gibt seinen unausgegorenen Bericht eine Woche zu spät beim Chef ab. Charlie schleppt sich ins Haus, von Kopf bis Fuß schmutzverkrustet, und fällt erschöpft ins Bett, ein Abbild totaler Erschöpfung. Sorgenbeladene Studenten bitten ihre Professoren um eine Terminverlängerung für die Seminararbeit. Fühlen Sie nicht ein tiefes Mitleid mit diesen armen Opfern der Umstände? Ach, Unsinn!

Damit ein anderer die Arbeit bewältigt

Es ist meistens nichts Schlechtes, eine Aufgabe zu delegieren. Aber es gibt einfachere, schnellere und direktere Wege dazu, als mit anderen das Aufschiebespiel zu spielen. Solche verdeckten Manöver sind für alle Beteiligten nichts als Zeitverschwendung. Ideen über das effektive Delegieren werden in Kapitel 9 vorgestellt.

Um ein schwaches Selbstbild zu stützen

Ein unterentwickeltes Selbstbewußtsein und die begleitenden Ängste um Erfolg und Mißerfolg sind weitere Gründe für Untätigkeit. Wenn Sie sich selbst mit Gründen für die Untätigkeit betrügen, vermeiden Sie die Ängste und

Schmerzen des Fehlschlags. Gleichzeitig können Sie den Erfolg und alle Probleme, die er mit sich bringen könnte, vermeiden. Sie können ganz der Alte bleiben, weiterhin die Dinge vor sich herschieben und das ganze vertraute Unglück, die Mißgeschicke und Frustrationen der Vergangenheit weiter erleben. Das alles summiert sich zu einem der wichtigsten gefühlsmäßigen Gründe, nichts zu tun:

Um Veränderungen zu vermeiden

Sie halten sich so das ganze Leben frei, um ein gelangweilter, kritischer, unentschlossener, erfolgloser und nichtssagender Mensch zu sein. Und was das Beste daran ist, Sie machen alles und jeden für Ihre Mißgeschicke verantwortlich, nur nicht sich selbst. Und das Programm des einfachen Auswegs läuft weiter ab.

Weitere Aufschieberitis-Gründe

Nicht jeder Aufschub ist an sich schlecht und nicht alle Gründe für ihn sind gefühlsbedingte Ausreden. Es gibt einige Gründe für den Aufschub, die nicht unseren Gefühlen entspringen. Ich werde sie hier nur kurz erwähnen, weil ich sie schon vorher ausführlich erörtert habe:

1. Unangemessene Ziele können eine Quelle des Aufschubs sein. Sind Sie sicher, daß gerade dieses Ziel für Sie noch immer wichtig und notwendig ist? Ist es wirklich Ihr *eigenes* Ziel?

2. Unzureichende Information kann die Lösung von Problemen verhindern, Entscheidungen verzögern und den Abschluß einer Arbeit vertagen.

3. Ziele ohne Abschlußtermine werden oft niemals erreicht, oder wenn es doch einmal vorkommt, dauert es viel länger als bei Zielen mit Abschlußterminen.

4. Übermäßige Verpflichtungen führen unausweichlich zum Aufschub. Wenn Sie zu allem ja sagen, vermindern Sie die Chancen, überhaupt etwas zu Ende zu führen.

5. Unrealistische Zeitabschätzungen können Engpässe und Verzögerungen verursachen. Denken Sie an Murphys Gesetz: Alles dauert länger als man denkt.

Techniken, die für Schwung sorgen

Als *Newton* das Trägheitsgesetz formulierte, hat er bestimmt nicht an das menschliche Verhalten gedacht. Aber dennoch läßt sich das Gesetz genausogut auf Menschen wie auf Dinge anwenden. Ein Körper (ob es nun ein menschlicher Körper ist oder nicht) verharrt in seinem Bewegungszustand. Das heißt, daß ein Körper, der sich in Ruhe befindet, auch in Ruhe bleibt, ein Körper dagegen, der sich in Bewegung befindet, setzt diese Bewegung auch fort.

Wenn Sie etwas aufschieben, befinden Sie sich in Ruhe, und die meiste Energie braucht man, um in Bewegung zu kommen. Wenn man einmal in Bewegung ist, neigt man meistens dazu, auch in Bewegung zu bleiben. Ich habe einmal die Bemerkung gehört, daß es zu den schwierigsten Problemen im menschlichen Leben gehört, das warme Bett zu verlassen und mit dem kalten Zimmer zu vertauschen. Wenn Sie dann einmal aufgestanden sind, läuft der Tag an. Genauso ist es mit den anderen Aufgaben des Lebens. Wenn Sie einmal in Schwung gekommen sind, geht die Aufgabe unaufhaltsam ihrem erfolgreichen Abschluß entgegen.

Es folgt eine Reihe von Ideen, wie Sie diesen notwendigen Schwung bekommen können. Welche Aufgabe Sie auch angehen wollen, mindestens eine dieser Ideen wird Ihnen dabei helfen, den Aufschub zu besiegen.

1. Erkennen und beachten Sie, wie fruchtlos ein Leben des Aufschubs ist. Wenn Sie etwas aufschieben, setzen Sie sich selbst nutzlosem gefühlsmäßigem Druck aus. Möchten Sie etwa wirklich, daß Ihr Leben von Frustration, Müdigkeit und Langeweile bestimmt wird? Das will doch niemand. In dem Maße, in dem Sie Aufschub und Untätigkeit in Ihr Leben einlassen, lassen Sie auch die dunklen Seiten des Daseins in Ihre Existenz ein. Zugegeben, es ist oft schwer, aufzustehen und schwierige Aufgaben anzufassen, aber welche Alternative haben Sie denn? Vielleicht möchten Sie Ihr Leben wie ein ungepflückter Apfel, der am Baum verfault, verbringen, aber das bezweifle ich doch ernsthaft. Wenn Ihnen Ihr Leben nichts wert wäre, würden Sie sich doch nicht die Zeit nehmen, dieses Buch zu lesen.

2. Unterteilen Sie Aufgaben, von denen Sie sich überfordert fühlen, in kleine Teilabschnitte. Jeder, der auf große Leistungen zurückblicken kann, weiß den Wert dieser Idee zu schätzen. *Henry Ford* sagte einmal: ,,Nichts ist besonders schwierig, wenn man es in kleine Aufgaben unterteilt.'' Das Fließband in der Automobilproduktion geht auf diesen Gedanken zurück.

Möchten Sie ein Buch von zweihundert Seiten schreiben? Schreiben Sie doch jeden Tag eine Seite, und Sie werden keine sieben Monate brauchen, bis Sie Ihr Werk vollendet haben. Wollen Sie Millionär werden? Fangen Sie im Alter von 30 Jahren an, jedes Jahr 1000 D-Mark bei einem Zinssatz von 15 Prozent anzulegen. Mit 65 Jahren werden Sie dann Millionär sein.

Immer wenn Sie vor einer scheinbar nicht zu bewältigenden Aufgabe stehen, dann unterteilen Sie diese in so viele fünf- bis zehnminütige Unteraufgaben, wie Sie finden können. Schreiben Sie die Unteraufgaben auf und geben Sie ihnen die Reihenfolge, in der sie sinnvollerweise auszuführen sind. Gehen Sie die erste Teilaufgabe sofort an. Wenn Sie dann noch einmal fünf bis zehn Minuten Zeit haben, dann erledigen Sie doch die zweite Teilaufgabe, und machen Sie so weiter. Wenn Sie einmal angefangen haben, werden Sie den Schwung bekommen, der Sie bis zur Vollendung der Aufgabe durchträgt. Große Erfolge bestehen meistens aus einer Kette von kleinen Teilerfolgen. Auch eine Reise über tausend Kilometer fängt mit einem kleinen Schritt an.

3. Gehen Sie unangenehme Aufgaben sofort an. Ein Humorist beschrieb einmal als Beispiel für Optimismus eine Hausfrau, die das Geschirr vom Abendessen stehen läßt, weil sie am nächsten Morgen bestimmt mehr Lust zum Abwaschen haben wird. Die meisten unangenehmen Aufgaben sind mit dem schmutzigen Geschirr vergleichbar. Wenn man sie nicht beachtet, lösen sie sich keineswegs in Luft auf, und meistens wird alles noch schlimmer. Warum sollten Sie weiter mit den Wolken am Horizont leben, wenn Sie mit ein wenig Anstrengung den schönsten Sonnenschein genießen könnten?

Unangenehme Aufgaben bewältigt man am besten, wenn man eine kurze Zeitspanne, etwa zehn Minuten bis eine Viertelstunde, nur für diese Aufgabe vorsieht, in dieser Zeit auch wirklich an der Aufgabe arbeitet und aufhört, wenn die Zeit abgelaufen ist. Große Probleme, wie zum Beispiel die Aufstellung eines Budgets, eine Bestandsaufnahme oder der Hausputz, können so bewältigt werden.

Leider lassen sich nicht alle unangenehmen Aufgaben so handhaben. Wenn Sie einen Mitarbeiter entlassen oder schlechte Nachrichten überbringen müssen, können Sie das nicht in Etappen erledigen. In einem solchen Fall ist es das Beste, sofort zu handeln oder die Aufgabe zu delegieren. Wenn Sie es heute nicht hinter sich bringen, werden Sie morgen die Belastung durch diese und neue Aufgaben genauso fühlen. Machen Sie sich klar, daß ein anderes Vorgehen Ihre Arbeitsbelastung nur vergrößern würde, und führen Sie die Aufgabe aus — und zwar sofort.

4. Erledigen Sie eine Anfangsaufgabe. Manchmal brauchen Sie nur ein wenig körperliche Betätigung, um in die richtige Stimmung für eine große Aufgabe zu kommen. Liegt Ihr großer Garten voller Blätter, die Sie zusammenfegen müssen? Gehen Sie doch zum nächsten Geschäft und kaufen Sie ein paar große Säcke für das Laub – und zwar sofort. Müssen Sie einen Bericht schreiben? Nehmen Sie Papier und Bleistift zur Hand und stellen Sie eine Gliederung der zehn wichtigsten Punkte auf, die in dem Bericht vorkommen müssen – und zwar sofort. Haben Sie die Antwort auf einen Brief aufgeschoben? Adressieren Sie doch schon einmal den Briefumschlag – und zwar sofort. Müssen Sie ein Mißverständnis mit einem Kunden bereinigen? Schlagen Sie seine Telefonnummer nach – und zwar sofort.

5. Nutzen Sie Ihre Stimmungen zu Ihrem Vorteil aus. Wie oft haben Sie sich schon gesagt: ,,Dazu bin ich gerade nicht in der richtigen Stimmung?" Hier hilft es Ihnen weiter, Ihre jeweiligen Stimmungen zu nutzen. Zum Beispiel sind Sie heute vielleicht nicht in der Stimmung, diesen bestimmten Bericht zu schreiben, aber würden Sie gerne jemanden anrufen, der Sie mit nützlichen Informationen dazu versorgen könnte? Vielleicht möchten Sie gerade nicht die Fernsehantenne reparieren, aber würden Sie gerne schon einmal die notwendigen Ersatzteile besorgen? Denken Sie an das, was Sie aufgeschoben haben, und setzen Sie Ihre Stimmungen für und nicht gegen sich ein.

6. Denken Sie an eine wichtige Aufgabe, die Sie aufgeschoben haben. Stellen Sie eine Liste der Vorteile auf, die Ihnen aus der Erfüllung der Aufgabe vielleicht zuwachsen könnten. Schreiben Sie dann die Nachteile daneben, die das Ergebnis weiterer Untätigkeit sein könnten. Sie werden feststellen, daß die Vorteile des Handelns die kurzfristigen Annehmlichkeiten der Untätigkeit weit überwiegen. Diese Technik hilft Ihnen, die notwendige Begeisterung für Ihre Aufgabe zu entwickeln.

Nehmen wir zum Beispiel doch einmal an, es wäre Frühling. Sie möchten hinter dem Haus einen Gemüsegarten anlegen, können sich aber offensichtlich einfach nicht dazu aufraffen. Ihre Liste könnte dann ungefähr wie folgt aussehen:

Vorteile des Aktivseins	Nachteile der Untätigkeit
1. Frisches Gemüse aus dem eigenen Garten ist eine wahre Delikatesse.	1. Die Zeit drängt. Wenn ich nicht bald anfange, muß ich bis zum nächsten Jahr warten.
2. Das Geld, das wir dann sparen, können wir im Urlaub ausgeben.	2. Ohne den Garten können wir keine so weite Reise machen.
3. Die Gartenarbeit ist ein gesunder Ausgleich zur Arbeit.	3. Wenn ich mir kein Hobby zulege, werde ich mir in meiner Freizeit doch nur Sorgen über die Arbeit machen.
4. Das ist eine Chance, etwas Neues durch die Praxis zu lernen.	4. Ich bin jetzt zu alt, um noch zu glauben, daß die Erbsen in der Konservenfabrik hergestellt werden. Ein Mensch ohne eigene Interessen ist doch arm dran.
5. Hier kann eine Aufgabe für die ganze Familie entstehen, aus der wir zusammen lernen, Freude erfahren und Stolz erleben können. Es wird uns näher zusammenführen.	5. Wir leben uns als Familie langsam auseinander. Ohne gemeinsame Ziele wird sich daran nichts ändern.

7. Gehen Sie gegenüber einem anderen Menschen eine Verpflichtung ein oder schließen Sie eine Wette ab. Sagen Sie Ihrem Vorgesetzten, daß Sie die Kostenaufstellung eine Woche vor dem Abgabetermin fertiggestellt haben werden oder daß Sie ihn sonst zu einem Essen seiner Wahl einladen. Wenn Sie ein Handelsvertreter sind, dann schließen Sie doch mit einem (oder mehreren, wenn es Ihnen lieber ist)

Kollegen eine Wette ab, daß Sie Ihre Verkäufe gegenüber dem letzten Monat um 20 Prozent steigern oder aber alle Getränke bei der nächsten geselligen Zusammenkunft bezahlen werden. Sorgen Sie jedenfalls dafür, daß der Gewinn für Sie einen Anreiz bietet, wenn Sie eine Wette abschließen. Sie wollen ja sowohl einen Anreiz haben, Ihr Ziel wirklich zu erreichen, als auch eine Strafe, falls Sie es nicht schaffen.

8. Setzen Sie sich eine Belohnung aus. Das gehört zu meinen Lieblingsmethoden, um den Aufschub zu besiegen, da es ein von Grund auf positiver Ansatz ist. Suchen Sie ein wichtiges Ziel aus, das Sie bisher auf die lange Bank geschoben haben, und versprechen Sie sich eine angemessene Belohnung für den Fall, daß Sie es erreichen. Sie könnten zum Beispiel beschließen, daß Sie sich endlich die neue Aktenmappe schenken, die Sie schon so lange bewundert haben, wenn Sie zehn neue Kunden gewonnen haben. Oder wie wäre es mit einem Paar neuer Schuhe, nachdem Sie den Hausputz beendet oder die Teppiche gereinigt haben? Passen Sie die Art der Belohnung an die Größe der Aufgabe an. Wenn Sie zum Beispiel die Abendschule besucht haben, um das Abitur nachzuholen, dann versprechen Sie sich etwas besonders Schönes wie eine zweiwöchige Kreuzfahrt nach der Prüfung.

Ein System von selbst ausgesetzten Belohnungen kann eine sehr effektive Methode sein, den Aufschub endlich einzuschränken, und nebenbei macht es viel Spaß. Aber seien Sie mit sich selbst ehrlich. Wenn Sie die Aufgabe bewältigen, dann gönnen Sie sich auf jeden Fall die Belohnung, und tun Sie das auf keinen Fall, wenn Sie scheitern.

9. Bei vernünftig begründeten Verzögerungen werden Ihnen die folgenden, schon bekannten Methoden helfen:
* Legen Sie Abschlußtermine fest.
* Beschaffen Sie sich weitere Informationen.
* Vermeiden Sie übermäßige Verpflichtungen.
* Legen Sie realistische Zeitpläne fest.

10. Sorgen Sie dafür, daß jeder Tag zählt. Ihr Leben ist zu kurz, um der Untätigkeit zu frönen. *George Allen* hat das am treffendsten ausgedrückt, als er sagte: „Jetzt findet die Zukunft statt." Nachdem er schon einige Zeit mit einer unheilbaren Krebserkrankung lebte, sagte Senator *Hubert Humphrey*: „Man lernt, jeden Tag wie ein Geschenk zu behandeln." Beschließen Sie jeden Morgen vor dem Aufstehen zwei Dinge in bezug auf den neuen Tag: Den Tag zu genießen, und etwas zu tun, was für ein besseres Morgen sorgt. Jeder Tag ist eine Kostbarkeit. Behandeln Sie ihn auch so, denn dann unternehmen Sie einen großen Schritt in Richtung auf das Ende des Aufschubs.

11. Zeigen Sie Entscheidungsfreude und den Mut zum Handeln. Mut läßt sich vorläufig gut als die Fähigkeit definieren, auch unter Angstgefühlen noch zu handeln.

Lassen Sie uns doch einmal den Fall von Alfred betrachten. Alfred war ein fünfzigjähriger, verheirateter Ingenieur mit mehreren Kindern. Schon seit zehn Jahren hatte er Pläne geschmiedet, seine eigene Firma zu gründen. Er besaß ein Produkt, das eine Marktlücke füllte, technisches Können, das notwendige Kapital und die Kunden warteten schon auf ihn. Aber Alfred war einfach nicht bereit, sich endgültig festzulegen. Seine Entscheidungsfähigkeit war durch zahlreiche Zweifel gelähmt: „Und was ist, wenn die ganze Geschichte schiefgeht?" – „Und was ist, wenn ich den Kindern das Studium nicht finanzieren kann?" – „Und was ist, wenn ich den Kredit nicht abbezahlen kann?" Ihm fielen noch mehr Fragen dieser Art ein. Alfred wurde durch seine Angst zurückgehalten, und es ist so, wie *Lloyd Douglas* schreibt: „Wenn ein Mensch irgendeine Angst hegt, dann beherbergt er nichts weiter als ein Gespenst in sich."

Aber unter dem ermutigenden Zuspruch seiner Frau und seiner Kinder wagte er schließlich den großen Schritt und eröffnete seine eigene Firma, die ein großer finanzieller und persönlicher Erfolg wurde. Eines Tages, nachdem er schon fünf Jahre selbständig war, sprach ich mit ihm. Er bereute nur die Jahre voller persönlicher Erfüllung, die ihm entgangen waren, weil er seine Firma nicht früher gegründet hatte. Seine Gedanken erinnerten mich an eine Frage von *Maurice Freehill*: ,,Wer ist ein größerer Narr, das Kind, das sich vor der Dunkelheit fürchtet oder der erwachsene Mann, der Angst vor dem Licht hat?''

Wenn Sie Ihre Taten aufschieben, verschwenden Sie kostbare Zeit und dazu kommt noch, wie Alfred feststellen mußte, daß alles Geld der Erde keinen verlorenen Augenblick, geschweige denn verlorene Jahre zurückkaufen kann. Verlorene Zeit ist auf ewig verloren.

Denken Sie immer daran, Sie sind viel besser als Sie glauben und können wesentlich mehr Widrigkeiten überwinden, als Sie jemals zu träumen wagten. Befreien Sie sich von den selbstzerstörerischen Aussagen wie ,,Ich werde, ich hoffe, ich wünsche, ich will'' und so weiter. Setzen Sie etwas in Gang! Ihre Taten werden für sich sprechen.

12. Weigern Sie sich einfach, Langeweile zu empfinden. Verläuft Ihr Leben immer in den gleichen Bahnen? Stellen Sie die Weichen um. Fahren Sie auf einer anderen Strecke zur Arbeit. Gehen Sie einmal in ein anderes Restaurant zum Abendessen. Verändern Sie Ihre Frisur oder kaufen Sie sich neue Kleidung. Wählen Sie im Restaurant eine exotische Speise aus, die Sie mit Mißtrauen betrachten, und bestellen Sie gerade dieses Essen. Ersetzen Sie das Vertraute durch Ungewohntes. Wie schon *Tante Mame* sagte: ,,Das Leben ist ein Festmahl.'' Warum sollten Sie also jeden Tag in der Ecke sitzen und Sardinen aus der Büchse essen? Die Welt ist so groß und wir haben doch so wenig Zeit.

13. Versuchen Sie einmal, absolut gar nichts zu tun. Wenn Sie feststellen, daß Sie einer wichtigen Aufgabe ausweichen, dann setzen Sie sich hin und warten Sie ab, wie lange Sie es ertragen können, nichts zu tun. Sie werden schon nach ein paar Minuten feststellen, daß Sie jetzt unbe-

dingt etwas tun möchten. Die meisten Menschen beherrschen die Kunst des Nichtstuns nur sehr schlecht. Wenn Sie das Nichts nicht mehr ertragen können, beschließen Sie, die Aufgabe anzugehen, der Sie ausgewichen waren, und fangen Sie damit an – jetzt gleich.

14. Stellen Sie sich häufig die folgende Frage: „Wie kann ich gerade jetzt meine Zeit und Kraft am besten nutzen?" Wenn dabei nicht Ihre jetzige Tätigkeit als Antwort herauskommt, dann widmen Sie Ihre Zeit und Kraft einer wichtigeren Aufgabe.

15. Und schließlich, fragen Sie sich doch jeden Morgen: „Was ist das größte Problem, dem ich gegenüberstehe, und was werde ich *heute* zu seiner Lösung tun?"

Kapitel 7

Minimieren Sie Unterbrechungen
– sie sind kostspielig!

,,Ein Ausschuß ist eine Gruppe von Menschen, die als Einzelperson nichts tun können, aber sie können auch zusammenkommen und gemeinsam beschließen, daß nichts getan werden kann.''

Alfred E. Smith

,,Natürlich stehe ich dem Ausschuß zur Verfügung. Sie können immer auf mich zählen.''

,,Meine Tür steht Ihnen immer offen.''

,,Ich bin nicht weiter entfernt als Ihr Telefon, wann immer Sie mich brauchen.''

Was die obigen drei Aussagen gemeinsam haben, ist die Tatsache, daß sie alle in eine vierte übersetzt werden können: ,,Ich würde wirklich gerne meine Zeit verschwenden. Wann können wir anfangen?''

Aber was denn? Sie sind anderer Meinung? Sie sagen, Sie werden für all das bezahlt? Wenn Sie Ihr Geld mit Ihrer Verfügbarkeit und nicht mit Ihrer Leistung verdienen, dann arbeiten Sie für eine Organisation, die ihre Prioritäten nicht zielorientiert setzt. Leider schafft das Wachstum großer Bürokratien immer mehr Arbeitsplätze, in denen Leistungen weniger belohnt werden. Beschäftigungen, Rituale, Zeitverschwendungen und nutzloser bürokratischer Aufwand sind zum Maßstab der Leistungen eines Arbeitnehmers geworden.

Aber dennoch wollen produktive Menschen etwas produzieren und es beleidigt sie bis ins tiefste Innere, wenn sie etwas anderes tun müssen. Gehören Sie zu den Menschen, denen Ausschußsitzungen ein Graus sind und die es genauso verabscheuen, ständig für zufällige Anrufer und Besucher zur Verfügung zu stehen? Wenn das so ist, dann danken Sie Gott. Sie haben eine grundsätzliche Veranlagung für die Effektivität. Wenn Sie auch nur eine kleine Chance bekommen, werden Sie wahrscheinlich weniger arbeiten, mehr leisten und etwas Sinnvolles aus Ihrem Leben machen.

Sitzungen, Besucher und Anrufe sind von Natur aus genausowenig unproduktiv, wie Schießpulver nur zerstörerisch wirkt. Es kommt nur auf die richtige Anwendung an. Leider sorgt die scheinbare Legitimität dieser verbreiteten Zeitverschwender dafür, daß sie unüberprüft weiter ihr Unwesen treiben. Wenn wir Schritte unternehmen, um mit Sitzungen, Besuchen und Anrufen vernünftig und überlegt umzugehen, können diese Zeitdiebe Werkzeuge werden, die unsere Effektivität fördern. Lassen Sie uns eine Zeitverschwendung nach der anderen gründlich bedenken.

Warum es so viele Sitzungen gibt

Wenn eine Sitzung auf dem Programm steht, benehmen sich die meisten Menschen so, als hätten sie noch nie davon gehört, daß Zeit Geld ist. Sitzungen kosten erschreckend viel Geld und die meisten von uns glauben, daß sie die größte Zeitverschwendung sind. Wieviel kostet eine Sitzung? Rechnen Sie doch einmal den Stundenlohn jedes einzelnen Teilnehmers aus und addieren Sie die Beträge. Sitzungen, die Tausende von D-Mark in der Stunde kosten, sind weit verbreitet. Aber dennoch rechnen die meisten Menschen nicht in Mark und Pfennig, wenn sie an Sitzungen denken. Folgerichtig finden so viele nutzlose Sitzungen statt, zumal keiner die Kosten beachtet. Weitere beliebte Gründe für die Einberufung einer Sitzung folgen.

. . . weil Redner ein Publikum brauchen

Manche Menschen hören sich selbst so gerne sprechen, daß sie diese herausragende Erfahrung einfach mit anderen teilen müssen. Der verstorbene amerikanische Senator *Everett Dirksen* hielt eine lange Rede vor einem Ausschuß des amerikanischen Senats. Nachdem ihn ein Kollege mehrmals unterbrochen hatte, richtete er das Wort an den Störer: ,,Sehr geehrter Herr Kollege, Sie unterbrechen den Menschen, dessen Worte mich am meisten interessieren.''

An wie vielen Sitzungen haben Sie schon teilgenommen, auf denen Sie nichts weiter getan haben, als sich die Meinung irgendeines Menschen über schlichtweg alles, von der Weltwirtschaft bis zur Kreuzung von Dänischen Doggen mit Pekinesen, anzuhören? Ich bin sicher, es waren schon viel zu viele. Das ist eine sehr teure Form der Selbstbestätigung, aber auch einer der Gründe dafür, daß es so viele Sitzungen gibt.

. . . weil wir den Kontakt mit anderen suchen

Es gibt nur eine sehr kleine Zahl von Menschen, die es ertragen können, über lange Zeitspannen allein zu arbeiten. Sitzungen bieten uns eine großartige Entschuldigung, um zusammenzukommen und alle Stiche der Einsamkeit auszugleichen, die wir fühlen. Es werden nicht nur Geschäfte besprochen, sondern Ralph kann auch mit Bill über das Golfspielen diskutieren und George kann mit der Protokollführerin flirten. Jeder wäre besser dran, wenn man einfach eine Party veranstaltete, aber so etwas gibt es nur zu besonderen Anlässen. Wir dürfen uns einfach nicht eingestehen, daß wir während der Arbeitszeit nicht arbeiten, also kommen wir unter der Tarnung einer Ausschußsitzung zusammen.

Sitzungen sind eine Entschuldigung für unzureichende oder
gar keine Arbeit. Sie können sich freiwillig vielen verschiedenen Ausschüssen zur Verfügung stellen und praktisch Ihre ganze Arbeitszeit in sie investieren. So erhalten Sie die
perfekte Entschuldigung für die Vernachlässigung der wichtigsten Aspekte Ihrer Arbeit. Oder noch besser, Sie können
unangenehmen Aufgaben geschickt ausweichen oder Ihre
Arbeit zu spät abgeben und einfach sagen, daß Sie in der
vergangenen Woche einfach nicht zum Arbeiten gekommen
sind, da Sie die ganze Zeit an Sitzungen teilnehmen mußten.
Gerade weil Sitzungen nun einmal ein anerkannter Teil der
Arbeit sind, wirken Sie wie ein ehrgeiziger, aufmerksamer
Mensch, der viele Eisen im Feuer hat. Die Tatsache, daß Sie
Ihre Zeit besser auf einen Urlaub in der Karibik verwendet
hätten, spielt bei dieser Beurteilung keine Rolle. Der Mythos
von der ständigen Geschäftigkeit kommt hier wieder einmal
zum Tragen.

. . . aus Gewohnheit

Der einzige wahre Grund für viele Sitzungen ist die Tatsache, daß es schon immer so war. Regelmäßig einberufene
Sitzungen sind oft große Zeitverschwendungen.

Menschen widersetzen sich oft Veränderungen; und in der
Folge sind Traditionen oft zählebig und bleiben noch lange
bestehen, obwohl sie schon lange sinnlos geworden sind.
Vor einigen Jahren habe ich gelesen, daß die amerikanische
Bundesregierung einen Rat von Teekostern unterhielt, die
nur eine Aufgabe hatten: Tee zu verkosten. Viele Staatsbürger hielten den Rat für eine reine Verschwendung von Steu-
ergeldern. Aber trotzdem bestand der Rat seit dem
17. Jahrhundert und hatte es verstanden, allein aus Gründen der Tradition zweihundert Jahre lang zu überleben. Zu

der Zeit, als ich den Artikel las, erwog die Regierung, den Rat abzuschaffen, aber ich weiß wirklich nicht, ob er heute noch besteht.

... um Verantwortung abzuwälzen

Sehr oft kann und sollte eine Entscheidung von einem einzelnen getroffen werden. Dennoch schreckt er davor zurück. Folgerichtig ruft er dann einen Ausschuß ins Leben, der Entscheidungen treffen oder Empfehlungen abgeben soll, die dann automatisch befolgt werden. Wenn die Entscheidung sich als falsch erweist, kann die Verantwortung dem Ausschuß und nicht einer einzelnen Person angelastet werden. Diese Strategie wird besonders gerne von Menschen angewendet, die sich lieber bedeckt halten und Verantwortung scheuen. Wie *Richard Buskirk* schreibt: ,,Was in den Verantwortungsbereich von allen fällt, dafür ist niemand persönlich verantwortlich. . . . Ist es dann ein Wunder, daß Bildungseinrichtungen oft so ungenügend verwaltet werden? Sie werden doch zum größten Teil von Ausschüssen geführt.''

Natürlich kann ein einzelner, der seine Entscheidungen an einen Ausschuß überträgt, nicht wirklich seiner Verantwortung entfliehen. Die Entscheidung kann ihm noch immer zugeschrieben werden, folglich ist es Selbstbetrug, wenn jemand glaubt, durch die Delegation von Entscheidungen auch die Verantwortung abgewälzt zu haben.

... um anderen vorzugaukeln, sie seien an wichtigen Entscheidungen beteiligt

Verstehen Sie mich jetzt bitte nicht falsch. Viele Ausschüsse machen einen vernünftigen Gebrauch von den Fähigkeiten vieler Menschen, um zu wichtigen Entscheidungen zu finden. Aber allzuoft ruft der Chef einen Ausschuß ins Leben, der Empfehlungen abgeben soll, und tut dann doch, was immer er auch will, oder, was noch schlimmer ist, sagt dem Ausschuß, welche Empfehlungen er hören will. Diese Sitzungen werden meistens von einem Geist des ,,Alle, die dafür sind, sagen jawohl, alle anderen werden auf der Stelle entlassen'' bestimmt. Diese Art von scheinbarer Beteiligung verschwendet nur die Zeit aller Anwesenden. Warum fragen Sie um Rat, wenn Sie schon die Entscheidung getroffen haben?

Während der Präsidentschaft *Richard Nixons* wurde ihm oft vorgeworfen, er beteilige Mitglieder des Kongresses nur zum Schein an seinen Entscheidungen. Abgeordnete beschuldigten ihn, nach Camp David, Key Biscane oder San Clemente zu entfliehen und sie danach in seinen Amtssitz einzuladen, um festzustellen, was sie von seinen Entscheidungen hielten.

Aus Konferenzen das Beste herausholen

Hendrik van Loon beschrieb einen Ausschuß einmal als ,,eine Gruppe von Menschen, die nur dann etwas leistet, wenn sie aus drei Mitgliedern besteht, von denen eines krank und ein weiteres abwesend ist.''

Glücklicherweise muß das nicht so sein. Mit ein wenig Voraussicht und Geschick können wir viele nutzlose Sitzungen vermeiden und die verbleibenden effektiver gestalten. Die folgenden Ideen werden unter diesem Gesichtspunkt vorgestellt.

Allgemeine Leitlinien

1. Machen Sie am Anfang eine Bestandsaufnahme aller in Ihrem Aufgabenbereich bestehenden Ausschüsse und Konferenzen. Notieren Sie in jedem Einzelfall die Zielsetzung.

Sind wirklich alle davon notwendig? Bestehen einige weiter, obwohl sie keinen Nutzen mehr erbringen? Lassen sich einige davon zusammenlegen oder ersatzlos abschaffen? Wenn es so ist, dann zögern Sie nicht, das auch zu tun.

2. Beschränken Sie die Zahl der ständigen Ausschüsse auf das Notwendigste. Kein Ausschuß sollte auf unbestimmte Zeit bestehen dürfen. Hinterfragen Sie regelmäßig den Sinn jedes einzelnen Ausschusses.

3. Wenn Sie einen Ausschuß ins Leben rufen, dann legen Sie seinen Zweck fest, setzen Sie, wenn möglich, eine Zeitgrenze für die Erfüllung seiner Aufgaben, und lösen Sie ihn auf, wenn er seine Aufgaben erfüllt hat.

4. Setzen Sie niemals eine Konferenz an, zu der es eine sinnvolle Alternative gibt. Kann stattdessen eine Telefonkonferenz abgehalten werden? Kann auch ein einzelner die Aufgabe sinnvoll lösen?

5. Nehmen Sie nie an einer Konferenz teil, in der Sie sich auch vertreten lassen könnten.

6. Halten Sie die Anzahl der Teilnehmer so klein wie möglich. Große Ausschüsse arbeiten sehr schwerfällig und werden normalerweise nach einiger Zeit von einigen wenigen Teilnehmern beherrscht.

Die Vorbereitung

Auf Konferenzen effektiver zu arbeiten entspricht in vieler Hinsicht dem übrigen Leben – eine Investition von Zeit und Kraft in vorbereitende Gedanken und Planungen wirft eine hohe Rendite ab.

1. Wenn Sie beschließen, eine Konferenz einzuberufen, schreiben Sie genau auf, was auf der Sitzung geleistet werden soll. Jede Sitzung sollte mindestens ein Ziel und eine Reihe von festgelegten Prioritäten haben, falls es mehrere Ziele gibt.

2. Legen Sie Beginn und Ende jeder Sitzung fest und halten Sie sich strikt daran. Wenn einzelne Teilnehmer verspätet erscheinen, fangen Sie schon ohne sie an. In bezug auf die Zeitplanung ist es günstig, Sitzungen so einzuplanen, daß sie ein natürliches Ende finden, zum Beispiel vor der Mittagspause oder vor dem Feierabend. So können oft lange, sich dahinschleppende Sitzungen verhindert werden.

3. Legen Sie die Tagesordnung fest und lassen Sie sie allen Teilnehmern im voraus zukommen. Die Tagesordnung sollte die Ziele, die Themen und den Zeitrahmen der Sitzung enthalten. Es ist auch hilfreich, die Teilnehmer vor der Sitzung mit Hintergrundmaterial zu versorgen, damit sie auf die Diskussion der Themen vorbereitet sind und keine Zeit mehr für Informationen verschwendet werden muß.

4. Bereiten Sie sich auf die Sitzung vor. Bereiten Sie Anschauungsmaterial vor, das Ihre Anliegen erklärt oder illustriert. Tabellen, Grafiken, schriftliches Material, Bilder oder eine Wandtafel können diesen Zweck erfüllen. Legen Sie Notizzettel und Stifte für die Teilnehmer bereit. Überprüfen Sie den Sitzungssaal in Hinsicht auf Bequemlichkeit, Größe, Beleuchtung und Belüftung.

Die Durchführung

Viele Sitzungen bringen als einziges Ergebnis eine weitere Sitzung hervor. Die folgenden Leitlinien helfen Ihnen, Ihre wohldurchdachten Pläne auf der Konferenz auch durchzuführen.

1. Halten Sie an der vorbereiteten Tagesordnung fest und schweifen Sie nicht ab. Konzentrieren Sie sich auf den Sinn der Sitzung und auf das Thema, das gerade behandelt wird. Nur zu leicht gerät der Sinn einer Sitzung aus dem Blickfeld oder es wird nur noch Unsinn geredet. Es ist die Aufgabe des Leiters, so etwas zu verhindern.

Ein damit verwandtes Problem ist, daß manche Menschen dazu neigen, Tagesordnungspunkte und Probleme komplizierter als nötig zu machen. Ich habe schon erlebt, daß ein Vorschlag so oft zur Sprache gebracht wurde, daß niemand mehr wußte, worüber er eigentlich abstimmt. Versuchen Sie, Tagesordnungspunkte einzeln abzuhandeln und Doppeldeutigkeiten sowie triviale Komplikationen zu verhindern.

2. Wenn Sie zu einer Sitzung eingeladen werden, zu der Sie Ihrer Meinung nach nichts beitragen können, dann nehmen Sie nicht teil. Wenn Sie nicht absagen können, dann nehmen Sie eine andere Arbeit zur Sitzung mit. Sitzungen können zwar Ihre körperliche Anwesenheit erfordern, aber sie können nur dann Ihre Zeit verschwenden, wenn Sie das zulassen. Lesen Sie einfach weiter oder schreiben Sie Briefe, wenn Sie sich zwischen zahlreichen Teilnehmern verstecken können. Wenn Sie auf der Sitzung Aufmerksamkeit vortäuschen müssen, dann spielen Sie Ihre Rolle, sehen Sie intelligent aus und geben Sie sich Ihren Träumen hin, rufen Sie angenehme Erinnerungen wach oder bedenken Sie wichtige Entscheidungen. Das wird keinem auffallen. Denken Sie an die Regel der Mächtigen: Wenn jemand, den man sehr bewundert und hoch achtet, in bedeutende Gedanken versunken erscheint, dann denkt er wahrscheinlich an das Mittagessen.

3. Wenn Sie eine Sitzung durchführen, dann erlauben Sie den Teilnehmern, die ihren Beitrag zum Abschluß gebracht haben, schon vor Ende der Sitzung zu gehen. Wenn Sie ein Teilnehmer sind und nichts mehr zu sagen haben, dann bitten Sie um Erlaubnis, schon gehen zu dürfen.

4. Wenn Sie eine Sitzung leiten, sind Sie für den Versuch verantwortlich, jeden Teilnehmer an der Diskussion zu beteiligen. Wenn einige Teilnehmer vor der Wortmeldung zurückschrecken, fragen Sie sie nach ihrer Meinung. Aber die meisten Probleme werden von Teilnehmern verursacht, die

zuviel reden und oft abschweifen. Wenn das der Fall ist, bleiben Sie in aller Ruhe beim Thema und bei der Tagesordnung.

Wenn Sie feststellen, daß die Teilnehmer von dem Thema gelangweilt oder überfordert sind, kann ein taktisches Ablenkungsmanöver die Dinge manchmal wieder ins Rollen bringen. Hier liegt der Gedanke zugrunde, vollständig vom Thema abzukommen, um so die Teilnehmer aufnahmebereiter zu machen. Kommen Sie zur Tagesordnung zurück, sobald Sie einen aufnahmebereiteren und besser gestimmten Publikum gegenüberstehen.

5. Manchmal ziehen sich Sitzungen weiter hin, weil die Teilnehmer einfach zu bequem zum Aufstehen sind. Wenn das der Fall ist, erwägen Sie doch einmal eine Stehkonferenz. Es ist erstaunlich, wie schnell oft die Dinge erledigt werden können, wenn die Leute nicht bequem herumsitzen. Eine etwas subtilere Alternative dazu ist, ein wenig unbequemere Stühle auszuwählen. Einige Restaurants nutzen diesen alten Trick mit den unbequemen Stühlen aus, damit die Gäste die Tische nicht stundenlang besetzt halten. Diese Idee kann auch bei Konferenzen Wunder wirken.

Die Nachbereitung

1. Sorgen Sie für die Anwesenheit einer Person, die ein genaues Protokoll der Sitzung erstellt. Das sollte kein Teilnehmer sein, sondern ein unbeteiligter Dritter, zum Beispiel eine Sekretärin. Die vorgebrachten Punkte sollten aufgezeichnet, vervielfältigt und allen Teilnehmern so bald wie möglich zugänglich gemacht werden. Nach einigen Tagen erinnern sich die meisten Menschen nur an einige kleine Ausschnitte des Inhalts einer Sitzung. Ein gutes Aufzeichnungssystem ist von entscheidender Bedeutung.

2. Bereiten Sie vor jeder Sitzung eine Checkliste vor, auf der Sie genau festhalten, was Sie erledigt sehen wollen. Ver-

gleichen Sie nach Abschluß der Sitzung die Ergebnisse mit der ursprünglichen Tagesordnung. So können Sie einen Maßstab für die Effektivität von Sitzungen gewinnen.

Zusammengefaßt läßt sich sagen, daß die Effektivität von Sitzungen am besten durch Ausmerzung und Vermeidung der überflüssigen davon zu steigern ist. In praktisch jeder Organisation finden Sitzungen statt, und manche davon sollte man wie die Pest meiden. Unter der Voraussetzung, daß einige Sitzungen notwendig sind, sollten diese auf ein Ziel ausgerichtet sein, und ihr Beitrag zur Erreichung von Zielen sollte regelmäßig überprüft werden.

Mit unerwarteten Störungen leben

Eines der Hauptprobleme der Arbeitswelt sind Überraschungen – das heißt, überraschende Besucher. Es gehört für viele von uns zum Alltag, mindestens die Hälfte der Arbeitszeit auf unerwartete Besucher zu verwenden. Andere von uns verdienen ihren Lebensunterhalt, indem sie die Rolle des Besuchers spielen. Wenn Sie ein Firmenvertreter sind, gehört das zur Natur Ihrer Arbeit.

Genau wie Konferenzen liefern uns überraschende Besucher vielfältige Entschuldigungen für mangelnde Effektivität. Wir können gemütlich plaudern, einem anderen zuhören, ihn um Rat fragen (wo wir doch unsere Entscheidung eigentlich schon getroffen haben) und uns in der Kunst des Aufschiebens üben und all ihre wundervollen Früchte ernten.

Natürlich sind Besucher notwendig. Viele halten uns auf dem Stand der Dinge und liefern uns Ideen, mit denen wir dann effektiver arbeiten können. Ich empfehle Ihnen, überflüssige Besuche soweit wie möglich einzuschränken und die Termine für die notwendigen so zu legen, daß sie Ihren Arbeitstag nicht völlig zerreißen. Auf der Grundlage dieses Gedankens stelle ich Ihnen nun 13 Methoden vor, die Ihnen helfen werden, mit überraschenden Besuchern geschickt umzugehen:

1. Stellen Sie fest, von wem Sie hauptsächlich besucht werden. Führen Sie ein bis zwei Wochen lang Buch über Ihre Besucher. Schreiben Sie auf, wer Sie besuchte und wieviel Zeit dies erforderte. Normalerweise werden Sie feststellen, daß die 80-zu-20-Regel zutrifft: 80 Prozent der Zeit, die für Besucher aufgewendet wird, verteilt sich auf höchstens 20 Prozent der überraschenden Besucher. Wenn Sie einmal wissen, wer Sie hauptsächlich unterbricht, können Sie leichter eine Strategie zum Umgang mit diesen Menschen und zur Einschränkung ihrer Besuche entwickeln.

2. Schließen Sie Ihre Tür. Das kann gerade dann zum Problem werden, wenn Sie als Gruppenleiter oder in der Führung eines Unternehmens arbeiten. Trainingsprogramme für Führungskräfte betonen immer wieder, wie wichtig es ist, daß Manager für Gespräche mit ihren Mitarbeitern zur Verfügung stehen. Aber die Politik der offenen Türen wollte nie erreichen, daß ein Manager immer sofort seine jeweilige Arbeit im Stich läßt, um sich einem Besucher zu widmen. Es ist wichtig, erreichbar zu sein, aber die ständige Verfügbarkeit ist nichts als eine Konstruktionszeichnung für die Zeitverschwendung.

Offene Türen laden die Leute, die in den Gängen herumlungern, ein, hineinzukommen und es sich gemütlich zu machen. Wenn Sie einfach nicht verstehen können, warum Sie immer so lange arbeiten müssen, dann machen Sie doch einmal den Versuch, Ihre Tür für den größten Teil des Arbeitstages geschlossen zu halten. Das könnte Wunder wirken.

3. Entfernen Sie überflüssige Stühle und Annehmlichkeiten aus Ihrem Büro. Wenn Sie eine Reihe von Stühlen oder eine Kaffeemaschine an Ihrem Arbeitsplatz haben, könnte

man Sie für den inoffiziellen Gastgeber in der Firma halten. Die Leute könnten zur Ansicht kommen, Ihr Arbeitsplatz wäre ein Ort für gesellige Zusammenkünfte. Umgänglichkeit ist zwar wichtig, aber Sie werden sicher nicht nur dafür bezahlt, daß Sie für ein gutes Betriebsklima sorgen. Falls Sie den Gastgeber spielen und dennoch Ihre Arbeit meistern, besteht kein Grund zur Sorge. Aber falls Sie es sich gerne mit den Kollegen gemütlich machen und einen Rückstand in der Arbeit feststellen, dann informieren Sie Ihre Freunde über das Problem und entfernen Sie die gemütlichen Annehmlichkeiten aus Ihrem Büro. Ihre echten Freunde werden das verstehen. Wenn sich jemand beklagt, bieten Sie an, die Stühle und die Kaffeekanne in sein Büro zu bringen.

4. Wenn jemand Sie sprechen will, gehen Sie in sein Büro, um das betreffende Gespräch zu führen. So haben Sie die Besuchszeit in der Hand. Sobald das Geschäftliche erledigt ist, können Sie aufstehen und zur Arbeit in Ihr eigenes Büro zurückkehren, wo Sie ungestört sind. Ein überraschender Besucher kann Ihnen nicht die Zeit stehlen, wenn er keine Chance hat, überraschend bei Ihnen einzudringen.

5. Wenn jemand unerwartet in Ihrem Büro auftaucht, stehen Sie auf und bleiben Sie während des Gesprächs stehen. Dieser Einsatz der Körpersprache teilt dem Besucher normalerweise mit, daß Sie beschäftigt sind und Dringenderes zu tun haben. Wenn Sie einem überraschenden Besucher einen Sitzplatz anbieten, vergrößern Sie nur das Risiko, daß er zu lange bleibt.

6. Ordnen Sie Ihren Schreibtisch und Stuhl so an, daß Sie nicht mit dem Gesicht zur Tür sitzen. Wenn Ihre Tür zwar offen ist, Sie ihr aber den Rücken kehren, werden die Leute, die in den Fluren herumlungern, nicht so leicht hereinkommen.

7. Wenn jemand bei Ihnen anklopft, halten Sie die Besprechung auf dem Gang ab. Auch hier liegt wieder der Ge-

danke zu Grunde, Besucher davon abzuhalten, in Ihrem Büro Wurzeln zu schlagen.

8. Stellen Sie den Schreibtisch Ihrer Sekretärin so auf, daß unerwartete Besucher abgefangen werden. Eine gute Sekretärin kann viele Routineanfragen und Probleme selbständig lösen und Sie in hohem Maße von überraschenden Besuchern entlasten.

9. Richten Sie feste Besuchszeiten ein und empfangen Sie Besucher nur zu diesen Zeiten, solange kein Notfall vorliegt. Ihre Sekretärin kann die Termine mit Ihren Besuchern absprechen und Sie über Art und Zweck des Besuchs unterrichten.

10. Seien Sie Ihren Besuchern gegenüber offen und ehrlich. Wenn jemand plötzlich zu Ihnen hineinkommt und fragt, ob Sie beschäftigt sind, antworten Sie einfach mit: „Ja." Wenn Sie nur fünf Minuten Zeit haben, sagen Sie das gleich zu Beginn des Gesprächs. Wenn ein längeres Gespräch erforderlich wird, dann legen Sie einen Termin während Ihrer Besuchszeiten fest.

11. Wenn Sie einmal einen Besucher in Ihrem Büro haben, können Sie die Besuchsdauer mit verschiedenen Methoden beeinflussen. Werden Sie einfach schweigsam, wenn Sie das Gefühl haben, der Besucher hat seine geschäftlichen Anliegen abgeschlossen und bleibt zu lange. Tragen Sie nicht zu nutzlosen Plaudereien bei, und sie werden gar nicht erst aufkommen. Sie können auch Ihre Sekretärin vor dem Gespräch damit beauftragen, Sie nach einer bestimmten Zeit zu unterbrechen − sie kann anrufen oder hereinkommen, um Sie an eine andere Verabredung zu erinnern, ob sie nun echt oder imaginär ist. Natürlich können Sie dem Besucher auch einfach sagen, daß Sie in zehn Minuten einen anderen Termin haben und das Gespräch beenden müssen.

12. Lassen Sie in Ihrem Zeitplan Raum für unerwartete Besucher frei. Wie gründlich Sie auch Besuchstermine planen und unerwartete Besucher abschirmen mögen, einige

werden unausweichlich immer zu Ihnen durchdringen. Wie ich schon bemerkt habe, ist ein lockerer Zeitplan die beste Methode, das Unerwartete davon abzuhalten, Ihre Effektivität zu behindern.

13. Nutzen Sie Kaffeepausen oder die Mittagszeit, um Gespräche mit Besuchern zu führen. Viele Besucher haben wichtige und berechtigte Gründe, mit Ihnen zu sprechen. Wenn Sie diese Menschen in den Pausen treffen, wird die Zeit mehrfach genutzt. Viele hochrangige Führungskräfte setzen regelmäßige Arbeitsessen mit ihren Mitarbeitern oder Kollegen an, um Informationen auszutauschen. Wir alle können aus dieser Idee Nutzen ziehen, wenn wir von einer übergroßen Zahl von Besuchern geplagt sind.

Nutzen Sie das Telefon zu Ihrem Vorteil

Sind auch Sie an der Telefonitis erkrankt? Die meisten Menschen leiden unter dieser Krankheit. Sie hat epidemische Ausmaße angenommen und kann zu enormen Zeit-, Kraft- und Geldverschwendungen führen. Die Krankheit ist meistens nicht ansteckend und wird durch Neugierde und einen Mangel an Selbstdisziplin von Seiten des Opfers verursacht.

Es macht jedesmal wieder Spaß, wenn ein klingelndes Telefon uns bei unserer Arbeit unterbricht. Wer könnte das nur sein? Worum wird es wohl gehen? Das Geheimnis des Unbekannten zieht uns immer mehr an als die jeweilige Aufgabe. Also gehen wir immer zum Telefon, wenn ein Anruf kommt, und lassen uns willkürlich in unserer Arbeit unterbrechen.

Letztlich entsteht die Telefonitis durch eine gute Einrichtung, die mißbraucht wird. Die folgenden Ideen werden Ihnen helfen, dieser schrecklichen, effektivitätstötenden Krankheit vorzubeugen und sie zu heilen.

1. Führen Sie eine Woche lang über Ihre Anrufe Buch. Schreiben Sie auf, wer Sie anruft, zu welcher Zeit, aus welchem Grund und wie lange. Notieren Sie Ihre ausgehenden Anrufe in derselben Weise. Auch hier wird höchstwahrscheinlich die 80-zu-20-Regel zutreffen − 80 Prozent Ihrer Anrufe kommen von höchstens 20 Prozent der Anrufer. Nachdem Sie eine Woche lang Ihre Anrufe erfaßt haben, beantworten Sie doch einmal folgende Fragen:

* Wer hat Sie angerufen?
* Wen haben Sie angerufen?
* Welche der Gespräche waren wichtig?
* Wie viele der Anrufe hätten auch von anderen beantwortet werden können?
* Wieviel Zeit ging für unwichtige Gespräche verloren?

2. Benutzen Sie das Telefon, um Zeit und Kraft zu sparen, dazu wurde es ja schließlich geschaffen. Das Telefon gehört zu den besten arbeitssparenden Werkzeugen, die wir besitzen. Sie können Konferenzen durch Anrufe ersetzen. Sie können telefonieren, statt Briefe zu schreiben. Die Lohnkosten für Bürokräfte steigen ständig, während Ferngespräche immer billiger werden. Durch das Telefon bekommen Sie in Minutenschnelle Informationen, die Sie mit Briefen erst in Wochen oder Monaten erhalten hätten. Schließlich können Sie das Telefon benutzen, um Zeit und Kosten von Reisen einzusparen. Ein vernünftiger Gebrauch des Telefons gehört zu den größten Hilfen beim effektiveren Arbeiten.

3. Setzen Sie jeden Tag eine Zeit fest, zu der Sie Anrufe tätigen und beantworten. Der Morgen ist normalerweise die beste Zeit dafür. Dann ist die Wahrscheinlichkeit am größten, den anderen an seinem Arbeitsplatz anzutreffen. Ermutigen Sie auch Ihre regelmäßigen Anrufer dazu, in dieser Zeit anzurufen.

4. Lassen Sie sich durch Ihre Sekretärin gegen unerwünschte Anrufe abschirmen. Das kann sehr taktvoll ge-

schehen, ohne Sie unerreichbar erscheinen zu lassen. Ihre Sekretärin könnte sagen: ,,Er ist gerade sehr beschäftigt. Soll ich ihn unterbrechen oder soll er zurückrufen?'' Die meisten Anrufer werden sich für den Rückruf entscheiden.

Ihre Sekretärin kann auch in vielen Routineangelegenheiten Anrufer informieren und Sie so von der Notwendigkeit eines Rückrufs entbinden.

5. Skizzieren Sie die Informationen, die Sie erhalten oder vermitteln wollen, bevor Sie anrufen. So machen Sie sich Ihre wichtigsten Anliegen klar und werden weniger schnell einen der Gründe für das Gespräch vergessen.

6. Kaufen Sie sich eine Drei-Minuten-Eieruhr und stellen Sie sie neben dem Telefon auf. Jedesmal, wenn Sie anrufen oder angerufen werden, versuchen Sie, den Anruf in drei Minuten erfolgreich abzuschließen. Überstürzen Sie nichts, aber führen Sie Buch und versuchen Sie, die Zeit am Telefon jede Woche etwas zu verringern. Machen Sie ein Spiel daraus und belohnen Sie sich für jede Woche, in der Sie Ihre Telefonzeit verringert haben.

7. Bestimmen Sie gleich zu Anfang den Tonfall der Unterhaltung, wenn Sie selbst jemanden anrufen. Lassen Sie sich mit dem gewünschten Gesprächspartner verbinden und nennen Sie gleich Ihren Namen. Wenn Sie mit Ihrem Gesprächspartner verbunden sind, beschränken Sie die Konversation auf das Notwendigste und kommen Sie gleich zur Sache.

8. Schenken Sie Ihrem Gesprächspartner Ihre ungeteilte Aufmerksamkeit, wenn Sie sich die Zeit für ein Telefongespräch nehmen. Blättern Sie nicht in Ihren Akten, sprechen Sie nicht mit anderen und lassen Sie sich nicht ablenken. Sie können nur eine Aufgabe auf einmal gut erledigen. Fragen Sie Ihren Gesprächspartner, ob er am Apparat bleiben will oder ob Sie zurückrufen sollen, wenn Sie unterbrochen werden. Es ist eine gedankenlose Verschwendung der Zeit anderer Menschen, wenn Sie sie unnötig warten lassen. Auch

andere haben viel zu tun, und Ihre Gedankenlosigkeit könnte verletzend wirken.

9. Wenn Sie den geschäftlichen Teil abgeschlossen haben, schließen Sie das Gespräch höflich und schnell ab. Wenn Sie Schwierigkeiten haben, einen langatmigen Anrufer loszuwerden, sagen Sie ihm, daß Sie noch einen dringenden Termin haben. Falls das nichts hilft, legen Sie mitten in einem *Ihrer* Sätze auf. Es mag ja unhöflich sein, mitten in seinen Worten aufzulegen, aber es ist nach den Regeln unserer Gesellschaft möglich, sich selbst zu unterbrechen. Wenn der Anrufer noch etwas Wichtiges zu sagen hat, wird er schon wieder anrufen, und wenn nicht, wird er wahrscheinlich einen anderen belästigen.

10. Besorgen Sie sich einen automatischen Anrufbeantworter. Sie können sich gar nicht besser im Büro oder zu Hause gegen Anrufe abschirmen. In den letzten Jahren sind automatische Anrufbeantworter auf den Markt gekommen, die für praktisch jeden erschwinglich sind. Der Anrufbeantworter schirmt Sie nicht nur gegen Anrufer ab, sondern nimmt auch Ihre Anrufe an, wenn Sie tatsächlich einmal verhindert sind. So entgeht Ihnen kein Anruf. Die meisten Modelle sind auch mit einer sinnvollen Zusatzeinrichtung zur Fernabfrage erhältlich, die Ihnen die Möglichkeit gibt, auch dann Ihre Anrufe abzuhören, wenn Sie auf Reisen sind.

Und nun noch ein abschließender Gedanke über Unterbrechungen. Wer Sie nicht findet, kann Sie auch nicht stören. Deshalb:

Schaffen Sie sich einen Zufluchtsort

Wenn Sie vor wichtigen Aufgaben stehen und feststellen, daß Sie dringend allein sein müssen, ist es gut zu wissen, daß

174

es Orte gibt, wo Sie sofort Ihre Ruhe finden können. Teilen Sie Ihren Zufluchtsort nur denjenigen Menschen mit, für die Sie erreichbar sein müssen, und suchen Sie dann Ihr Versteck auf.

Zufluchtsorte können sehr verschiedener Natur sein, das hängt von Ihren Absichten und der Zeit, die Sie für Ihre Arbeit benötigen, ab. Im folgenden stelle ich Ihnen einige Wege vor, auf denen Sie vorübergehend allen Störungen entkommen können.

1. Ihre Firma stellt vielleicht Räume für Menschen bereit, die Ruhe brauchen, um ihre Arbeit abzuschließen.

2. Bibliotheken sind leicht zugängliche Orte der Ruhe. Es gibt dort häufig schalldichte Abteilungen, die Sie ohne Schwierigkeiten benutzen können.

3. Sie können sich mit jemandem, der in einer anderen Firma arbeitet, absprechen, das Büro zu tauschen. Eine derartige Übereinkunft kann sich oft für beide Seiten segensreich auswirken, wenn ein häufiger Bedarf nach Ruhe besteht.

4. Sie können sich kurzfristig in ein Hotelzimmer zurückziehen – je weiter entfernt, desto besser. Suchen Sie einen Ort aus, wo Sie niemand kennt.

5. Überlegen Sie, für längere Zeit ein Apartment zu mieten, wenn Sie ausgedehnte Perioden des Alleinseins brauchen. Ich kenne einen Professor, der das mit großem Erfolg praktiziert. Er hat in seiner ruhigen Zuflucht mehrere Bestseller geschrieben und ein kleines Vermögen erworben. Er mietet eine Wohnung in einem Haus, dessen andere Bewohner tagsüber zur Arbeit gehen. Morgens, wenn im ganzen Gebäude Totenstille herrscht, arbeitet er an seinem Buch. Den Nachmittag widmet er seinen Studenten und seiner Arbeit an der Universität, und die Abende hält er frei, um sein Familienleben zu genießen.

6. Sie können jederzeit Ihr Auto zum vorübergehenden Untertauchen benutzen. Fahren Sie an einen abgelegenen Ort und arbeiten oder denken Sie in Ihrem Auto. Diese Möglichkeit wird häufig übersehen.

Hier ist es wichtig zu erkennen, daß es viele Wege gibt, um Störungen zu entkommen und sie daran zu hindern, Ihr Leben in kleine Stücke zu zerreißen. Mit ein wenig Nachdenken und Vorstellungskraft können Sie leicht die Zufluchtsorte finden, die für Sie geeignet sind.

Kapitel 8

Die Papierflut eindämmen

,,Xerox: Ein Markenzeichen für einen Fotokopierer, der schnell
und perfekt menschliche Fehler
vervielfältigen kann."

Merle L. Meacham

Während seiner Karriere bei der NASA bemerkte *Wernher von Braun* einmal: ,,Wir können zwar die Schwerkraft überlisten, aber der Papierkrieg überwältigt uns manchmal." Halten Sie einmal inne und denken Sie darüber nach, wie sich das Papier sogar ins Grundgerüst unseres Lebens eingeschlichen hat. Wir wachen morgens auf und nehmen das erste Stück Papier in die Hand, die Morgenzeitung, und für die meisten von uns gehört der Umgang mit Papier bei der Arbeit zum täglichen Brot. Papier entspricht dem Brot noch in einer weiteren Hinsicht: uns macht das Brot dick, die Arbeit geht durch den Papierkrieg in die Breite. Man schätzt, daß im Jahr 1977 im Geschäftsleben 2mal mehr Arbeitnehmer mit Verwaltungsaufgaben als mit der Produktion von Waren und Dienstleistungen beschäftigt waren.

Zeit ist Geld, und genauso ist auch Papier Geld. Nehmen wir einmal an, Sie wären der Inhaber einer kleinen Firma, die mit ihren Verkäufen eine Gewinnquote von 10 Prozent erzielt. Ihre Belastung durch Verwaltungsarbeiten ist gestiegen und Sie müssen einen weiteren Mitarbeiter einstellen, der in der Woche 150 Dollar verdient, das sind im Jahr 7800 Dollar. Um das Gehalt dieses neuen Mitarbeiters zu bezahlen, müssen Sie Ihren Umsatz um 78 000 Dollar im Jahr steigern! Und dabei sind nicht einmal die Sozialleistungen eingerechnet. Wird Ihnen langsam etwas bewußt? Auf der anderen Seite sind 7800 eingesparte Dollar 7800 verdiente

Dollar, die dem Reingewinn zugeschlagen werden können.

Noch schlimmer als die Kosten ist die Vergeudung von Zeit und Kraft, die durch den verschwenderischen Umgang mit Papier entsteht. Es kostet Zeit, Formulare auszufüllen, Aktennotizen und Berichte zu schreiben, Computerausdrucke zu lesen, Haushaltspläne fertigzustellen, vierzehn Kopien von einer Vorlage abzuziehen und unsinnige Briefe zu lesen.

Ursachen der Papierflut

Es gibt sicher nur wenige Menschen im Berufsleben, die nicht irgendwie von der Papierflut betroffen sind. Wir sind uns alle einig, daß es viel zuviel Papierkram gibt. Wenn keiner mit diesem Zustand zufrieden ist, drängt sich die folgende Frage auf: ,,Warum ist die Papierflut so weit angestiegen?'' Dafür gibt es viele Ursachen.

Wachstum der öffentlichen Einrichtungen

Hierin liegt wahrscheinlich die Hauptursache der anschwellenden Papierflut. Unternehmen und Organisationen auf der ganzen Welt müssen jährlich Unsummen aufbringen, um Formulare und Berichte für Vater Staat fertigzustellen. Der Generaldirektor eines großen Pharmakonzerns behauptet, daß in seinem Unternehmen mehr Arbeitsstunden auf Formulare und Berichte für die Regierung aufgewendet werden als für Forschungsarbeiten in den Bereichen Krebsbekämpfung und Herzkrankheiten zusammengenommen. Der Generaldirektor eines großen Ölkonzerns gibt an, daß allein mit den Arbeitsstunden, die für den Papierkrieg mit Vater Staat aufgewendet werden, eine der großen Raffinerien des Konzerns betrieben werden könnte. Einer großen Universität entstehen jährliche Personalkosten von

300 000 Dollar allein für die Bearbeitung von Berichten über staatlich geförderte Projekte und von Verträgen. Der Papierkrieg verteuert in den USA jedes neue Auto um schätzungsweise 50 bis 75 Dollar. Das verstärkte Engagement des Staates auf dem Gesundheitssektor hat Krankenhäuser, Ärzte und Kliniken mit weiteren Verwaltungsaufgaben überschwemmt. Alles das kostet Geld und verbessert die Behandlung des einzelnen Patienten um keinen Deut.

Leider ist die staatliche Verwaltung mit dem Papierkrieg untrennbar verbunden. Und da sich die staatliche Verwaltung so weit ausgebreitet hat, trägt sie zu einem großen Teil zur Papierflut bei.

Die explosionsartige Wissensvermehrung

Wenn es einen größten Wirtschaftszweig in unserer Gesellschaft gibt, dann muß das die Wissensindustrie sein. Weit gefaßt besteht sie aus allen Bildungsinstitutionen, den Massenmedien und allen privaten und öffentlichen Institutionen, die in irgendeiner Form zur Erweiterung des Wissens der Menschheit beitragen. Unser Wissen ist mit einer unglaublichen Geschwindigkeit gewachsen. Ein Naturwissenschaftler oder Techniker, der sich nicht ständig auf dem neuesten Wissensstand in seinem Fachgebiet hält, hat nach spätestens fünf Jahren den Anschluß verloren. Auf vielen anderen technischen und nichttechnischen Gebieten sieht es ganz ähnlich aus. Die Verlage in den Vereinigten Staaten veröffentlichen jedes Jahr etwa 45 000 neue Bücher. Nehmen Sie noch die zahllosen Zeitungen, Zeitschriften, Flugblätter und so weiter hinzu, und Sie haben eine weitere Hauptquelle der Papierflut vor Augen.

Vervielfältigungsmaschinen

Auch sie gehören zu den wichtigen Quellen der Papierflut. In praktisch jedem Büro steht eine Vervielfältigungsmaschine, sei es nun eine Abziehmaschine, ein Fotokopierer, ein Computerdrucker oder was auch immer. Wenn Sie fünf Kopien brauchen, warum sollten Sie nicht sieben oder acht abziehen? Wer weiß — vielleicht werden Sie die zusätzlichen Kopien noch brauchen. Diese Denkweise ertränkt unsere Effektivität in selbstproduzierten Abfällen.

Mangelndes Vertrauen

Jeder will über alles einen schriftlichen Beleg haben. ,,Du kannst keinem vertrauen'' ist ein weitverbreiteter Grundsatz unserer Gesellschaftsordnung. Wir haben das Mißtrauen zu einer gesellschaftlichen Wertvorstellung erhoben, vielleicht sogar aus gutem Grund. Aber dennoch bleibt die Tatsache bestehen, daß unsere Gesellschaftsordnung bis in die Fundamente erschüttert würde, wenn mehr als nur ein kleiner Prozentsatz von uns völliges Mißtrauen verdient hätte. Auch wenn wir es vielleicht nicht wissen, sind wir doch in hohem Maße voneinander abhängig.

Aber irgendwie fühlen wir uns doch viel sicherer, wenn wir schriftliche Belege besitzen. Dieses Gefühl hat sich derart ausgebreitet, daß wir viel Zeit darauf verwenden, auch kleinste Einzelheiten von geringer Bedeutung schriftlich festzulegen und dafür zu sorgen, daß wirklich jeder Beteiligte eine Kopie erhält.

Die Computer-Flut

Neben der elektronischen Datenverschmutzung hat der zunehmende Gebrauch des Computers zu einem weiteren Anschwellen der Papierflut geführt. Computer können Daten mit vorher unerreichbarer Geschwindigkeit ausdrucken und machen es sehr leicht, nutzlose Datensammlungen, überflüssige Postwurfsendungen und bedeutungslose Berichte in großen Mengen herzustellen.

Wie man Papierberge abbaut

Ein einzelner Mensch kann gegen die Papierflut etwa so viel ausrichten, wie er die Nordsee mit einem Eimer ausschöpfen kann. Die Ausbreitung der Verwaltung, der Computer, der Fotokopierer und des Wissens hat sich derart beschleunigt, daß Sie fast mit Sicherheit ein weiteres Ansteigen der Papierflut erwarten können. Aber das sollte Sie nicht davon abhalten, selbst positive Schritte zu unternehmen, um sich vor der Flut zu schützen. Die folgenden Ideen verlangen ein waches Bewußtsein, Erkenntnis und Veränderungen im Umgang mit den Papierstapeln. Der Gebrauch des Papiers ist wie der Gebrauch der Zeit weitgehend von Gewohnheiten abhängig, und viele Gewohnheiten sind für unsere Effektivität tödlich. Wenn Sie die Papierflut eindämmen wollen, fangen Sie am besten wie bei der Nächstenliebe bei sich selbst an und bestellen zunächst das eigene Haus.

Tragen Sie nicht zur Papierflut bei, wenn Sie dagegen sind

Sie würden doch niemals Ihrem ärgsten Feind den Krieg erklären und ihn dann mit Munition beliefern. Gehen Sie genauso an unnötiges Papier heran. Erklären Sie ihm den Krieg und produzieren Sie so wenig Papier wie möglich.

1. Konzentrieren Sie sich gleich am Anfang auf die Ergebnisse, die Sie erzielen wollen. Sie wollen Erfolge sehen und keine Papierberge verschieben. Wenn es Ihrem Fortkommen dient, eine Akte in die Hand zu nehmen und sie zu bearbeiten, dann tun Sie es. Anderenfalls legen Sie sie beiseite, oder besser noch, werfen Sie sie gleich fort. Auf diese Art werden Sie einen guten Teil des überflüssigen Papierkriegs aus Ihrem Leben verbannen.

2. Halten Sie nur dann etwas schriftlich fest, wenn es absolut notwendig ist. Warum sollten Sie Aktennotizen verschicken, wenn Sie Ihre Absicht durch ein persönliches

Gespräch besser erreichen können? Fragen Sie sich immer, wenn Sie die Versuchung spüren, etwas schriftlich zu dokumentieren: „Was könnte schlimmstenfalls passieren, wenn ich das nicht aufschreibe?" Unterlassen Sie es, wenn die Antwort nicht zu schlecht ausfällt. Sehr häufig werden Informationen, die wir schriftlich festhalten, auch an anderen Stellen dokumentiert. Solche doppelte Arbeit schafft nur zusätzliche, überflüssige Papierberge. Wenn Sie einen Brief mit der Bitte um Informationen erhalten, dann schreiben Sie Ihre Antwort auf die Rückseite dieses Briefes. So sparen Sie Zeit und Kosten bei der Büroarbeit.

3. Schirmen Sie sich gegen überflüssiges Papier ab. Stellen Sie eine Prioritätenliste für die Akten auf, die Sie selbst bearbeiten sollten, und lassen Sie die übrigen Routineaufgaben durch Ihr Sekretariat erledigen. Sortieren Sie die Papiere aus, die Ihrer Aufmerksamkeit bedürfen, und ordnen Sie sie nach Ihrer Bedeutung ein. Lassen Sie Ihren Namen aus überflüssigen Verteilerlisten streichen und bestellen Sie überflüssigen Lesestoff ab.

4. Werden Sie nicht zum Kopierfanatiker. Vervielfältigungsmaschinen behindern unsere Effektivität, obwohl sie für das Gegenteil entwickelt wurden. Denken Sie immer an die zusätzliche Bürde, die Sie sich und anderen auferlegen, wenn Sie die Versuchung spüren, doch noch eine weitere Kopie herzustellen.

5. „Im Zweifelsfall: Wegwerfen." Mit diesem Motto erklärte man bei Marks & Spencer, einer großen britischen Warenhauskette, der Papierflut den Krieg. Weil der Papierkrieg zu kostspielig wurde, begann man eine Aktion, bei der alle unnötigen Schriftstücke vereinfacht, abgeschafft oder weggeworfen wurden. Filialleiter genossen jetzt ein höheres Vertrauen und mußten weniger Verwaltungsprozeduren befolgen. Die Geschäftsberichte behandelten nicht mehr genau jeden Pfennig, sondern beschränkten sich auf vernünftige Näherungswerte. Innerhalb von zwei Jahren

schaffte man bei Marks & Spencer 22 Millionen Formulare mit einem Gesamtgewicht von 105 Tonnen ab. Die Arbeitsmoral, der Gewinn und die Produktivität stiegen dabei als logische Folge.

Unterschätzen Sie nie den Wert eines Papierkorbs. Er wird für den Erfolg bei jeder Art von Unternehmung immer notwendiger. Überprüfen Sie Ihre Aktenschränke zweimal jährlich und entfernen Sie unwichtige, veraltete Dokumente. Heften Sie kein einziges Blatt Papier ab, solange Sie es nicht für unbedingt notwendig halten.

6. ,,Versuchen Sie, jedes Blatt Papier nur einmal zu bearbeiten", das ist eine der besten Empfehlungen *Alan Lakeins*, um die Papierflut einzudämmen. Wenn Sie ein Blatt Papier zur Hand nehmen, legen Sie es nicht wieder fort, ohne etwas getan zu haben, das es auf seinen weiteren Weg bringt. Sie haben die beste Möglichkeit gefunden, wenn Sie es wegwerfen können. Wenn eine Antwort erforderlich ist, dann schreiben Sie die Antwort.

Wenn Sie bemerken, daß Sie sich immer wieder mit demselben Blatt Papier beschäftigen, machen Sie jedesmal einen kleinen Punkt auf den Rand, wenn Sie es in der Hand halten. Wenn die Punkte beginnen, sich zu vermehren, erinnert Sie das daran, das Blatt Papier endgültig zu bearbeiten, bevor es aussieht, als hätte es die Masern.

7. Nutzen Sie das Telefon. Viele von uns sind noch in einem anderen Zeitalter aufgewachsen, wo die Kosten für ein Ferngespräch noch nicht zu rechtfertigen waren. Heute sieht das alles ganz anders aus, aber vielen von uns ist diese Veränderung nicht bewußt geworden oder wir weigern uns, diese Tatsache anzuerkennen. Ein Ferngespräch verringert nicht nur den Papierberg, sondern spart auch Zeit, weil wir sofort eine Antwort erhalten. Außerdem können Sie Rückfragen stellen oder die Antworten des Gesprächspartners in eigenen Worten wiederholen, um sicherzugehen, daß Sie ihn richtig verstanden haben.

8. Meistern Sie die Kunst des Diktierens. Viele effektive Menschen halten ihren Schriftverkehr durch den Einsatz eines Diktiergerätes unter Kontrolle. Briefe können etwa fünfmal schneller stenografiert als ausgeschrieben werden. Außerdem können Sie Briefe diktieren, wenn Sie auf einen Besucher warten, zur Arbeit fahren oder wann auch immer. Bisher ungenutzte Zeit kann so fast mühelos genutzt werden.

Wenn Sie mit dem Diktieren Schwierigkeiten haben, halten Sie Ihre Sätze und Abschnitte kurz. Sie können auch in Stichpunkten umschreiben, was Sie mitteilen wollen, und von Ihrer Sekretärin einen Brief daraus verfassen lassen.

Wenn Ihre Arbeit viel Schriftverkehr verlangt, empfehle ich Ihnen dringend die Beschaffung eines Diktiergerätes, sogar wenn Sie es selbst bezahlen müssen. Sie investieren damit Geld in Ihre Zukunft, das Ihre Effektivität steigern wird. Wenn Sie selbst nichts in sich investieren möchten, warum sollte jemand anders das tun? Letztendlich kümmert sich doch jeder nur um seine eigenen Geschäfte.

9. Erklären Sie der Papierflut in Ihrem Büro den Krieg. Besprechen Sie das mit Ihrem Vorgesetzten, Ihren Untergebenen und Ihren Kollegen. Sie sind bestimmt nicht der einzige, der des Papierkriegs überdrüssig ist. Die Mitarbeiter in Ihrem Büro können eine Liste mit Wegen zur Abtragung des Papierbergs aufstellen. Veranstalten Sie einen ,,Fortwerfwettbewerb''. Laden Sie den Mitarbeiter, der das meiste Papier fortwirft, zum Mittagessen ein. Schaffen Sie einen Anreiz, den Fotokopierer nicht exzessiv zu benutzen. Anerkennen und belohnen Sie jeden Mitarbeiter, der eine Idee entwickelt hat, die den Papierberg deutlich verkleinert. Denken Sie daran: Papier ist Geld. *Lee Grossman*, ein Unternehmensberater, dessen Spezialität der Papierkrieg ist, glaubt, daß durch die Kontrolle der Papierflut eine Kostensenkung um 20 Prozent möglich wäre. Eine Kostensenkung um 20 Prozent würde in jeder Firma die Bilanzen erfreulich aufbessern.

Das waren einige Vorschläge, wie Sie Ihren aktiven Anteil an der Papierflut verringern können. Große Teile des Papierkrieges sind völlig überflüssig, und wie effektiv wir sie bewältigen, bringt uns auf die Grundlagen des Lesens und Schreibens zurück. Es folgen jetzt einige Anmerkungen zu beiden Themen.

Weniger schreiben und doch mehr mitteilen

Viele Menschen haben eine heftige Abneigung gegen jede Art von Schreibarbeit, ob es sich nun um Akten, Briefe oder Berichte handelt. Ein Grund dafür ist, daß viele von uns das Schreiben einfach schlecht beherrschen. Das muß nicht so sein und kann in den meisten Fällen durch ein wenig Geduld und Übung geändert werden.

,,Was kennzeichnet denn einen schlechten Schreiber?'' werden Sie jetzt fragen. Meiner Meinung nach ist derjenige ein schlechter Schreiber, der sich nicht mit einfachen Mitteln verständlich machen kann oder will. Es gibt verschiedene wichtige Gründe, warum ein schlechter Stil so weit verbreitet ist.

Erstens haben wir viele schlechte Schreibgewohnheiten von unseren Vorfahren übernommen. Eine blumige, wortreiche, bombastische Sprache galt als Zeichen von Belesenheit und Kultur. Der Satz ,,Jack beschleunigte den ellipsoiden Sphäroid'' galt der einfachen Aussage ,,Jack warf den Fußball'' als überlegen. Unsere Schulbildung hat uns ermutigt, lange Wörter und blumige Redewendungen zu benutzen, wo doch einfache Aussagen unsere Botschaft besser vermittelt hätten. Es steht noch viel Ballast aus dem 19. Jahrhundert in den Elfenbeintürmen herum. Das 20. Jahrhundert ist ein völlig anderes Zeitalter, es ist durch schnelle Veränderungen und große Komplexität in den Naturwissenschaften und der Technik gekennzeichnet. Es ist schon schwer genug, das alles zu verstehen, auch wenn es nicht hinter einer Nebelwand aus Worten versteckt wird.

Ein weiterer Grund für unseren schlechten Stil liegt im Bedürfnis, einander durch unseren Wortschatz zu beeindrucken. Wenn ich wissenschaftliche Veröffentlichungen lese, bin ich immer wieder von den Versuchen überrascht, einfache, einleuchtende Gedankengänge als tief, mystisch und schwerbegreiflich darzustellen.

Ungeordnete Gedankengänge sind ein weiterer Grund für einen schlechten Stil. Da Schreiben nichts weiter als ein Ausdruck von Gedanken ist, führt ein wirres Denken auch zu einem wirren Stil. Damit verwandt ist der Versuch, Unwissenheit und ungenügende Problemlösungen in einem Wortdschungel zu verstecken. Wenn Sie Ihre Gedanken hinter einer Nebelwand aus Worten verbergen, werden Sie nur die Leichtgläubigsten unter Ihren Lesern täuschen können. Auch die anderen werden Sie kaum verstehen, aber den meisten wird auffallen, daß das gar nicht in Ihrer Absicht lag.

Sie verbessern Ihren Schreibstil genau so, wie Sie das Golfspielen oder Schwimmen gelernt haben: durch Übung. Schreiben, um wirklich etwas mitzuteilen, erfordert unter anderem auch Intelligenz, Vernunft sowie die Loslösung von kindlichen Erinnerungen an den Vorwurf, ein schlechter Schreiber zu sein. Die Grundregeln sind einfach und direkt. Nun, hier sind sie:

1. Sorgen Sie für Ordnung. Was wollen Sie schreiben? Einen Brief? Einen Bericht? Eine Aktennotiz? Wer sind Ihre Leser? Was ist der Kern Ihrer Botschaft? Was sonst wollen Sie noch mitteilen? Hängt das mit dem Kernpunkt zusammen? Wenn ja, wie?

Wenn Sie einen längeren Text schreiben müssen, erspart Ihnen eine Gliederung viel Zeit und Kraft. Es erleichtert Ihnen das Schreiben sehr, wenn Sie die Hauptpunkte im voraus sammeln und ordnen.

2. Sparen Sie nicht an Papier, wenn Sie dann mit dem Schreiben beginnen. Wählen Sie einen doppelten oder drei-

fachen Zeilenabstand. So können Sie Korrekturen in Ihren ersten Entwurf einbringen, ohne den ganzen Text noch einmal schreiben zu müssen (es sei denn, das erscheint Ihnen notwendig).

Auf längere Sicht sparen Sie so Zeit, Kraft und Papier. Wenn Sie viel Platz auf dem Papier freilassen, bekommen Sie auch das Gefühl größerer Freiheit und Ihre Gedanken können ungehindert fließen. Wählen Sie auf jeden Fall einen Stift aus, der gut in der Hand liegt. Wenn Sie das können, benutzen Sie am besten gleich eine Schreibmaschine. Ich für meine Person habe Schwierigkeiten, gleichzeitig einen Text zu entwerfen und in die Maschine zu tippen. Wie *Woody Allen* bemerkte: ,,Ich habe unbefriedigende persönliche Beziehungen zu Maschinen.''

3. Konzentrieren Sie sich auf Ihren Leser. Welche Informationen wollen Sie ihm vermitteln? Mit welchem Ansatz können Sie ihn am besten erreichen? Sprechen Sie in seiner Sprache mit ihm. Nennen Sie gleich am Anfang Ihr Hauptanliegen, und wenn es sich um einen langen Text handelt, teilen Sie mit, wie er gegliedert ist.

4. Machen Sie keine überflüssigen Worte. Einer meiner Lieblingsabschnitte aus einem Buch zur Verbesserung des Schreibstils lautet:

Ein wirkungsvoller Schreibstil ist kurz und präzise. Ein Satz sollte keine überflüssigen Worte enthalten, ein Absatz keinen überflüssigen Satz, aus demselben Grund, warum eine Zeichnung keine überflüssigen Linien und eine Maschine keine überflüssigen Teile enthalten sollte. Das verlangt nicht, daß der Schreiber alle Sätze kurz hält oder jede Detaillierung vermeidet und sein Thema nur anreißt, sondern daß jedes Wort etwas mitteilt.

Wenn Sie Ihr Schreiben von überflüssigem Ballast befreien, können die Kernpunkte für sich selbst stehen. Wie *William Hanley* schreibt:

. . . wir werden daran erinnert, daß das *Vater Unser* in der englischen Fassung, die *Gettysbury Address*, die amerikanische Unabhängigkeitserklärung und eine kürzlich erlassene Richtlinie der Regierung über die Kohlpreise aus 56, 266, 300 und 26 911 Wörtern bestehen. Man kann mit Sicherheit auch zuviel über ein Thema sagen.

Überprüfen Sie Ihre Briefe und Berichte immer auf überflüssige Wörter und Sätze, die Sie streichen können. Das wird auf Ihren Stil Wunder wirken.

5. Schreiben Sie in einfacher Form. Schreiben Sie, um etwas auszudrücken, nicht um andere zu beeindrucken. Versuchen Sie, Ihre Sätze unter 20 Worten und die Absätze unter 100 Worten zu halten. Variationen über ein Thema mögen Ihnen zu guten Noten beim Aufsatzschreiben verholfen haben, aber das ist nicht der beste Weg, eine Botschaft klar und deutlich mitzuteilen. Wie *Theodore Roosevelt* bemerkte: ,,Schriftstücke sind nutzlos, wenn sie nicht gelesen werden, und sie können nur dann gelesen werden, wenn sie auch lesbar sind.''

Jeder Satz sollte aus nur einem Gedanken bestehen und jeder Absatz sollte um einen thematischen Satz herum aufgebaut werden, der den Grundgedanken des Absatzes zum Ausdruck bringt. Normalerweise, aber nicht in jedem Fall, ist dieser thematische Satz der erste in einem Abschnitt.

6. Vermeiden Sie doppeldeutige Wörter. Natürlich sind alle Wörter in einem gewissen Grad doppeldeutig, aber einige sind es mehr als andere. Schreiben ist Kommunikation in einer Richtung, der Leser kann nicht immer beim Schreiber zurückfragen, um den Sinn zu klären.

Als ich mitten im Examen war und mich nach einer Arbeitsstelle umsah, erhielt ich einen höchst interessanten Brief von einem Professor einer bekannten Universität. Er hatte die Zusammenfassung meiner Examensarbeit gelesen und fragte an, ob ich Interesse an einer Stellung an seiner

Universität hätte. Sein Brief enthielt den folgenden Satz: „Die Lebenshaltungskosten in dieser Gegend sind mit anderen Gegenden unseres Landes vergleichbar und die Mietkosten sind dieselben." Wie steht es mit der Eindeutigkeit? Später fand ich heraus, daß er ein erfolgreicher Autor von Lehrbüchern über das (haben Sie es schon erraten?) Schreiben von Geschäftsbriefen war.

7. Unterstützen Sie Ihren allgemeinen Gedankengang durch spezifische Tatsachen, Ideen oder Illustrationen. Ein guter Schreibstil ist spezifisch und genau genug, um das Interesse des Lesers aufrechtzuerhalten. Ein guter Schreibstil ruft durch genaue Schilderungen im Leser Bilder wach.

8. Schreiben Sie einen natürlichen Stil. Schreiben ist nichts anderes, als Gedanken auf das Papier zu übertragen. Schreiben Sie so, wie Sie sprechen, und Ihre Botschaft wird verständlicher werden. Schreiben Sie nicht: „Der Chef wurde in der weiteren Konsequenz von seinen Aufgaben freigestellt", schreiben Sie stattdessen einfach: „Der Chef wurde entlassen." Schreiben Sie nicht: „Ich empfinde Oskulationen als sehr angenehme sensorische Erfahrungen", schreiben Sie stattdessen einfach: „Küssen ist schön." Wenn wir so schreiben, wie wir sprechen, wird unser Stil überzeugend, frisch und aktiv werden.

9. Unterschätzen Sie niemals die Intelligenz Ihres Lesers, aber überschätzen Sie auch nie sein Wissen. Ein einfacher Stil ist etwas anderes als der Versuch, sich auf das Niveau des Lesers herabzubegeben. Wenn dieser Versuch durch offensichtlich übertriebene Erklärungen sichtbar wird, beleidigt das die Intelligenz des Lesers und schadet nur Ihnen selbst.

Es sind schon Bände über dieses Thema verfaßt worden, und ich schlage Ihnen vor, dort weitere Informationen zu suchen. Wenn Sie Ihren Schreibstil verbessern wollen, erfordert das geordnete Gedankengänge, Vereinfachung und Übung.

Das gedruckte Wort ist Teil dieser Welt und verbreitet sich von Tag zu Tag immer weiter. Wir hören viel von Kindern, die nicht mehr lesen können, weil sie lieber vor dem Fernseher sitzen, als Karl May zu lesen. Aber wer als Kind nicht richtig lesen lernt, wird wahrscheinlich später im Berufsleben vieles aufholen müssen.

Das Berufsleben und die Umwelt ändern sich so schnell, daß ein Mensch, der nicht genug liest, sich selbst in eine schwache Wettbewerbsposition bringt. Ich habe noch nie beruflich und geschäftlich besonders erfolgreiche Menschen kennengelernt, die keine eifrigen Leser waren. Das ist ein gemeinsames Kennzeichen aller effektiven Menschen, die ich kenne.

Wissen ist Macht, effektiven Menschen ist das seit langem bewußt. Sie wissen auch, daß sie ihren Informationsstand über die Veränderungen und Ereignisse der Welt und ihres Fachgebietes erhalten und sich bei Bedarf anpassen müssen, wenn sie effektiv bleiben wollen.

Offenbar liegt die Schwierigkeit nicht darin, Lesestoff zu finden. Wir leben in einem Zeitalter der Informationsüberflutung. Es gibt so wenig Zeit und so viel Lesestoff, der auf unsere Aufmerksamkeit wartet. Der wichtigste Schlüssel zum effektiven Lesen läßt sich in zwei Worten zusammenfassen: *Selektives Lesen*. Effektivität hängt beim Lesen genau wie in allen anderen Bereichen davon ab, weniger besser zu tun, nicht davon, mehr oder schneller zu lesen. Wenn Ihre Lesegeschwindigkeit bei durchschnittlich 250 Worten in der Minute liegt, sparen Sie sechs Stunden und vierzig Minuten ein, wenn Sie wissen, daß Sie das Buch von 100 000 Worten, das gerade mit der Post kam, nicht lesen müssen. Durch Techniken zum selektiven Lesen können Sie das Buch bewerten und ziemlich schnell entscheiden, ob Sie es lesen wollen oder nicht, oder auch, welche Abschnitte Sie lesen wollen. Ich sage Ihnen jetzt, wie das geht:

1. Bewerten Sie auf Ihren Beruf bezogenen Lesestoff immer im Licht Ihrer Ziele. Fragen Sie sich, bevor Sie die Lektüre aufnehmen: ,,Wird mich das meinen Zielen näher bringen?'' Wenn nicht, werfen Sie die Lektüre fort oder geben Sie sie weiter.

2. Untersuchen Sie den logischen Aufbau, die Ideen und die Kernpunkte Ihrer Lektüre. Lesen Sie die thematischen Sätze jedes Abschnitts. Ist etwas Nützliches darunter? Wenn nicht, gehen Sie zum nächsten Absatz über. Wenn Sie sich ein Buch ansehen, studieren Sie die Klappentexte, das Inhaltsverzeichnis, das Vorwort, den Index und die Empfehlungen für den Autor. So können Sie schnell abschätzen, ob ein Buch Ihnen Nutzen bringen wird oder nicht. Wenn Sie nur einen Teil oder ein Kapitel des Buches für nützlich halten, lesen Sie diesen Teil und legen Sie das Buch dann beiseite.

3. Verringern Sie Ihre Belastung durch die Lektüre auf das Allernotwendigste. Reduzieren Sie Ihre Abonnements an Fachzeitschriften auf ein Mindestmaß. Sie können einen großen Teil der Lektüre an Ihre Mitarbeiter delegieren, wenn Sie immer informiert sein müssen und nicht genug Zeit zum Lesen haben. Ihre Mitarbeiter können Kernpunkte unterstreichen oder für Sie Artikel zusammenfassen und Sie und sich selbst so auf dem neuesten Informationsstand halten.

4. Wenn Sie einen Text lesen, auf den Sie wieder zurückgreifen werden müssen, unterstreichen Sie die Kernsätze und machen Sie Notizen auf dem Rand. Wenn Sie den Text dann ein zweites Mal lesen, wird das viel schneller als beim ersten Mal gehen. Außerdem fördert aktives Lesen Ihre Fähigkeit, sich an Schlüsselideen zu erinnern.

5. Lassen Sie Ihren Lesestoff nicht anwachsen. Beschließen Sie, einen Text entweder bis zu einem bestimmten Termin gelesen zu haben oder ihn aufzugeben. Informiert sein heißt nicht, heute die Ideen vom letzten Monat oder letzten

Jahr zu lesen. Betrachten Sie Ihren Lesestoff aus demselben Blickwinkel wie den Film im örtlichen Kino. Er wird zu einem bestimmten Termin aus dem Spielplan gestrichen, und wenn er wirklich aufsehenerregend ist, wird er wieder gezeigt werden.

6. Schließlich können Sie die Effektivität Ihres Lesens noch durch die Steigerung Ihrer Lesegeschwindigkeit erhöhen, obwohl das nicht annähernd so wichtig wie das selektive Lesen ist. Schnellesekurse stehen zur Zeit hoch im Kurs, man hört die unglaubliche Behauptung, daß sie die Lesezeit so verkürzen können wie der Mikrowellenherd die Kochzeit. Die meisten Menschen, die behaupten, sie könnten Tausende von Worten in der Minute lesen, überfliegen den Text eher, als daß sie mit Verständnis lesen würden. Ihre Fähigkeit, das Gelesene zu verstehen und für eine längere Zeit im Gedächtnis zu speichern, ist anscheinend etwas eingeschränkt. Aber dennoch werden Schnellesekurse Ihre Lesefähigkeit normalerweise deutlich verbessern.

Einige Lerninhalte von Schnellesekursen können Sie sich auch zu Hause selbst aneignen. Nehmen Sie zum Beispiel einen Satz als Einheit auf, statt Wort für Wort vorzugehen. Zwingen Sie sich, schneller vorzugehen und größere Abschnitte auf einmal mit den Augen zu erfassen. Lesen Sie nicht einfach vor sich hin, drängen Sie vorwärts. Das wird Ihnen vielleicht am Anfang schwierig erscheinen, aber mit der Zeit wird Ihre Lesegeschwindigkeit steigen.

Die Annahme der Herausforderung, den Papierkrieg einzuschränken, kann die Effektivität jedes einzelnen fördern. Erzeugen Sie so wenig Papier wie möglich und schirmen Sie sich gegen alle Arten des Papierkriegs ab, solange er nicht unbedingt notwendig ist. Gehen Sie selektiv vor. Steigern Sie Ihre Effektivität durch verbesserte Lese- und Schreibfähigkeiten. Solange Ihnen die Papierflut bis zur Nasenspitze reicht, werden Sie nie einen Platz an der Sonne erreichen.

IV
Die Zusammenarbeit
mit Ihrem
Mitarbeiterteam

Kapitel 9

Die Kunst des Delegierens

,,Er arbeitet für zwei, und das sind
Dick und Doof.''

Anonym

Machen Sie viele Überstunden oder nehmen Sie Arbeit mit nach Hause? Erledigen Sie Routineaufgaben, die auch andere übernehmen könnten, eventuell nach einer zusätzlichen Ausbildung? Haben Sie Schwierigkeiten, wichtige Aufgaben termingerecht abzuschließen, weil Sie die Arbeit von zwei Menschen ausführen? Wenn Sie auch nur eine dieser Fragen mit Ja beantwortet haben, sind Sie wahrscheinlich ein Opfer des Arbeitsprogramms ,,Man macht doch immer alles selbst am besten'', das in Kapitel 1 vorgestellt wurde.

Wie ich schon betont habe, ist das Leben einfach nicht lang genug, um alles zu tun. Aber dennoch ist genug Zeit vorhanden, alles zum Ende zu führen, wenn Sie die Zeit anderer Menschen mitbenutzen. Das ist der Kern des Delegierens − anderen einen Teil der Aufgaben zu übertragen, die Sie selbst erledigen wollen oder müssen.

In gewissem Sinne ist das Delegieren ein Eckpfeiler des städtischen Lebens. Wir überlassen es anderen, uns im öffentlichen Nahverkehr zu befördern, unsere Nahrungsmittel herzustellen, unsere Häuser und Möbel zu bauen, unsere Kinder auszubilden und so weiter. Wie viele Menschen haben Ihnen den Kauf dieses Buches ermöglicht? Mit Sicherheit mehrere Hundert. Das gilt auch für Ihre Nahrung, Ihr Auto, Ihre Kleidung und buchstäblich für alles, was Sie kaufen. Wir wissen seit langem, daß die Verteilung von Aufgaben auf Spezialisten dafür sorgt, daß in unserer Gesellschaftsordnung weniger gearbeitet und mehr geleistet wird.

Aber im Beruf und im täglichen Leben schöpfen viele von uns die Möglichkeiten des Delegierens nicht zu unserem höchsten Vorteil aus. Wir nehmen uns die Freiheit, vieles zu tun, das eigentlich bedeutungslos ist. Und was noch schlimmer ist, wir wenden Zeit für Arbeiten auf, die andere effektiver ausführen könnten. Folglich haben wir weniger Zeit für vorrangige Aufgaben, dir nur wir erfüllen können. So wird unsere Effektivität ernsthaft gefährdet.

Die Geschichte des Delegierens läßt sich bis ins Buch Exodus im Alten Testament zurückverfolgen. Nachdem er sein Volk aus Ägypten geführt hatte, wurde *Mose* zum Opfer des Mythos, alles am besten selbst zu erledigen. Er bestand darauf, jeden Streit im Volk Israel selbst zu schlichten. Sein Schwiegervater bemerkte, daß Mose sich ständig überverpflichtet fühlte und schlug einen Weg vor, wie er effektiver arbeiten könnte. Erstens: Unterrichte das Volk in den Gesetzen, und zweitens: Wähle fähige Männer aus, die das Volk in einfacheren Angelegenheiten führen sollen. Das würde Mose die Freiheit geben, seine Zeit und Kraft wichtigeren, langfristigen und außergewöhnlichen Regierungsgeschäften zu widmen. Die Bibel sagt im 2. Buch Mose, Kapitel 18, Vers 24 – 26, dazu:

> Mose gehorchte seines Schwiegervaters Wort und tat alles, was er sagte, und erwählte redliche Leute aus ganz Israel und machte sie zu Häuptern über das Volk, etliche über tausend, über hundert, über fünfzig und über zehn, daß sie das Volk allezeit richteten; was aber schwere Sachen wären, zu Mose brächten, und die kleinen Sachen selber richteten.

Auf diese Weise steigerte einer der effektivsten Männer der Weltgeschichte seine Effektivität noch weiter. Natürlich müssen wir berücksichtigen, daß Mose im Besitz der ursprünglichen Unterlassungs- und Aktivitätenliste war, außerdem verschwendete er kein Papier.

Die Fähigkeit, Aufgaben geschickt zu delegieren, gehört zu den Schlüsseln zum Erfolg. Das Wissen, was man selbst tun und was man delegieren sollte, hat für jeden seine Bedeutung, auch für den, der keinen anderen direkt für sich arbeiten läßt. Wir alle können von der Kunst des Delegierens profitieren, sei es zu Hause oder am Arbeitsplatz.

Warum wir weniger delegieren als wir sollten

„Wir kommen gar nicht erst auf die Idee.‟

Nur allzuoft sind wir so in unserem Arbeitsprozeß gefangen, daß wir einfach nicht daran denken, daß auch ein anderer die Arbeit tun könnte. Wahrscheinlich gibt es viele Aufgaben zu Hause und am Arbeitsplatz, die andere erfüllen könnten, aber wir folgen einfach unseren Gewohnheiten und tun es selbst. Dagegen gibt es ein wirksames Gegenmittel. Fragen Sie sich immer, wenn Sie vor einer Aufgabe stehen: „Kann sonst jemand das tun?‟ Wenn das zutrifft, dann übertragen Sie die Aufgabe einem anderem. Suchen Sie doch jemanden, der Ihren Rasen mäht, oder Ihre Post bearbeitet und die wichtigen Schriftstücke für Sie aussortiert. Dieses Vorgehen läßt Ihnen mehr Zeit und Kraft, die Sie den Zielen mit dem höchsten Gewinn widmen können. Es mag Sie zwar ein paar Mark kosten, den Rasen mähen zu lassen, aber Sie können die gewonnene Zeit für kreative Projekte oder Geschäfte einsetzen, die unbegrenzte Verdienstmöglichkeiten versprechen. Zeit, die in die kreative Entwicklung einer guten Idee investiert wurde, erbringt bei weitem bessere Ergebnisse als die Reparatur des Toasters, das Rasenmähen oder die Aufarbeitung von Poststapeln mit unwichtigem Inhalt. Wenn Sie es sich leisten können, gibt Ihnen die Inanspruchnahme professioneller Dienste die Freiheit, Ihre Zeit den Dingen zu widmen, an denen Sie die meiste Freude haben.

„Wir halten es für ein Zeichen der Schwäche."

Dieser irrationale Gedanke wirft uns in die frühe Kindheit zurück. Als Neugeborene stehen wir dieser Welt völlig hilflos gegenüber. Wir müssen alles delegieren und unser bloßes Überleben hängt davon ab, daß andere Aufgaben für uns erfüllen. Wenn wir älter werden, nehmen wir die folgende Botschaft unserer Eltern auf: „Werde erwachsen, sei stark und lerne, selbst für dich zu sorgen. Erwachsene können für sich sorgen, Babys nicht."

Das Vorbild des vollkommen unabhängigen Menschen mag in einer bäuerlichen Gesellschaft tragfähig gewesen sein, aber im städtischen Leben des 20. Jahrhunderts ist es nichts als ein Mythos. Wie ich schon herausgestellt habe, sind wir alle voneinander abhängig, um Nahrung, Kleidung, ein Dach über dem Kopf, Schutz und praktisch alles, was wir heute brauchen, zu bekommen. Delegieren ist alles andere als ein Zeichen von Schwäche. Dagegen heißt es, eines der wichtigsten Hilfsmittel zu mißachten, wenn wir nicht delegieren.

„Wir halten es für unmoralisch."

Diese Vorstellung ist ein Nebenprodukt der Arbeitsprogramme. Die vernünftige Begründung lautet etwa wie folgt:

„Wenn wir nichts Greifbares tun, dann arbeiten wir nicht hart, und jedermann kennt und schätzt die Tugend der harten Arbeit. Folglich versäumen wir es, hart zu arbeiten, wenn wir Aufgaben delegieren und führen also ein unmoralisches Leben."

Ihre Wertvorstellungen sind Ihre ganz persönliche Angelegenheit; ich möchte Ihnen kein bestimmtes Wertesystem aufdrängen. Wie gesagt, es geht um Ihr Leben. Aber jedes Moralsystem beruht auf zwei einfachen Grundsätzen: Schaden Sie sich nicht selbst, und schaden Sie keinem anderen.

Ich wüßte nicht, wie das Delegieren einem dieser Grundsätze zuwider laufen könnte.

,,Wir wollen es selbst tun.''

Viele Menschen verschwenden ihre Zeit mit trivialen, zeit- und kraftraubenden Aufgaben, die sie leicht delegieren könnten. Ihre Begründung lautet normalerweise: ,,Warum nicht? Es macht mir doch Spaß.'' Leider ist der ,,Spaß'' an weniger wichtigen Aufgaben oft nur eine Flucht vor wichtigeren Aufgaben, die uns noch unbekannt sind oder uns unangenehm erscheinen. All diese Geschäftigkeit verleiht uns das Gefühl, doch etwas zu leisten und beruhigt die Schuldgefühle und Unsicherheit, die wir wegen unerledigter, wichtiger Aufgaben empfinden.

Ein klassisches Beispiel dafür ist Horace, ein Luftfahrtingenieur, der zum Abteilungsleiter befördert worden war. Aufgrund seiner großen technischen Kompetenz und seiner hervorragenden Leistungen hatte man ihm diese leitende Stellung anvertraut. Unglücklicherweise weigerte sich Horace, seine Führungsaufgaben wahrzunehmen und bestand darauf, seine Zeit weiter auf die angenehmen und vertrauten Aufgaben zu verwenden. Bevor noch zwei Wochen vergangen waren, ließ er sein altes Zeichenbrett in sein neues Büro bringen. Dort verbrachte er seine Tage damit, genau das zu tun, was er in seiner alten Position auch getan hatte, wodurch die neuen Führungsaufgaben unberücksichtigt blieben. Wie zu erwarten war, türmten sich die Verwaltungsaufgaben nach kurzer Zeit zu einem Berg auf und Horace flüchtete jeden Tag an sein Zeichenbrett. Er weigerte sich, seine Konstruktionsaufgaben an andere Ingenieure zu delegieren. Schließlich kündigte er und nahm eine Stelle als Konstrukteur bei einer Konkurrenzfirma an. Obwohl er klug, fähig und ein guter Arbeiter war, war Horace doch sein eigener schlimmster Feind.

„Angst, die Kontrolle zu verlieren.“

Manager, die sich ihrer selbst nicht sicher fühlen, sind ein häufiges Opfer der Delegationsphobie. Sie befürchten, ihren Arbeitsplatz an einen Untergebenen zu verlieren, wenn er erst einmal dazu ausgebildet worden ist, weitere Pflichten zu übernehmen. Männer, die ihrer selbst nicht sicher sind, zeigen vergleichbare Reaktionen, wenn ihre Frauen beschließen, eine Arbeit aufzunehmen. „Der Himmel weiß, was alles passieren kann, wenn Mary erst einmal finanziell unabhängig ist!“

Wie die meisten Ängste hat auch diese keine reale Grundlage. Wenn Sie den großen Mann, die große Frau, den großen Boß oder den großen was auch immer spielen wollen, hindern Sie nur sich und andere daran, die echten, persönlichen Fähigkeiten auszuschöpfen. Wenn Sie diese Rolle einnehmen, werden andere früher oder später Ihr Spiel durchschauen und dann eine einfache Frage stellen: „Wer braucht ihn denn schon?“

„Zum Delegieren habe ich keine Zeit.“

In vielen Fällen kostet das Delegieren Zeit, um jemanden herbeizurufen, ihm die Arbeit zuzuweisen, ihn nötigenfalls weiter auszubilden und zu überprüfen, ob die Arbeit auch zufriedenstellend ausgeführt wurde. Wie das Planen ist das Delegieren am Anfang zeitaufwendig, aber bei genauer Betrachtung spart es am Ende viel Zeit und Kraft ein. Wenn Sie nicht die notwendige Anfangszeit investieren, vergrößern Sie nur das Risiko, sich immer nur abzumühen, ohne effektiv zu sein.

„Selbst kann ich das besser und schneller.“

Wieder einmal liegt hier das Problem vor, daß die kurzfristigen Vorteile auf Kosten der langfristigen Effektivität gehen.

Wenn Sie die Arbeit selbst ausführen, stellen Sie nur sicher, daß Sie sie auch immer wieder selbst ausführen müssen. Diese Ausrede berücksichtigt außerdem nicht die Notwendigkeit, die Fähigkeiten anderer Menschen weiterzuentwickeln. Das ist ziemlich wichtig, besonders, wenn Sie eine organisatorische Einheit leiten, ob es nun eine Familie, eine Firmenabteilung, ein Konzern oder eine religiöse Gemeinschaft ist. Wenn Sie eine Führungsposition innehaben, gehört es zu Ihren Pflichten, andere zu wertvollen und produktiven Mitgliedern Ihrer Organisation auszubilden. Wenn Sie das Delegieren vernachlässigen, nehmen Sie anderen die Gelegenheit, zu lernen und sich durch Handeln weiterzuentwickeln.

„Mein Chef verbietet es mir, Aufgaben zu delegieren."

Es ist eine ganz normale Gewohnheit von Vorgesetzten, darauf zu bestehen, daß Sie persönlich bestimmte Aufgaben ausführen und diese nicht delegieren. Wenn Sie zum Beispiel eine Abteilung leiten, könnte Ihr Chef darauf bestehen, daß Sie persönlich die Vorstellungsgespräche mit allen Stellenbewerbern führen und die Entscheidung über eine Einstellung selbst treffen und diese Aufgabe nicht an einen Vertreter oder die Personalabteilung delegieren. Oder, falls Sie eine Hausfrau sind, könnte Ihr Mann verlangen, daß Sie persönlich die Mahlzeiten zubereiten und keine Haushälterin einstellen oder oft auswärts Essen gehen. In beiden Fällen liegt das gleiche Problem vor. Sie und Ihr Kollege sind unterschiedlicher Ansicht über die wichtigsten Aspekte Ihrer Tätigkeit.

Wenn Sie den Chef überzeugen können, daß Delegieren zu besseren Ergebnissen führen wird, dann ist das Problem auf dem besten Wege zu seiner Lösung. Vielleicht können Sie Ihren Chef von einem Versuch überzeugen, eine Aufgabe für eine Probezeit zu delegieren und abzuwarten, was geschieht. Wenn die Ergebnisse günstig ausfallen, können Sie weitere Aufgaben delegieren; wenn die Ergebnisse ungünstig ausfallen, wird wohl Ihr Chef recht behalten haben – es wird eine wichtige Aufgabe gewesen sein, die nur Sie selbst ausführen sollten.

„Angst vor Unbeliebtheit"

Die meisten von uns würden es nicht zugeben, aber die Angst, bei unseren Untergebenen weniger beliebt zu sein, ist ein sehr wirksamer Grund, auf das Delegieren zu verzichten. Aber diese Befürchtung hat keinen realen Hintergrund. Tatsächlich möchten die meisten Menschen gerne spüren, daß Sie von Ihren Vorgesetzten geschätzt werden. Um etwas leisten zu können, müssen sie eine sinnvolle Aufgabe zugewiesen bekommen. Wenn Sie nichts an Ihre Mitarbeiter delegieren, schmälern Sie deren Möglichkeiten, eine Leistung zu erbringen. Untergebene schätzen einen Vorgesetzten, der die Kunst des Delegierens beherrscht, meistens mehr als jemanden, der alles allein erledigen möchte.

„Angst vor Fehlern und Kritik"

Perfektionismus kann die Fahrkarte zur Ineffektivität sein. Dieses Problem tritt oft bei Menschen auf, die keine Fehler dulden und deshalb Angst vor dem Delegieren haben. „Sie werden es doch nicht so wie ich machen" ist eine typische Aussagen für den Perfektionisten.

Perfektionismus kann auch daraus entstehen, daß der Chef oder die Firma keine Fehler verzeihen. Ein Betriebsklima, das keinem das Recht läßt, auch einmal einen Fehler zu machen, erstickt die Weiterentwicklung der Mitarbeiter und verhindert Effektivität. Wenn die Mitarbeiter für Fehler kritisiert und bestraft werden, setzt sich in ihnen der Gedanke fest: „Ich kann keinen Fehler machen, wenn ich nichts tue." Folglich arbeiten sie so wenig wie möglich, um Fehler zu vermeiden.

„Wer trägt schon die Verantwortung für delegierte Aufgaben?"

Sie betrauen jemanden mit einer Aufgabe und postwendend gibt er sie an Sie zurück. Dieses Verhalten wird umgekehrtes Delegieren genannt. Sie werden oft darauf stoßen, wenn Sie den Versuch machen, in einem unduldsamen Betriebsklima Aufgaben zu delegieren.

Ein Automechaniker, den wir einmal Joe nennen wollen, litt an einem Fall von chronisch umgekehrtem Delegieren. Joe arbeitete schon seit fast fünfzehn Jahren in einer Werkstatt und wurde von seinem Meister für den besten Motorenspezialisten gehalten. Aber immer, wenn Joe einen Motor reparieren sollte, bestand er darauf, vor der Arbeit jedes Detail mit seinem Meister zu klären.

Ein neuer Meister wurde eingestellt und versuchte, Joe zu mehr Entscheidungsfreude und größerer Selbständigkeit zu ermutigen. Aber jedesmal antwortete Joe: „Sie sind der Chef. Ich arbeite hier nur und will keine Verantwortung tragen." Als ich Joe einmal alleine traf, fragte ich ihn, warum er keine Verantwortung übernehmen wolle. Seine Antwort war vorherzusagen: „Wenn ich etwas richtig mache, erinnert sich hinterher keiner daran, und wenn ich einen Fehler mache, wird er nie vergessen."

„Keiner hat meine Erfahrung und Kompetenz"

Falls Sie unfähige Mitarbeiter haben, wofür bezahlen Sie sie dann? Auch wenn Sie sich nicht von ihnen befreien können, hätten Sie doch vielleicht die Möglichkeit, die Aufgabe einem Dritten zu übertragen. Man neigt meistens dazu, die Fähigkeiten seiner Frau, Kinder, Kollegen oder Untergebenen zu unterschätzen. Sie können deren Fähigkeiten nur dann entdecken, wenn Sie ihnen den Ball geben und sie spielen lassen. Außerdem können sie nur so die notwendige Erfahrung gewinnen, um Kompetenz zu erlangen.

"Wer alle Arbeit auf sich konzentriert, hält sich für unentbehrlich"

Oft steht unser Bedürfnis, gebraucht zu werden, dem Wunsch nach Effektivität im Weg. Wenn Sie alles selbst tun, sind Sie noch lange nicht unentbehrlich. Sie können gar nicht unentbehrlich sein, denn das ist keiner. Die Welt bestand schon Jahrhunderte vor Ihrer Geburt und wird hoffentlich auch noch Jahrhunderte nach Ihrem Tod weiterbestehen. Wenn Sie versuchen, Ihre Unentbehrlichkeit zu beweisen, dann seien Sie doch ehrlich mit sich selbst und hören auf, Ihrem Ego mit einem solchen Unsinn zu schmeicheln. Es ist zu Ihrem eigenen Besten, wenn Sie die Wahrheit anerkennen und sich nicht vor ihr verstecken.

"Wir wollen die Bewunderung, die Achtung oder das Mitleid der anderen"

Sie können Ihren Freunden, Verwandten, Untergebenen und Kollegen beweisen, was für ein schwer arbeitender, pflichtbewußter Mensch Sie doch sind. Die Ablehnung des Delegierens ist ein verbreitetes Kennzeichen des gehetzten Arbeiters. Wer nichts delegiert, hat eine untragbare Arbeitsbelastung vorzuweisen, und genau darin liegt dabei die Absicht. Das folgende Getuschel, wie überarbeitet und pflichtbewußt man doch ist, gehört zu den weiteren erwünschten Folgen. Dieser Egotrip ist im höchsten Maße gesundheitsschädlich, aber er sorgt für eine hervorragende Entschuldigung für schlechte Arbeit.

Strategien für effektiveres Delegieren

Die folgenden Ideen werden Ihnen helfen, Ihre Möglichkeiten zum Delegieren besser zu nutzen.

1. Übertragen Sie die Aufgaben an die Person oder Organisation, die sie am besten lösen wird. Suchen Sie den oder die richtigen Menschen aus, und Sie haben die Schlacht schon zu 80 Prozent gewonnen. Wenn es um Arbeit geht, verwechseln wir oft den besten mit dem teuersten Mitarbeiter. Es stimmt zwar oft, daß Sie Spitzenlöhne für Spitzenkräfte zahlen müssen, aber ein Spitzenlohn garantiert nicht, daß Sie die richtige Person engagiert haben. *Macchiavelli* hat in seinem Klassiker ,,Der Fürst'' aus dem 16. Jahrhundert diese Idee hervorragend zusammengefaßt:

Ich bleibe aber im Widerspruch zur allgemeinen Überzeugung dabei, daß ein Kriegsschatz nicht aus Gold, sondern aus guten Soldaten besteht; denn Gold allein schafft noch keine guten Soldaten herbei, gute Soldaten dagegen werden immer Gold herbeischaffen.

Ein gutes und aktuelles Beispiel dafür ist die Fußballbundesliga. Jedes Jahr stehen die gleichen Mannschaften auf den oberen Tabellenplätzen, manche scheinen ein Abonnement darauf zu haben. Dahinter steht ein ganz einfaches Geheimnis. Die Trainer, Talentsucher und Mannschaftsführer haben die Gabe, immer wieder Siegertypen zu entdecken. Auf der anderen Seite ist bekannt, daß Mannschaften, die immer wieder schlecht abschneiden, ein Vermögen für neue Spieler ausgegeben haben und doch nur die unteren Tabellenplätze erreichten.

Andrew Carnegie hat das folgendermaßen ausgedrückt: ,,Nehmen Sie mir alle meine Fabriken, meine Handelsgesellschaften, meine Transportmittel und mein Geld, aber lassen

Sie mir meine Mitarbeiter, und in vier Jahren werde ich wieder den heutigen Stand erreicht haben."

Die meisten Fußballtrainer werden übereinstimmend berichten, daß für den Sieg die Rekrutierung der richtigen Spieler am wichtigsten ist. Ob Sie nun Trainer einer Mannschaft, Kompanieführer oder Besitzer einer Firma sind, Sie müssen immer Tätigkeiten durch andere ausführen lassen. Und die Grundregel des Delegierens ist, daß Sie von Verlierern keine Siege erhoffen dürfen.

2. Sorgen Sie dafür, daß Ihre Mitarbeiter die richtige Ausbildung und das richtige Werkzeug haben. Ich bin auf die Notwendigkeit des richtigen Werkzeugs schon in Kapitel 3 eingegangen. Offenbar brauchen nun die Mitarbeiter, denen Sie eine Aufgabe übertragen haben, die entsprechende Ausbildung und das geeignete Werkzeug.

3. Verwenden Sie besondere Sorgfalt darauf, klar und deutlich die Art und den Zweck der übertragenen Aufgabe zu erklären. Wenn Sie sich nicht die Zeit nehmen, Ihre Erwartungen zu erklären, und wenn Ihr Mitarbeiter keine Fragen stellt, dann gehen Sie beide höchstwahrscheinlich schweren Zeiten entgegen. Dabei setze ich jetzt voraus, daß Ihr Mitarbeiter seine Aufgabe noch nicht kennt.

In seinem Buch ,,Management" beschreibt *Ross Webber* verschiedene Arten und Abstufungen des Delegierens. Er stellt eine Liste von acht Spielarten des Delegierens auf, die von geringer Aufgabenübertragung bis zum vollständigen Delegieren reichen:

a) Analysieren Sie das Problem. Teilen Sie mir alle Tatsachen mit. Ich werde dann über alles weitere entscheiden.

b) Unterrichten Sie mich über alle denkbaren Alternativen und ihre Vor- und Nachteile. Ich werde mich dann für eine davon entscheiden.

c) Legen Sie mir eine Vorgehensweise zu meiner Zustimmung vor.

d) Unterrichten Sie mich über Ihre Pläne. Warten Sie auf meine Zustimmung.

e) Unterrichten Sie mich über Ihre Pläne. Machen Sie weiter, solange ich Ihnen nichts anderes sage.

f) Gehen Sie selbständig vor. Teilen Sie mir mit, was Sie unternommen haben. Unterrichten Sie mich über die Ergebnisse.

g) Gehen Sie selbständig vor. Informieren Sie mich nur, wenn Sie Mißerfolge hatten.

h) Gehen Sie selbständig vor. Weitere Abstimmungen mit mir sind nicht erforderlich.

Legen Sie eindeutig fest, welche Art des Delegierens Sie und Ihr Mitarbeiter anwenden, bevor Sie ihm eine Aufgabe übertragen. Sie können dadurch viel Ärger vermeiden.

4. Geben Sie denjenigen Ihre Anerkennung, die die Arbeit tun. Ehrliche Anerkennung für gute Arbeit ist ein weiterer Schlüssel zur Steigerung Ihrer Effektivität, wenn Sie durch andere arbeiten. Ein ehemaliger Vorgesetzter, der sehr effektiv arbeitete, sagte mir einmal: ,,Es ist erstaunlich, was man alles leisten kann, wenn man bereit ist, anderen die verdiente Anerkennung zu gönnen. Ich stelle nur Mitarbeiter ein, die klüger als ich sind, erkläre ihnen ihre Aufgaben und erkenne sie dann für die herausragende Arbeit an, die sie leisten, daraus besteht meine ganze Tätigkeit.''

Ich hatte das Pech, einmal für einen Arbeitgeber tätig zu sein, der den umgekehrten Ansatz wählte. Wenn jemand seine Aufgaben gut erfüllte, war das selbstverständlich oder der Chef klopfte sich auf die eigene Schulter. Er richtete seine Aufmerksamkeit immer auf die Aufgaben, die nicht erfüllt wurden. Folgerichtig wurde nicht viel geleistet. Die Mitarbeiter nahmen eine defensive Haltung ein, die Arbeitsmoral war schlecht und jeder tat nur das Notwendigste, was seine Aufgaben erforderten.

Machen Sie sich die Mühe, gute Arbeit anzuerkennen und zu belohnen. Erwünschtes Verhalten wird viel häufiger wiederholt, wenn es anerkannt und belohnt wird.

5. Helfen Sie anderen, weniger zu arbeiten und doch mehr zu leisten. Wenn Sie sinnlose Aufgaben verteilen, die nicht mehr als Beschäftigungstherapie sind, erregen Sie nur Ärger bei Ihren Mitarbeitern und schwächen die Bereitschaft zur Zusammenarbeit. Als Professor höre ich oft Klagen meiner Kollegen über die mangelnde Bereitschaft zur Zusammenarbeit von Seiten der Studenten, Sekretärinnen und Assistenten. Aber nachdem ich gesehen habe, welche Aufgaben sie verteilen, kann ich verstehen, warum niemand für sie arbeiten will. Sie verteilen Arbeit in großen Mengen, aber 90 Prozent davon sind Trivialitäten.

Wenn Sie jemandem eine Aufgabe übertragen, dann sorgen Sie dafür, daß sie den Zeit- und Kraftaufwand wert ist. Auch anderen Menschen ist ihre Zeit und Kraft etwas wert. Sorgen Sie für die Unterstützung, die notwendig ist, um die Aufgabe so leicht wie möglich ohne Qualitätsverluste abzuschließen. Wenn Sie so an das Delegieren herangehen, erhöhen Sie Ihre Erfolgschancen.

6. Schieben Sie dem umgekehrten Delegieren einen Riegel vor. Wenn Sie eine Aufgabe delegiert haben, gibt es keinen Grund, warum sie wie ein Bumerang zu Ihnen zurückkommen sollte. Wenn Sie umgekehrtes Delegieren dulden, delegieren Sie nicht wirklich. Wenn Ihnen jemand ein Problem zurückgibt, sagen Sie: ,,Ich habe Ihnen die Aufgabe übertragen, weil ich sehen wollte, wie Sie damit fertig werden.`` Wenn jemand danach noch weiter mit Ihnen über die Angelegenheit sprechen will, fordern Sie ihn auf, möglichst viele Lösungen für das Problem zu finden, sie aufzuschreiben und die beste auszuwählen. Das wird seine Entscheidungsfähigkeit verbessern und die Zeit für Besprechungen verringern. Wenn erst einmal mögliche Problemlösungen ausgearbeitet sind, liegt eine Diskussionsgrundlage vor.

7. Delegieren Sie anderen das Recht, auch einmal Fehler zu machen. Wenn jemand eine Arbeit nicht nach Ihrer Methode erledigt, ist er noch lange nicht weniger fähig als Sie. Wir würden einen Handballtrainer bestenfalls für ein wenig merkwürdig halten, wenn er von einem linkshändigen Starstürmer verlangt, mit der rechten Hand zu werfen, nur weil er selbst ein Rechtshänder ist. Aber wie oft verlangen wir von anderen, ,,vernünftig'' zu sein und die Dinge auf unsere Art anzugehen?

Genauso gehören Fehler zu einem Lernprozeß und sollten erwartet und geduldet werden, solange nur jemand bereit ist, aus ihnen zu lernen. Ich habe von einem Manager gehört, der sich von jedem Angestellten mindestens einen Fehler berichten ließ, den dieser in der vergangenen Woche gemacht hatte. Zur Begründung sagte er, daß jemand, der von keinem Fehler berichten konnte, wahrscheinlich nicht genug tat oder ausprobierte. Das ist ein interessanter Gedankengang. In gewissem Sinne besteht das Leben aus einer Folge von Fehlern. Ich persönlich würde diese Vorgehensweise nicht empfehlen. Es ist besser, mit den Leuten über ihre Erfolge zu sprechen und intelligente Fehler stillschweigend zu dulden.

8. Erkennen Sie, daß das Delegieren Sie nicht von Ihrer Verantwortung befreit. Die klassische Illustration dieses Gedankens war das Schild auf *Harry Trumans* Schreibtisch: ,,Hier endet die Verantwortung.'' Obwohl Sie die Aufgabe an jemand anderen übertragen haben, bleibt Ihnen die Verantwortung für ihren Abschluß.

Nach dem Zweiten Weltkrieg wurde dieser Gedankengang in den Kriegsverbrecherprozessen angewendet. Hochrangige Persönlichkeiten wurden für Grausamkeiten, die ihre Untergebenen begangen hatten, angeklagt, verhaftet und hingerichtet, auch wenn nicht nachzuweisen war, daß sie die Befehle erteilt hatten. Als Begründung wurde angeführt, daß die oberste Befehlsgewalt auch letztlich die Verantwortung mitbedingt.

9. Übertragen Sie Aufgaben lieber in Form einer Bitte als eines Befehls. Wir leben in einer freiheitlichen Gesellschaftsordnung, die jedem Wahlmöglichkeiten zuerkennt. Andere können Ihren Bitten nachkommen oder Ihnen sagen, daß Sie sich zum Teufel scheren sollen. Wir alle glauben, daß wir Achtung und Höflichkeit verdient haben. Deshalb ist die Form, in der Sie Aufgaben verteilen, oft genauso wichtig wie die Art der Aufgabe. Es liegt ein großer Unterschied zwischen der Bitte: ,,Mary, könnten Sie bitte den Bericht für Hobart noch diese Woche fertigstellen?'' und der Aufforderung: ,,Mary, schreiben Sie diese Woche den Bericht für Hobart.'' Das entscheidet vielleicht nicht darüber, ob der Bericht fertig wird, aber wenn Sie sich wie ein Alleinherrscher aufführen, werden die kleinen Folgen zusammen auf längere Sicht ihren Tribut fordern. Greifen Sie nur auf die Befehlsform zurück, wenn Sie schon alles andere versucht haben. Höflichkeit und Achtung sind ansteckend. Beim Delegieren kommen Sie mit ein wenig Taktgefühl viel weiter.

10. Legen Sie gleich zu Anfang die Kriterien für eine zufriedenstellende Arbeit fest. Haben Sie schon einmal jemandem eine Arbeit zugeteilt, nur um dann später zu sagen: ,,Das entspricht aber gar nicht meinen Erwartungen!'' Das können Sie meistens vermeiden, wenn Sie sich am Anfang die Zeit nehmen, die Art der Aufgabe, die Art der Ausführung und den Abschlußtermin festzulegen. Auch die genaue Festlegung von Teilzielen oder die Anforderung von Fortschrittsberichten können hilfreich sein.

Neben der genauen Übermittlung Ihrer Erwartungen ist es auch nützlich, die Gründe für die Wichtigkeit, Nützlichkeit und Notwendigkeit der Aufgabe zu erklären. Wenn Sie sich die Zeit nehmen, die Bedeutung der Aufgabe zu erklären, erhöhen Sie wahrscheinlich die Motivation zu ihrer Erfüllung.

11. Überprüfen Sie die Ausführung der Arbeit. Solange Sie die Verantwortung für eine Aufgabe tragen, müssen Sie auch sicherstellen, daß sie ausgeführt wird. Deshalb ist es meistens der letzte Schritt beim Delegieren, die Durchführung der Arbeit zu überwachen. Gewohnheitsmäßiges Delegieren ohne weitere Überprüfungen öffnet Problemen Tür und Tor. Zur Überprüfung dienen die folgenden Fragen: „Wer hat die Arbeit durchgeführt?" – „Wie wurde sie ausgeführt?" – „Wurde sie zufriedenstellend abgeschlossen?" – „Wie kann die Arbeit zukünftig schneller, leichter und besser ausgeführt werden?"

Das waren die grundsätzlichen Bestandteile des erfolgreichen Delegierens. Geschicktes Delegieren gibt Ihnen mehr Zeit für Ihre wichtigen Aufgaben, Ihre Hobbys oder was auch immer. Es kann Ihnen auch den Weg zu einem weniger gehetzten Leben und besseren Beziehungen zu anderen Menschen weisen. Ein bescheidener Einsatz von Zeit am Anfang kann am Ende bedeutende Ergebnisse erbringen. Was können Sie mehr verlangen?

Weniger arbeiten und mehr leisten: Wie Ihr Sekretariat helfen kann

Das Delegieren ist nicht erschöpfend erörtert, wenn nicht zumindest am Rande auf Sekretärinnen und Assistenten eingegangen wird. Wenn Sie mit Menschen sprechen, die die Dinge ins Rollen bringen, sei es nun im Geschäftsleben, in der Politik oder wo auch immer, wird oft ein großer Teil des Erfolgs dem effektiven Einsatz von Sekretärinnen und Assistenten zugeschrieben. Kompetente, vertrauenswürdige Sekretärinnen sind es zumindest wert, in Gold aufgewogen zu werden. Der Generaldirektor einer großen Firma sagte mir einmal, daß seine persönliche Sekretärin für ihn fast unentbehrlich sei.

Leider unterschätzen viele von uns die wirklichen Möglichkeiten von Sekretärinnen. Viele betrachten die Sekretärin als ein geistloses Wesen, das herumsitzt und Klatsch erzählt, bis ein Brief zu schreiben oder ein Formular auszufüllen ist. Diese Einstellung führt zu einer tragischen Verschwendung menschlicher Begabung. Im folgenden finden Sie eine Liste von Dingen, die Ihre Sekretärin tun kann, um Ihre Effektivität zu steigern:

1. Eine gute Sekretärin kann Ihre Ordnungsprinzipien erlernen und dafür sorgen, daß bei Ihnen immer alles am rechten Platz liegt. Sie kann Ihren Schreibtisch freihalten und dafür sorgen, daß die Aufgabe mit der höchsten Priorität auf Ihrer Aktivitätenliste jeden Morgen als erstes für Sie bereitliegt.

2. Sie können den alltäglichen Schriftverkehr und Routineentscheidungen an Ihre Sekretärin delegieren. Sie können Antworten auf Fragen, die jeden Tag in Ihrem Büro vorkommen, Ihrer Sekretärin als Modelle, denen sie folgen kann, skizzieren. So erhalten Sie die Freiheit, die nichtalltäglichen und einmaligen Probleme zu bearbeiten.

3. Ihre Sekretärin kann Ihren Terminkalender führen und als Puffer, der Sie vor zufälligen Besuchern und Anrufern abschirmt, fungieren, wodurch Sie ungestört an wichtigen Aufgaben arbeiten können.

4. Gleichermaßen kann eine gutinformierte Sekretärin die Zeit, die Sie zum Lesen brauchen, drastisch kürzen, indem sie Ihre Post überprüft und wichtige Abschnitte anstreicht.

5. Eine Sekretärin mit anziehender Persönlichkeit kann Ihre ,,Botschafterin des guten Willens'' gegenüber allen, die Kontakt zu Ihrem Büro haben, werden. Sie können Ihre Sekretärin auch mit der Aufgabe betrauen, Sie an die Geburtstags- und Weihnachtsgrüße für Ihre Mitarbeiter und Kunden und an besondere Anlässe zu erinnern.

6. Wenn sie die Möglichkeit bekommt, kann eine intelligente und wohlinformierte Sekretärin Ihnen auch in substantiellen Bereichen wertvolle Hilfe leisten und oft Ideen für Problemlösungen und Entscheidungsfindungen beisteuern, die Sie selbst nicht entwickeln könnten. Wenn Sie einen Bericht schreiben oder einen Haushaltsplan aufstellen müssen, kann Ihre Sekretärin notwendige Informationen ausfindig machen, zusammenstellen und in eine sofort nutzbare Form bringen. Außerdem kann eine Sekretärin der erste Prüfstein für Ihre Ideen werden, Ihre Geistesschärfe erhalten und Sie auf Fälle und wichtige Dinge, die Sie vielleicht übersehen haben, aufmerksam machen.

Richtlinien für ein effektives Sekretariat

Oscar Wilde schrieb einmal über die Hilfe durch ein Sekretariat: ,,Bei meinem Besuch in Amerika hatte ich zwei Sekretäre, einer schrieb Autogramme, der andere verteilte Haarlocken. Nach einem halben Jahr war der eine an einem Schreibkrampf gestorben und der andere völlig kahl.''

Das ist zwar komisch, aber ein egoistisches und ausbeuterisches Verhältnis zu einem Sekretariat ist genau das Gegenteil von dem, was gebraucht wird, um das Beste aus den Fähigkeiten Ihrer Mitarbeiter zu machen. Es ist eine oft übersehene Tatsache, daß eine Sekretärin eine Machtposition innehält. Eine gute, loyale Sekretärin kann viele unserer Schwächen ausgleichen, und eine schlechte oder unmotivierte kann unsere Effektivität stark behindern. Unter diesem Leitgedanken folgen nun einige Ideen, die Ihnen helfen werden, die bestmöglichen Ergebnisse aus der Zusammenarbeit mit Ihrer Sekretärin zu erzielen:

1. Stellen Sie die beste Sekretärin ein, die Sie finden können. Suchen Sie nicht einfach jemanden zum Briefeschreiben, Stenografieren und Formularausfüllen. Suchen Sie

einen wachen, klugen, gebildeten Menschen, der Ihrer Zeit und Ihres Vertrauens würdig ist. Suchen Sie die Perle im Heuhaufen. Sie werden oft einen begabten, ehrgeizigen Menschen entdecken, dessen einziger Nachteil mangelnde Ausbildung in Managementsfragen ist. Sie könnten vielleicht in Erwägung ziehen, diesen Menschen anzustellen und dessen weitere Ausbildung zu finanzieren. Lehrinstitute und Universitäten haben die Notwendigkeit erkannt, Sekretärinnen sowohl im Management als auch in den Bürotätigkeiten auszubilden.

2. Ihre Sekretärin gehört zu den wichtigsten Mitgliedern Ihres Mitarbeiterteams. Unterschätzen Sie niemals die Möglichkeiten einer guten Sekretärin.

3. Informieren Sie Ihre Sekretärin immer über Ihre Ziele, Prioritäten und Absichten. So wird sie immer in der Lage sein, Ihre Arbeit auf die größte Effektivität hin zu organisieren. Fragen Sie nach Ideen. Wenn sich Ihre Sekretärin erst einmal Ihres ernsthaften Interesses sicher fühlt, wird sie viele Gedanken entwickeln.

4. Verschwenden Sie nicht die Zeit Ihrer Sekretärin, indem Sie sie warten lassen, während Sie Akten, Adressen oder Telefonnummern suchen. Diese Angewohnheit ist neben der Zuteilung nutzloser Arbeiten eine sichere Methode, sich ein wertvolles Mitglied Ihres Mitarbeiterteams zum Feind zu machen.

5. Übertragen Sie Ihrer Sekretärin das Recht, Entscheidungen zu treffen und Probleme zu lösen. Wenn sie diese Rechte noch nie besessen hat, beginnen Sie mit kleinen Routineaufgaben, gehen Sie danach schrittweise zu komplizierteren Aufgaben über. In den meisten Fällen werden Sie angenehm überrascht sein, was alles geleistet wird.

6. Geben Sie Ihrer Sekretärin soviel Unterstützung, Anerkennung und Lohn wie Sie können. Nach einer unbekannten Quelle sollte eine Sekretärin folgende Eigenschaften haben: ,,Das Taktgefühl eines Diplomaten, die Genügsam-

keit eines Maultiers, die Anpassungsfähigkeit eines Chamäleons, die Begeisterung eines Verkäufers, die Pünktlichkeit der Sonne, die Geschwindigkeit des Lichtes, die Loyalität einer Schwester, die Haut eines Nashorns, das Gehirn Einsteins, das Verständnis einer Mutter und die Geduld Hiobs.''

Kapitel 10

Wege zur guten Kommunikation

,,Wenn nur jeder so spräche, wie es in unserer Familie üblich ist.
Ich will sagen . . . wenn doch nur jeder . . . so wie . . . spräche . . .
wissen Sie . . . so wie wir . . . klar? Es wäre so viel . . .
also . . . einfacher . . . wissen Sie . . .
Sie verstehen doch . . . oder?"

Robert Nordell

Die Kommunikation ist das schwache Glied in der Kette der Zusammenarbeit mit anderen. In den letzten hundert Jahren haben wir unsere Fähigkeit, schneller und mit mehr Menschen zur gleichen Zeit zu kommunizieren, durch technische Fortschritte ins annähernd übermenschliche gesteigert. Wir leben in einer Gesellschaft, wo wir ohne Unterlaß mit Informationen bombardiert werden. Die unbegrenzten Möglichkeiten, einander mißzuverstehen, machen die Arbeit und das Leben viel schwieriger, als es sein müßte.

Denken Sie einmal über das folgende angenommene Beispiel für eine formale Verständigung in einer großen Organisation nach. Einer meiner ehemaligen Studenten hörte diese Geschichte während seiner Militärzeit, die weitere Herkunft ist mir unbekannt.

Befehl vom Oberst an den Ordonnanzoffizier:
Morgen abend gegen 20 Uhr wird der Halleysche Komet in dieser Gegend sichtbar sein, ein Ereignis, das nur einmal alle 75 Jahre vorkommt. Lassen Sie die Männer in Arbeitsuniform im Übungsgelände antreten, ich werde ihnen diese seltene Erscheinung erläutern. Bei Regenwetter werden wir nichts beobachten können, die Männer sollen

sich in dem Fall im Schulungssaal versammeln, ich werde dann einen Film darüber vorführen.

Ordonnanz zum Kompaniechef:

Auf Befehl des Oberst wird morgen um 20 Uhr der Halleysche Komet über dem Übungsgelände erscheinen. Wenn es regnet, sollen die Männer in Arbeitsuniform antreten und danach zum Schulungssaal marschieren, wo das seltene Ereignis stattfindet, etwas, das nur alle 75 Jahre einmal vorkommt.

Kompaniechef zum Leutnant:

Auf Befehl vom Oberst in Arbeitsuniform wird morgen abend um 20 Uhr der phänomenale Halleysche Komet im Schulungssaal erscheinen. Falls es regnet, wird der Oberst einen anderen Befehl erteilen, etwas, das nur alle 75 Jahre einmal vorkommt.

Leutnant zum Feldwebel:

Morgen um 20 Uhr wird der Oberst mit dem Halleyschen Kometen im Schulungssaal erscheinen, etwas, das nur alle 75 Jahre einmal vorkommt. Wenn es regnet, wird der Oberst den Kometen auf dem Exerzierplatz antreten lassen.

Feldwebel zu seinem Zug:

Wenn es morgen um 20 Uhr regnet, wird der phänomenale 75 Jahre alte General Halley in Begleitung des Oberst seinen Kometen in Arbeitsuniform über den Exerzierplatz fahren.

Vergleichbare Mißgeschicke passieren jeden Tag und jede Stunde in jeder denkbaren Art von Organisation. Wenn ich diese Geschichte in meinen Seminaren erzähle, höre ich oft die ehrliche Reaktion: ,,Das hätte auch in unserer Firma passieren können.''

Das Problem der gestörten Kommunikation wird nie völlig gelöst sein, aber andererseits ist die Lage auch nicht völlig hoffnungslos. Die meisten Menschen unternehmen wenig, um ihre Fähigkeit zu verbessern, etwas zu verstehen und besser verstanden zu werden. Fast jeder glaubt, er könne sich gut verständlich machen und legt die Last des Verstehens auf die Schultern der anderen, deren Kommunikationsfähigkeit offenbar nicht so gut entwickelt ist. Was für eine Illusion das doch ist!

Wenn wir die Grundlagen der Kommunikation verstehen, können wir erkennen, wodurch fehlerhafte Kommunikation oft verursacht wird. Und der erste Schritt zur Lösung eines Problems ist die Erkenntnis. Der erste Schritt auf dem Weg zum Verstehen gestörter Kommunikation ist die Erkenntnis, daß . . .

Wir kommunizieren, wie wir wahrnehmen

Unsere Kommunikationsfähigkeit ist eng mit unserer Wahrnehmung und unseren Gedankengängen verknüpft. Daraus folgt, wie *Lister Sinclair* aufzeigte, daß wir anfangs so sprechen, wie wir denken, und am Ende so denken, wie wir sprechen.

Niemand kann etwas vollständig verstehen, das nicht seinem Erfahrungsbereich entstammt. Vielleicht mag Ihnen jemand sagen: ,,Ich weiß genau, wie Sie sich jetzt fühlen'', aber tatsächlich kann niemand genau wissen, wie sich ein anderer wirklich fühlt, weil niemals zwei Menschen genau das gleiche erleben. Ihre Erfahrungen, Ihre Sinnesorgane und Ihre Denkfähigkeit gehören nur Ihnen. Diese erstaunlichen Unterschiede in den Erfahrungen und Wahrnehmungen behindern unsere Kommunikationsfähigkeit in hohem Grade.

Unsere Wahrnehmungsfähigkeit wird auch von unseren

Bedürfnissen bestimmt. Im allgemeinen sieht man, was man sehen will. In anderen Worten: ,,Suchet, und ihr werdet finden – ob es nun da ist oder nicht.'' Nehmen Sie an, Ihr Gesprächspartner ist feindselig, freundlich, dumm oder was auch immer, und Sie werden dazu neigen, ihn auch so zu sehen. Kinder aus armen Familien halten ihr Stadtviertel für größer als Kinder aus reichen Familien. Wenn wir jemanden treffen, den wir für wichtig halten, neigen wir dazu, seine Körpergröße zu überschätzen. Auf diese Weise wird unsere Fähigkeit, die Realität wahrzunehmen und unsere Wahrnehmungen mitzuteilen, durch unsere Bedürfnisse getrübt.

Unsere Kommunikationsfähigkeit wird nicht nur durch unsere Erfahrungen und unsere Wahrnehmungsfähigkeit begrenzt, sondern auch durch unsere Fähigkeit, Bedeutungen in Symbole umzusetzen und umgekehrt. Es ist eine Tatsache, daß wir unsere Erfahrungen nicht als Erfahrungen, sondern nur in einer in Symbolen verschlüsselten Form weitergeben können.

Jede Art der Kommunikation verlangt den Gebrauch von Symbolen. Jemand kauft einen Rolls Royce und parkt ihn als Symbol seines Reichtums in seiner Einfahrt. Ein anderer runzelt die Stirn, um sein Mißfallen symbolisch zu äußern. Ein dritter sagt: ,,Ich liebe dich'', um seine Gefühle für einen anderen zu symbolisieren. Ein amerikanischer Kinderreim lautet: ,,Stöcke und Steine können meine Knochen verletzen, aber Worte können mir nie wehtun.'' Aus all dem geht hervor, daß Worte nichts weiter als von Natur aus harmlose Symbole sind. Aber reagieren wir wirklich auf Worte, als ob sie nur Symbole wären?

Wie *S. I. Hayakawa* betonte, leben wir alle in einem gewissen Sinne in zwei Welten, der Welt der Erfahrungen aus erster Hand und der Welt der sprachlichen Beschreibungen. Die Welt der Erfahrungen wird extensionale Welt, die Welt der sprachlichen Beschreibungen intensionale Welt genannt.

Die intensionale Welt ist der Versuch, die Wirklichkeit so durch Symbole zu beschreiben, wie eine Landkarte ein Gebiet beschreibt. Aber Landkarten sind oft ungenau und niemals vollständig. Immer dann, wenn wir Landkarten so behandeln, als ob sie das Gebiet selbst seien, gehen wir in die Irre. Diese Verwechslung von Worten mit der Wirklichkeit gehört mit zu den Gründen von schlechter Kommunikation und heißt:

Intensionale Orientierung

Wenn ich Ihnen die Augen verbinden, Sie mit kalten Spaghetti füttern und Sie davon überzeugen könnte, daß es sich um Würmer handelte, würde Ihnen höchstwahrscheinlich übel werden. Aber dabei hätte nicht die wirkliche Welt, sondern die Welt der sprachlichen Beschreibung Ihren Zustand verursacht. Wenn Ihnen dagegen bewußt wäre, daß ich Ihnen nur kalte Spaghetti gebe, hätten meine Worte wahrscheinlich keine große Wirkung. Im ersten Falle hätten Sie sich intensional verhalten und auf die Welt der sprachlichen Beschreibung so reagiert, als ob sie die wirkliche Welt sei. Im zweiten Fall würden Sie die Empfindungen Ihrer Geschmacksknospen mit Ihren Erfahrungen vergleichen – das wird extensionales Verhalten genannt.

Die intensionale Orientierung kann uns verführen, viel Zeit und Kraft auf Dinge zu verwenden, die, wenn überhaupt, nur in der Vorstellung existieren. Das Vertrauen auf symbolische Landkarten ohne Überprüfung des Geländes kann uns viel unnötigen Kummer bereiten.

Die folgende Geschichte erschien am 24. Februar 1958 als Teil einer Anzeige der Quaker State Metals Company in der Zeitschrift *Newsweek*. Sie illustriert hervorragend, wie ein intensional geleitetes Verhalten den Geschäftsverlauf beeinflussen kann.

Ein Mann lebte an der großen Straße . . .

. . . und verkaufte heiße Würstchen.

Er . . . besaß kein Radio.

Er konnte schlecht sehen, deshalb las er keine Zeitung.

Aber seine heißen Würstchen waren gut.

Er stellte ein Schild am Straßenrand auf, das verkündete, wie gut sie waren.

Er stand am Rand der großen Straße und rief: ,,Heiße Würstchen, heiße Würstchen'', und er hatte viele Kunden.

Er bestellte mehr Würstchen und Brötchen und kaufte einen größeren Verkaufsstand.

Er nahm seinen Sohn von der Schule, weil er Hilfe brauchte. Aber da geschah etwas Überraschendes.

Der Sohn fragte: ,,Vater, hast du denn nie Radio gehört? Wir haben eine große Wirtschaftskrise. Die Weltlage sieht schrecklich aus, und bei uns zu Hause ist alles noch schlimmer.''

Daraufhin dachte der Vater bei sich: ,,Nun ja, mein Sohn ist auf das Gymnasium gegangen. Er hört Radio und liest die Zeitung, er müßte es eigentlich wissen.''

Deshalb bestellte der Vater weniger Würstchen, entfernte das Werbeschild und machte sich nicht mehr die Mühe, an der Straße zu stehen und Würstchen zu verkaufen.

Der Würstchenverkauf brach fast über Nacht zusammen.

,,Du hattest recht, mein Sohn'', sagte der Vater, ,,wir stecken mit Sicherheit mitten in einer großen Wirtschaftskrise.''

Der Trugschluß: Jedem Wort eine einzige Bedeutung

Hier haben wir einen weiteren Grund für gestörte Kommunikation. In ,,Alice in den Spiegeln'' von *Lewis Carroll* sagt Humpty Dumpty arrogant zu Alice: ,,Wenn ich ein Wort benutze, hat es genau die Bedeutung, die ich ihm gerade gebe, und keine andere." Wir merken es zwar nur selten, aber im großen und ganzen gehen wir mit den Worten um wie Humpty Dumpty. Wir nehmen stillschweigend an, daß ein Wort für unseren Gesprächspartner dieselbe Bedeutung hat wie für uns. Aber für die 500 häufigsten englischen Worte gibt es mehr als 14 000 Definitionen im Wörterbuch. Es ist leicht zu verstehen, warum oft die Worte, aber nicht ihre Bedeutungen beim Gesprächspartner ankommen.

Wortspiele und Doppeldeutigkeiten sind eine Quelle, auf der ein großer Teil unseres Humors, sei er nun freiwillig oder nicht, beruht. Denken Sie nur einmal an das folgende Schild in einer Schnellreinigung: ,,Legen Sie hier Ihre Hose ab — Sie können mit sofortiger Aufmerksamkeit rechnen."

Oder vielleicht kennen Sie auch die Geschichte von dem Pater, der kurz nach dem Zweiten Weltkrieg über die Schweizer Grenze ging, um einzukaufen. Außer der Freimenge kaufte er noch 20 Tafeln Schokolade, die er in den weiten Ärmeln seines Gewandes versteckte. Auf die Frage des Zöllners, was er eingekauft habe, antwortete er treuherzig: ,,Die Freimenge und zwanzig Tafeln Schokolade." Der Beamte fragte weiter, wo er die habe. ,,Eine habe ich gegessen und die anderen unter den Armen verteilt." Er durfte passieren.

Noch bessere Beispiele liefern diese Auszüge aus Unfallberichten von Autofahrern an ihre Versicherung:

* Auf dem Heimweg fuhr ich in das falsche Haus und kollidierte mit einem Baum, den ich nicht habe.

* Ich stieß mit einem abgestellten Lastzug zusammen, der mir entgegenkam.

* Ein Fußgänger stieß mit mir zusammen und verschwand dann unter meinem Auto.

* Der Kerl war einfach überall auf der Straße. Ich mußte Slalom fahren, bis ich ihn überfuhr.

* Ich wollte eine Fliege töten und fuhr deshalb gegen den Telegrafenmast.
* Ich war schon seit vierzig Jahren Auto gefahren, als ich eines Tages am Lenkrad einschlief und einen Unfall hatte.
* Ich war mit Schmerzen am meinem hinteren Ende unterwegs zum Arzt, als mein Kardangelenk nachgab und mich veranlaßte, einen Unfall zu haben.
* Ein unsichtbares Auto kam aus dem Nichts, rammte mein Fahrzeug und verschwand.
* Der Fußgänger wußte einfach nicht, wo er hinwollte, deshalb überfuhr ich ihn.
* Der Telegrafenmast näherte sich mit hoher Geschwindigkeit. Ich versuchte gerade, ihm auszuweichen, als er auch schon frontal mit mir zusammenstieß.

Wenn Sie einmal genau darüber nachdenken, hat kein Wort für jeden Menschen genau die gleiche Bedeutung. Wörter haben vielfältige Bedeutungen. Im Lauf der Zeit ändern sich Wortdefinitionen. In verschiedenen Gegenden werden verschiedene Wörter für den gleichen Gegenstand benutzt. Jedes Wort ruft in jedem Geist einen anderen Gedanken wach. Wenn Ihnen erst einmal bewußt geworden ist, wie unzureichend Worte sind, werden Sie staunen, daß überhaupt irgend jemand eine Bedeutung übermitteln kann.

Die Entweder-Oder-Falle

Sie wird zum Problem, wenn unsere Sprachstruktur uns zu fehlerhaftem Denken führt. Denken Sie einmal über die folgenden Aussagen nach:

* John ist entweder verheiratet oder ledig.
* Don ist entweder ein Bürger der USA oder nicht.
* Joe hat entweder das Abitur oder nicht.

Vergleichen Sie damit die folgenden Aussagen:

* John ist entweder intelligent oder dumm.
* Don ist entweder ehrlich oder unehrlich.
* Joe ist entweder fähig oder unfähig.

Die erste Reihe von Aussagen besteht aus legitimen Dichotomien, die zweite aus falschen Dichotomien. Alle Aussagen aus der ersten Reihe sind gültige Abbilder der Wirklichkeit, aber wie sieht das bei der zweiten Reihe aus? Diese Aussagen entziehen sich einfachen Antworten wie ja-nein, entweder-oder, schwarz-weiß. Es ist alles eine Sache der Abstufung.

Leider macht die Sprachstruktur keinen Unterschied zwischen wahren und falschen Dichotomien. Deshalb denken wir oft in vereinfachenden Kategorien wie reich-arm, gesund-krank, gut-böse, schön-häßlich, wahr-unwahr, richtig-falsch, unschuldig-schuldig, Krieg-Frieden, Erfolg-Fehlschlag und so weiter. Das weite Feld in der Mitte, in dem die Wirklichkeit meistens liegt, wird überhaupt nicht beachtet.

Auf unserem gesamten Lebensweg werden wir ständig zu einem polarisierten Denken gezwungen. In der Schule haben Sie die richtigen Antworten gelernt, und alles andere war falsch. Im sportlichen Wettbewerb gibt es einen Sieger, alle anderen sind Verlierer. Die Gerichte entscheiden über Schuld oder Unschuld eines Angeklagten. Wahlkämpfe sind auf ihrem Höhepunkt ein Wettlauf zwischen zwei Kandidaten. Und schließlich wollen wir das beliebte alte Sprichwort nicht vergessen: Jedes Ding hat zwei Seiten.

Die Entweder-Oder-Falle ist ein beliebter Trick von Diktatoren und Hexenjägern. Hitler erklärte jeden Deutschen, der kein Nazi war, für wahnsinnig oder idiotisch. Falls Sie jetzt glauben, diese Taktik sei auf das nationalsozialistische Deutschland beschränkt gewesen, muß ich Sie nur an Senator *Joseph McCarthy* und seine Hexenjagd auf Kommunisten in den fünfziger Jahren erinnern. Unglücklicherweise ist das Entweder-Oder-Denken anscheinend eher die Regel als die Ausnahme.

Ich habe doch schon alles gesagt: ein Mythos

Bertrand Russell bemerkte einmal, daß „das Verlangen nach Sicherheit der Menschheit angeboren ist, aber dennoch ein intellektuelles Laster bleibt." Nur allzuoft sprechen wir mit der unbewußten Voraussetzung, daß wir vollkommen Recht haben und daß alles, was wir sagen, den Gegenstand völlig abdeckt. Achten Sie doch einmal bei dem nächsten hitzigen Streitgespräch zwischen zwei Leuten auf die absolute Endgültigkeit, mit der sie ihre Argumente verteidigen.

Selbstverständlich ist es eine Tatsache, daß man gar nicht alles über ein Thema sagen kann. Wie schon angedeutet, bedingt jede Kommunikation notwendigerweise eine Abstraktion, und das heißt, daß bestimmte Dinge ausgelassen werden müssen. Aber dennoch versuchen wir mit Hilfe unserer begrenzten Wahrnehmung und mit Abstraktionen zu versichern, wie recht wir doch haben.

Die alte Lehrgeschichte aus der islamischen Mystik über den Elefanten im Dunkeln und die Bürger, die über sein Wesen diskutieren, illustriert in sehr schöner Weise den Mythos „Ich habe doch schon alles gesagt" (Aus Shah, Idris: Die Sufis: Botschaft der Derwische, Weisheit der Magier. Köln, 1986):

> Ein Wanderzirkus hatte seinen Elefanten in einem Stall in der Nähe einer Stadt untergebracht, in der man noch nie einen Elefanten gesehen hatte. Vier neugierige Bürger hörten von dem verborgenen Wunder und machten sich auf, um vielleicht im voraus einen Blick darauf zu erhaschen. Als sie jedoch zu dem Stall kamen, fanden sie, daß es kein Licht darin gab. Sie mußten ihre Untersuchung also im Dunkeln vornehmen.

Der eine bekam den Rüssel des Elefanten zu fassen und meinte folglich, das Tier müsse einer Wasserpfeife ähneln; der zweite erfühlte ein Ohr und schloß, es sei eine Art Fächer; der dritte, der ein Bein anfaßte, konnte es nur mit einer lebenden Säule vergleichen, und der vierte schließlich, der seine Hand auf den Rücken des Elefanten legte, war überzeugt, eine Art Thron vor sich zu haben. Keiner von ihnen konnte sich ein vollständiges Bild machen, und den Teil, den ein jeder erfühlte, konnte er nur in Begriffen beschreiben, die ihm bekannte Dinge bezeichneten. Das Ergebnis der Expedition war Verwirrung. Jeder der vier war sicher, daß er recht hatte; und keiner der Bürger der Stadt konnte verstehen, was wirklich geschehen war, was die vier tatsächlich erfahren hatten.

Wir verwechseln unsere Schlußfolgerungen mit der Wirklichkeit

Auch nach diesem Muster führt fehlerhaftes Denken zu gestörter Kommunikation. Denken Sie einmal über das folgende, angenommene Beispiel nach. Sie halten Ihr Auto am Stoppschild vor einer belebten Kreuzung an. Sie sehen von links ein Fahrzeug mit eingeschaltetem rechten Blinker herannahen. Sie setzen voraus, daß der Fahrer abbiegen will und Krach! sind Sie ihm schon in die Seite gefahren. Sie erfahren später, daß er den Blinker gesetzt hatte, weil er in seine Einfahrt sofort hinter der Kreuzung abbiegen wollte.

Wir wollen einmal Ihren Gedankengang zurückverfolgen, der zu dem Unfall geführt hat. Am Anfang haben Sie eine Botschaft in Form eines eingeschalteten Blinkers empfangen. Daraus haben Sie geschlossen, daß das Zeichen bedeutete, daß der andere Fahrer an der Kreuzung abbiegen wollte. Diese Schlußfolgerung haben Sie völlig unbewußt getroffen und weiterhin so gehandelt, als ob sie die Realität sei. Folglich versuchten Sie, die Kreuzung zu überqueren und mußten dann die Folgen tragen.

Schlußfolgerungen sind unvermeidlich und kommen jeden Tag hundertfach vor. Sie werden erst dann zum Problem, wenn wir uns ihrer nicht mehr bewußt sind. Die Folgen dieser Fehler können vom Komischen bis zum Tragischen reichen. Leider zwingt uns die Natur unserer Sprache nicht dazu, zwischen Aussagen, die auf Schlußfolgerungen, und Aussagen, die auf Beobachtungen beruhen, zu unterscheiden. Nur allzuoft ziehen wir voreilig falsche Schlüsse, die auf ungenauen oder unvollständigen Informationen beruhen.

Der bekannte Semantikforscher *Alfred Korzybski* erzählte die folgende humoristische Geschichte über Menschen, die sich von ihren Beobachtungen zu falschen Schlußfolgerungen leiten ließen:

In einem Eisenbahnabteil saßen eine amerikanische Großmutter mit ihrer jungen, attraktiven Enkelin, ein rumänischer und ein deutscher Offizier zusammen. Sie waren die einzigen Fahrgäste in diesem Abteil. Der Zug fuhr unbeleuchtet durch einen langen Tunnel, und man hörte nur einen lauten Kuß und eine schallende Ohrfeige. Als der Zug wieder ans Licht kam, sprach niemand ein Wort, aber die Großmutter dachte: ,,Wie wohlerzogen meine Enkelin doch ist, sie kann auf sich aufpassen. Ich bin stolz auf sie.'' Die Enkelin dachte im stillen: ,,Großmutter ist alt genug, um einen kleinen Kuß nicht übel zu nehmen. Außerdem sind es doch nette Jungs. Erstaunlich, was für einen feste Handschrift Großmutter noch hat.'' Der Nazi-Offizier gab sich folgenden Betrachtungen hin: ,,Die Rumänen sind doch schlau! Sie rauben einen Kuß und überlassen die folgende Ohrfeige einem anderen.'' Der rumänische Offizier freute sich heimlich: ,,Bin ich nicht klug! Ich habe meine Hand geküßt und dann den Nazi geohrfeigt."

Etiketten und Stereotypen

Sie schaffen eine weitere Störung der Kommunikation, die uns irreführt. Wir neigen alle dazu, uns nach kurzem Kennenlernen gegenseitig abzustempeln, einzuordnen und uns ein Stereotyp aufzuerlegen. Wenn wir erst einmal jemandem ein Etikett aufgeklebt haben, bleibt diese Bewertung haften, wie falsch sie auch sein mag. *William Hanley* nennt diese Gewohnheit die ,,Verhärtung der Kategorien". Alle verbreiteten Kategorien sind gedanklich mit bestimmten Bildern verknüpft. Jeder Mensch mit seinen ganz persönlichen Vorurteilen bildet seine Meinung über andere auf der Grundlage von Klischees und Stereotypen. Wir mögen vielleicht über andere lachen, aber jeder Mensch ist mit gewissen Vorurteilen behaftet.

Unsere Zivilisation und unser Bildungswesen lehren uns das Etikettieren und Klassifizieren. Es kann positive Auswirkungen haben, Menschen und Gegenstände in Gruppen zusammenzufassen. Aber ein Bewußtsein, das ausschließlich die Ähnlichkeiten beachtet, vernachlässigt die Unterschiede der Einzelpersönlichkeiten.

Jeder benutzt Klischees, aber niemand möchte auf diese Weise gesehen werden. Machen Sie eine Lesepause und schreiben Sie folgende Angaben über sich selbst auf: Geschlecht, Alter, Nationalität, Abstammung, Religion, Bildung, Beruf, Familienstand, politische Richtung, regionale Herkunft, Größe und Gewicht. Denken Sie dann über die stereotypen Etiketten nach, die mit Ihren Eigenschaften verbunden werden. Natürlich werden viele oder sogar die meisten Stereotype nicht auf Sie zutreffen. Aber Sie dürfen mir glauben, daß viele Ihrer Bekannten diese Eigenschaften wirklich in Ihnen sehen.

Zusammenfassend können wir sagen, daß die Etikettierung, unbewußte Schlußfolgerungen, der Glaube an und das Streben nach völliger Sicherheit, das Entweder-Oder-Denken, der Trugschluß, daß ein Wort nur eine Bedeutung hat und die Verwechslung von Symbolen mit der Wirklichkeit häufig zu gestörter Kommunikation führen. Bedenken Sie weiter, daß man meistens den Gesprächspartner für ein Versagen der Verständigung verantwortlich macht und Sie werden verstehen, warum Mißverständnisse so häufig sind.

Strategien zur Verbesserung der Kommunikationsfähigkeit

Unsere Kommunikationsfähigkeit ist weit von jeder Perfektion entfernt, aber einige Menschen kommen ihr näher als andere. Auch wenn Sie perfekt kommunizieren könnten (wie immer das auch aussehen mag), würden Sie noch immer Probleme mit der Kommunikation haben, weil wir anderen eben nicht perfekt sind. Die folgenden Leitlinien werden Ihnen helfen, effektiver kommunizieren zu lernen.

1. Erkennen Sie, wie unzureichend unsere Kommunikationsfähigkeit ist. Wenn wir Kommunikation für etwas Selbstverständliches halten, steigern wir nur die Möglichkeiten großer Mißverständnisse. Kommunikation erscheint uns so einfach, weil wir sie länger praktizieren, als wir zurückdenken können. Aber etwas seit langer Zeit tun heißt noch nicht, es auch gut zu machen. Kommunikation ist ein komplizierter, symbolischer, abstrakter Vorgang mit unbegrenzten Fehlermöglichkeiten, die auch meistens auftreten. Wie *Emerson* schrieb: ,,Verstanden zu werden ist ein Luxus.''

2. Denken Sie extensional. Denken Sie daran, daß Worte die Wirklichkeit so symbolisieren wie eine Landkarte eine Landschaft. Oft sind die Dinge nicht so, wie sie zu sein scheinen.

Dafür sind klassische Beispiele die Aussagen, die wir heute über die Einkommen von Berufssportlern hören. Wir hören von der aktuellen Gage, die ein hochbezahlter Baseballspieler bezieht, und irgend jemand sagt: ,,Aber selbst Babe Ruth, der große, alte Baseballstar, hat auf dem Höhepunkt seiner Karriere nur 80 000 Dollar im Jahr verdient!'' Aber wenn Sie die heutigen Steuern und den Kaufkraftschwund des Dollars mitberücksichtigen, werden Sie feststellen, daß Ruth sich damals mehr leisten konnte als ein heutiger Starspieler. Es zahlt sich immer aus, das Gelände zu überprüfen, wenn man die Landkarte anzweifelt. Durch diese Gewohnheit können Sie sich viel Zeit und Kraft sparen.

3. Suchen Sie nach der vollständigen Bedeutung, wenn Ihnen jemand eine Botschaft übermittelt. Hören Sie nicht einfach nur auf die Worte. Sie können bei Ihnen und Ihrem Gesprächspartner unterschiedliche Bedeutungen haben. Achten Sie auch auf die Gesten, den Gesichtsausdruck, die Körperhaltung und den Tonfall des Sprechers, den man auch Sender nennt. Entwickeln Sie auch ein Bewußtsein für diese Dinge, wenn Sie selbst der Sender sind. Denken Sie daran, daß nicht was Sie sagen, sondern wie Sie es sagen, Ihre Gefühle übermittelt.

4. Berücksichtigen Sie die Quelle. Wenn Sie eine Botschaft bewerten, ist der Ursprung mindestens so wichtig wie der Inhalt. Je besser Sie Ihren Gesprächspartner kennen, um so genauer werden Sie seine Botschaft und seine Motive bewerten können.

5. Schneiden Sie Ihre Botschaft auf Ihr Publikum zu. Gestalten Sie Ihre Worte, Gedankengänge und Ideen so, daß sie dem Wissensstand und Hintergrund Ihrer Zuhörer angepaßt sind. Dadurch wird entscheidend beeinflußt, wie problemlos Sie Ihre Botschaft übermitteln können.

6. Stellen Sie Fragen. Viele Menschen zögern, Rückfragen zu stellen, wenn sie nicht sicher sind, was die Worte ihres

Gesprächspartners bedeuten. Der Grund dafür liegt oft in der Angst, für dumm gehalten zu werden. Aber viel Verwirrung kann schon im Keim erstickt werden, indem man einfach einen Gesprächspartner bittet, seine Aussage zu wiederholen oder anders zu formulieren. Wenn Sie glauben, etwas verstanden zu haben, aber ganz sicher gehen wollen, dann wiederholen Sie die Botschaft in eigenen Worten und lassen Sie sich vom Sender bestätigen, ob Sie ihn wirklich verstanden haben. Wenn jemand intelligente Fragen nicht zuläßt, ist er vielleicht nicht allzu sicher, was er eigentlich sagt, was uns zu unserer nächsten Empfehlung führt:

7. Sie sollten wissen, worüber Sie sprechen. Die Fähigkeit der Leute, Kommentare, Ideen und Urteile über Dinge abzugeben, von denen sie nicht die geringste Ahnung haben, steht in hoher Blüte. Bei einer landesweiten Umfrage über das Thema: ,,Was halten Sie von Zyklamaten?`` kam auch die Antwort vor: ,,Ich meine, daß zwei Zyklamate, die zusammenwohnen, auch heiraten sollten.``

Sie können sich und anderen eine Menge Kopfschmerzen ersparen, wenn Sie sich die Zeit nehmen, erst einmal die Tatsachen zu klären und zu ordnen.

8. Sprechen Sie zum Thema. Reden Sie nicht in vagen Verallgemeinerungen um den heißen Brei herum. Wenn Sie eine allgemeine Aussage machen, halten Sie etwas Spezifisches zur Veranschaulichung bereit. Sagen Sie nicht: ,,Foghorn hat eine lausige Art der Pflichterfüllung als Regionalvertriebsleiter.`` Sagen Sie stattdessen: ,,Foghorns Abteilung leidet unter häufigem Mitarbeiterwechsel, einer hohen Abwesenheitsrate und einer schlechten Verkaufsquote, seit er im vergangenen Jahr Abteilungsleiter wurde.`` Aber sorgen Sie dafür, daß Sie Ihre Behauptungen auch belegen können.

9. Kommunizieren Sie in einer verständlichen, alltäglichen Sprachform. Es erstaunt mich immer wieder aufs neue, daß wir die Intelligenz eines Menschen oft anhand der

Zahl der benutzten Fremdwörter bewerten. Mit Sicherheit sparen viele Fachbegriffe und berufsspezifische Wendungen viel Arbeit ein und ermöglichen es den Fachleuten, sich schneller miteinander zu verständigen. Aber vieles, was wir in medizinischen, juristischen, technischen und wissenschaftlichen Artikeln lesen, ist nichts anderes als die Vortäuschung falscher Tatsachen – wenn man jemanden nicht durch fachliche Brillanz beeindrucken kann, dann versucht man es eben mit hochtrabendem Unsinn. Haben Sie schon einmal versucht, Versicherungsverträge, Gesetze und Kaufverträge zu lesen und zu verstehen? Viel Glück. Der Jargon hat zu einem großen Teil nur den Zweck, die Zukunft der Fachleute und nicht der Verbraucher zu sichern.

An der folgenden Tabelle können Sie noch viel Spaß haben. Sie heißt der ,,Systematische Fremdwort-Koordinator" und ist seit einiger Zeit im Umlauf. Sie soll in der Königlichen Kanadischen Luftwaffe entstanden sein und besteht aus drei Spalten mit Fremdwörtern:

Spalte 1	Spalte 2	Spalte 3
0. integrierte	0. strukturelle	0. Optionen
1. absolute	1. organisatorische	1. Flexibilität
2. systematisierte	2. reflexive	2. Kompetenz
3. parallele	3. reziproke	3. Mobilität
4. funktionelle	4. digitale	4. Programmierung
5. interaktive	5. logische	5. Konzepte
6. visuelle	6. transitorische	6. Aktionen
7. konzertrierte	7. differentiale	7. Projektion
8. kompatible	8. progressive	8. Hardware
9. multilaterale	9. politische	9. Kontingenz

Mit dieser Tabelle können Sie Fremdwortkombinationen zusammenstellen, die jeden beeindrucken und verwirren werden. Wählen Sie drei beliebige Ziffern aus (z.B. 5, 8, 4), nehmen Sie die zugehörigen Fremdwörter und schon steht Ihnen die ,,interaktive, progressive Programmierung'' zur Verfügung. IBM, wir kommen!

Diese Kommunikationsform hat nur den Nachteil, daß sie im Grunde Anti-Kommunikation ist. Sie verwirrt andere nur und beeindruckt die Leichtgläubigen. Wer intelligent kommuniziert, weiß, wie er seine Botschaft vereinfachen und auf die bestmögliche Verständlichkeit beim Empfänger zuschneiden kann.

Wenn Sie Ihre Botschaft hinter einer Wolke von Doppeldeutigkeiten verstecken wollen, ist das Ihre Sache. Seien Sie einfach ehrlich und fragen Sie sich: ,,Was möchte ich wirklich mitteilen?''

10. Scheuen Sie sich nicht, ,,Ich weiß es nicht'' zu sagen. Wir alle wissen erstaunlich wenig über die Welt, in der wir leben. Bei jedem Menschen ist das Unwissen unbegrenzt größer als das Wissen. Weder Sie noch ich haben eine Nische auf dem Markt des Wissens gepachtet. Was ist also schon dabei, wenn Ihnen jemand eine Frage zu einem Gebiet stellt, von dem Sie auch nicht die geringste Ahnung haben? Eine vorgetäuschte Antwort vergrößert nur das Problem des Unwissens.

11. Denken Sie daran, daß jede Mitteilung Kommunikation ist. Ein holpriger, ungeschickter, fehlerhafter Brief teilt Ihnen mit, daß der Absender keinen besonderen Wert auf Genauigkeit legt. Jemand, der nicht auf sein Äußeres oder seine Gesundheit achtet, teilt etwas über sein Selbstbild mit. Pünktlichkeit teilt etwas mit. Die Körpersprache teilt etwas mit. Ihr Tonfall teilt etwas mit. Und Schweigen teilt etwas mit. Denken Sie immer an all diese Faktoren. Vielleicht senden Sie unabsichtlich falsche Botschaften aus.

12. Entgehen Sie der Entweder-Oder-Falle. Die meisten

Dinge im Leben lassen sich nicht in einfachen Schwarz-Weiß-Kategorien erfassen. Dazwischen gibt es unendlich viele Grautöne. Es gibt einen großen Bereich zwischen gut und böse, ehrlich und unehrlich, Erfolg und Fehlschlag und so weiter. Erkennen Sie die Wirklichkeit und denken Sie in Abstufungen von Güte, Ehrlichkeit, Erfolg und so weiter.

Aber Vorsicht – es gibt legitime Dichotomien. Glauben Sie Ihrer Freundin nicht, wenn sie ein bißchen schwanger ist.

13. Widmen Sie Ihrem Gesprächspartner Ihre volle Aufmerksamkeit. Man kann normalerweise nur eine Aufgabe zur selben Zeit gut ausführen. Wenn Sie Papiere hin- und herschieben, telefonieren, aus dem Fenster starren oder mit dem Bleistift spielen, vermitteln Sie den Eindruck von Gleichgültigkeit. Wenn Sie nicht mit einem anderen sprechen wollen, dann unterlassen Sie es. Sehen Sie ihm beim Gespräch direkt in die Augen. Wenn es Ihnen Unbehagen bereitet, ihm direkt in die Augen zu sehen, dann schauen Sie seine Nasenwurzel an, er wird den Unterschied nicht feststellen können. Hören Sie aufmerksam zu und tragen Sie in den richtigen Momenten zum Gespräch bei.

14. Fallen Sie Ihrem Gesprächspartner nicht ins Wort. Das ist der schnellste Weg, ein sinnvolles Gespräch abzubrechen. Eine Unterbrechung sagt dem Gesprächspartner: ,,Halten Sie den Mund – ich habe Wichtigeres zu sagen!"

15. Teilen Sie Ihre Ideen zum richtigen Zeitpunkt im richtigen Rahmen mit, um die bestmögliche Wirkung zu erzielen. Die Weihnachtsfeier ist nicht der angemessene Rahmen, den Chef um eine Gehaltserhöhung zu bitten oder die Qualitäten Ihrer Sekretärin hervorzuheben. Der Ort und die Stimmung aller an einem Gespräch Beteiligten haben viel mit dem sinnvollen Austausch von Ideen zu tun.

16. Machen Sie sich bewußt, wenn Sie während des Kommunikationsvorgangs auf Schlußfolgerungen zurückgreifen. Schreiben oder sprechen Sie über Ihre eigenen Beobachtungen? Andernfalls haben Sie es in einem gewissen Maße mit ei-

ner Schlußfolgerung zu tun. Wenn es sich um eine Schluß-folgerung handelt, müssen Sie ihre Stichhaltigkeit bewerten.

17. Hören Sie auf, einzelne und Gruppen zu etikettieren, zu kategorisieren und oberflächlich einzuordnen. Wenn Sie das tun, verschließen Sie nur die Augen für die Einzigartig-keit jedes Menschen und behindern so Ihre Fähigkeit, ihn richtig zu sehen und mit ihm zu kommunizieren. Bemühen Sie sich lieber, die Einzigartigkeit jedes Menschen zu entdecken. Je mehr Sie das tun, um so schneller werden Ihre stereotypen Ansichten ins Wanken kommen.

18. Vermeiden Sie Überkommunikation. Es ist möglich, zu-viel zu sagen und damit den Zuhörer zu verwirren. Wenn Sie zu viele Worte machen, gehen die Kernpunkte Ihrer Botschaft in einem allgemeinen Wortschwall unter. Noch schlimmer, wer zur Überkommunikation neigt, ist schlicht und einfach ein Langweiler. Wie *James Russell Lowell* sagte: ,,Im allge-meinen verbringen diejenigen die meiste Zeit mit Reden, die nichts zu sagen haben.''

19. Denken Sie daran, daß ein Gespräch ein fortgesetzter gegenseitiger Vorgang ist, für den beide Seiten die Verantwor-tung tragen. Es wird immer Mißverständnisse bei der Kommu-nikation geben, aber in einer Atmosphäre des Gebens und Nehmens können sie richtiggestellt werden. Dabei hilft es, im-mer daran zu denken, daß jede Botschaft mindestens sechs verschiedene Botschaften enthält:

* Was Sie sagen wollen

* Was Sie wirklich sagen

* Was der Gesprächspartner hört

* Was der Gesprächspartner zu hören glaubt

* Was der Gesprächspartner sagt

* Was Sie zu hören glauben

20. Entspannen Sie sich. Eine entspannte, offene Haltung wird die Bereitschaft Ihres Gesprächspartners steigern, Ihre Ideen aufzunehmen und Ihnen eigene Ideen anzuvertrauen.

Zusammengefaßt läßt sich sagen, daß der Weg zur effektiveren Kommunikation ein Bewußtsein für deren Probleme und die Bemühung um ihre Lösung voraussetzt. Dieses Kapitel kann nur Ihr Bewußtsein schärfen, der Rest liegt bei Ihnen.

Kapitel 11

Gemeinsam zum Erfolg

,,Ein gewissenhafter Vater gab seinem Sohn kurz vor der Hochzeit noch
einige Ratschläge: 'Zusammenarbeit ist das Fundament einer guten
Ehe. Ihr müßt die Dinge gemeinsam tun. Wenn deine Frau spazierengehen
will, gehe mit ihr spazieren. Wenn sie ins Kino will, dann gehe mit
ihr ins Kino. Wenn sie abwaschen will, dann wasche mit ihr ab.'
Nachdem er pflichtschuldigst zugehört hatte, fragte der Sohn:
'Nehmen wir mal an, sie will den Fußboden fegen?'"

Anonym

Wenn Sie weniger arbeiten und doch mehr leisten wollen,
dann denken Sie immer an diese einfache Tatsache: Es ist
einfacher, mit anderen zusammen, als gegen sie zu arbeiten.
Wenn wir die Zeit und Kraft, die für überflüssige Konflikte
zwischen einzelnen, Firmen, Regierungen und Nationen vergeudet wird, sinnvoll einsetzen könnten, würde der Fortschritt der Menschheit wenigstens um das Hundertfache
steigen. Leider ist der Mensch seit Urzeiten ein konfliktfreu-
diges Wesen, und der Traum von einer konfliktfreien Welt
wird immer eine Vision bleiben.

Nicht alle Konflikte sind von Haus aus schlecht oder
überflüssig. Wir alle haben auf unserem Lebensweg innere
und äußere Konflikte erfahren. Aus vielen Konflikten und
Streßsituationen gehen wir als stärkere und bessere Menschen hervor.

Wenn Sie als Kind von zu Hause fortgelaufen sind, haben
Sie vielleicht eine innere Zerrissenheit zwischen Ihrem Be-
dürfnis nach Sicherheit und Ihrem Freiheitsdrang gefühlt.
Im Berufsleben haben Sie vielleicht schon Konflikte mit Ih-
rem Chef darüber gehabt, was denn nun Ihre wichtigste
Aufgabe sei. Es ist zu hoffen, daß das Problem durch einen

Ideenaustausch bereinigt worden ist, der beide Seiten klüger machte und näher zusammenführte. In Ihrer Ehe erleben Sie vielleicht grundsätzliche Meinungsunterschiede mit Ihrem Partner über die Prioritäten bei den Anschaffungen für den Haushalt oder die richtige Art der Kindererziehung. Diese Konflikte gehören einfach zum täglichen Leben und ihre Bewältigung kann zu Ihrem Persönlichkeitswachstum beitragen.

Leider sind persönliche Konflikte zum größten Teil eine völlig nutzlose und unproduktive Zeit- und Kraftverschwendung. Vielleicht können Sie sich sechs Diplome, eine große Anzahl von Empfehlungen und einen IQ von 190 zugute halten. Vielleicht kennen Sie das Unbekannte und vollbringen das Unmögliche. Aber wenn Ihr Leben dennoch aus einer endlosen Kette von Konflikten besteht, werden Ihre Aussichten auf Fortschritte und Erfolg sehr vermindert. Außerdem ist es sehr wahrscheinlich, daß andere dann dafür sorgen werden, daß Sie verdammt hart arbeiten müssen, um überhaupt etwas zu erreichen. Verhindern Sie das!

Damit will ich nicht sagen, daß Sie nur auf der Grundlage Ihres persönlichen Charmes anerkannt werden, denn das ist einfach nicht wahr. Aber der Glaube, Sie würden nur nach Ihren Verdiensten belohnt und anerkannt werden, ist ebenso naiv. Nur weil Sie gut tanzen können, werden Sie noch lange nicht zu einem Ball eingeladen. Wir alle sind soziale Wesen und haben selten neutrale Gefühle gegenüber den Menschen, mit denen wir zusammenarbeiten. Die Wahrheit ist, daß einige Menschen besonders sympathisch und andere so bezaubernd wie ein schlechtgelauntes Stachelschwein sind.

Konfliktträchtige Menschentypen

Es ist oft schwer zu sagen, warum ein Mensch einen anderen mag. Dagegen ist es meistens ziemlich offensichtlich, warum bestimmte Leute unbeliebt sind.

Ich stelle Ihnen nun 12 häufige, sehr unangenehme und aufreibende Menschentypen vor. Leider finden sich einige dieser Wesensmerkmale auch in jedem von uns.

Der Kritiker

Die Erde ist buchstäblich von Kritikern übervölkert. Wir bezahlen sogar manche von ihnen, damit sie uns sagen, welche Filme und Theaterstücke wir sehen, welche Bücher wir lesen und welche Restaurants wir aufsuchen sollen. Wir bezahlen die konstruktive Kritik anderer, wenn wir wissen wollen, was mit unserem Golfspiel oder unserer Firma nicht stimmt oder auch um herauszufinden, wie wir unsere Neurosen bekämpfen können. Professionelle, konstruktive Kritiker leisten einen nützlichen Dienst und ich habe nichts gegen sie einzuwenden, solange sie ihre Macht nicht mißbrauchen, um andere auszubeuten.

Ich wende mich aber gegen die Kritiker, die man an jeder Straßenecke, in jedem Büro und oft auch zu Hause findet. Im Gegensatz zu den Berufskritikern geben sie ihre negativen Ansichten über alles ab, ob man sie nun fragt oder nicht. Für den Kritiker gibt es keine positiven Leistungen anderer. Wenn Sie nur nicht diesen dummen Fehler gemacht hätten, wäre doch alles so gut gelaufen. Er meistert perfekt die Kunst, hinterher alles besser zu wissen und ist etwa so willkommen wie eine Heuschreckenplage.

Wie schon gesagt, sind die meisten Kritiker Menschen, die vom eigenen Handeln enttäuscht und von der Angst vor Fehlschlägen bestimmt sind. Es wäre für ihn viel zu-

schmerzlich, seine Wertmaßstäbe auf sich selbst anzuwenden, folglich kritisiert er Sie. So kommt er nicht dazu, etwas anderes zu tun und Sie können von seinen brillanten Einsichten über Ihre und die Fehler der Welt profitieren. *Brendan Behan* hat das am besten in Worte gefaßt: ,,Kritiker sind wie Eunuchen im Harem: Sie wissen, wie es geht, sehen jeden Tag, wie es gemacht wird, sind aber unfähig, es selbst zu tun.''

Früher oder später werden Sie den Kritiker satt haben und ihm sagen, wo es langgeht. Normalerweise wird er zutiefst beleidigt sein und Ihnen den Konflikt anlasten. Schließlich wollte er Ihnen doch nur helfen.

Der Aggressor

Der Aggressor verfolgt seine Ziele mit dem ganzen Charme und Taktgefühl eines liebestollen Nashorns. Er vertritt höchstwahrscheinlich die berühmte Lebensweisheit: ,,Der Sieg ist nicht alles, er ist das einzig Mögliche.'' Also zieht er den Schluß, daß das Leben ein Wanderpokal ist, den man nur durch harten, unfairen Einsatz gewinnen kann. Er kann sich leicht mit Helden wie *Theodore Roosevelt, General Patton* oder anderen identifizieren, die für ihre Grundhaltung ,,Mir darf keiner im Weg stehen'' bekannt waren.

Der Aggressor hat oft ein brennendes, fast unstillbares Verlangen, andere zu beherrschen und in seiner Gewalt zu haben. Zu seinem Pech gehen seine Schüsse aber meistens nach hinten los. Man überläßt die Macht nicht gerne den Menschen, die bedrohlich wirken oder nach Macht verlangen. Der Aggressor führt nur das zu Ende, was er mit Gewalt erledigen kann, normalerweise erst nach vielen Konflikten und Kämpfen mit anderen. Er sieht sich als Held nach einem Eroberungsfeldzug, der ein paar Narben aus dem Kampf zurückbehalten hat. Er glaubt gerne daran, daß niemand ihn herumschubsen kann. Andere dagegen halten ihn für ein überflüssiges Ärgernis. Er hat den Unterschied zwischen Aggressivität und Bestimmtheit noch nicht verstanden.

Das Klatschmaul

,,Pssst, ... sag es bloß nicht weiter, aber Charlie hat Ärger mit dem Chef, die Ehe der Jacksons steht auf der Kippe und Harriet ist so schnell befördert worden, weil sie eine Affäre mit dem stellvertretenden Generaldirektor hat. Ich habe außerdem gehört, daß Mabel letzte Woche wegen einer Abtreibung nicht zur Arbeit gekommen ist und dann gibt es noch das Gerücht, daß George ein Transvestit ist. Aber sag keiner Menschenseele ein Sterbenswörtchen davon. Versprochen?''

Das Klatschmaul gibt sich gerne der Vorstellung hin, eine wichtige Informationsquelle zu sein. Es kennt die wahre Geschichte über das, was wirklich geschehen ist, und wird Sie gerne einweihen, wenn Sie nur versprechen, nichts davon weiterzusagen. Aber unglücklicherweise kennt das Klatschmaul nicht die wahre Geschichte, sondern nur ein negatives, unausgegorenes Gerücht, das dem Wunschdenken irgendeiner Person entsprungen ist. Über die Vertraulichkeit hat *Benjamin Franklin* treffend gesagt: ,,Drei Menschen können ein Geheimnis wahren, wenn zwei von ihnen tot sind.''

Früher oder später verfängt sich das Klatschmaul in den eigenen Netzen. Seine Information läßt sich nicht beweisen oder erweist sich als falsch. Das Klatschmaul gilt dann als nicht mehr vertrauenswürdig.

Der Moralist

Hier haben wir den Menschen vor uns, der Kriege auslöst, indem er allen anderen sagt, wie sie leben sollten. Für den

Moralisten besteht die Welt aus absoluten Werten, und nur er kennt alle. Er wird Ihnen im Tonfall der tiefsten Überzeugung sagen, was richtig oder falsch, gut oder böse, schön oder häßlich ist. Und er wird es Ihnen auf jeden Fall sagen, ob Sie es nun hören wollen oder nicht.

Am Arbeitsplatz ist der Moralist leicht zu erkennen. Er ist der Kollege, der Ihnen sagt, wie Sie sich benehmen, anziehen, Ihren Schreibtisch aufräumen, Ihre Arbeit ausführen und mit wem Sie sich bei und nach der Arbeit anfreunden sollten. Er ist von seiner Rechtschaffenheit in so hohem Maße überzeugt, daß die Idee „Leben und leben lassen" in seinem Denken nicht vorkommt.

Für die meisten intelligenten Menschen ist der Moralist eine einzige Beleidigung. Er vermittelt die subtile Erniedrigung: „Sie sind nicht fähig, selbständig Entscheidungen zu treffen, also werde ich Ihnen das abnehmen. Und wenn Sie meinem absolut makellosen Rat nicht folgen, sind Sie selbst schuld."

Der Märtyrer

Märtyrer manipulieren andere, indem sie sich selbst als Opferlamm darbringen. Der Märtyrer benutzt wie der Moralist als Waffe hauptsächlich Schuldgefühle. Im Unterschied zum Moralisten, der Schuldgefühle offen von Ihnen verlangt, vermittelt der Märtyrer sie auf eine verdeckte Weise. Durch Wort und Tat teilt der Märtyrer Ihnen mit, daß er seine eigenen Bedürfnisse zu Ihrem Besten geopfert hat.

Nehmen wir doch einmal als Beispiel für das Märtyrertum an, Sie und ich würden uns in einer Buchhandlung begegnen, wo Sie zufällig gerade dieses Buch durchblättern und überlegen, ob Sie es kaufen wollen oder nicht. Nach einiger Zeit kommen Sie zu dem Entschluß, daß Sie Ihr Geld lieber für etwas anderes ausgeben würden und stellen das Buch ins

Regal zurück. Wenn ich jetzt den Märtyrer spielen wollte, würde ich sehr niedergeschlagen aussehen und sagen: „Schon gut, Sie müssen es nicht kaufen. Vergessen Sie ruhig, daß ich die Blüte meines Lebens geopfert habe, um Menschen wie Ihnen zu helfen. Denken Sie nicht an meine schlechten Augen, die ich durch die Arbeit am Manuskript verdorben habe. Sie wissen einfach nicht, wie schwer es ist, ein Buch zu schreiben. Vielleicht werden Sie eines Tages die Nöte eines Schriftstellers kennenlernen, wenn Sie selbst versuchen, ein Buch zu schreiben. Dann wissen Sie, wie es ist, von Verlegern abgelehnt und von Lektoren kritisiert zu werden. Legen Sie das Buch ruhig hin und vergessen Sie mich.‘‘

Natürlich habe ich einige Kleinigkeiten ausgelassen, als ich mich für die Rolle des Märtyrers entschied. Erstens habe ich das Buch geschrieben, weil ich es unbedingt schreiben wollte, zweitens hat mir das Schreiben Spaß gemacht, und drittens verdienen der Verleger und ich damit Geld.

Trotz ihrer Schreie, wie viele Opfer sie doch bringen, sind Märtyrer die selbstsüchtigsten Menschen, die ich kenne. Nur wenige können die Wohltaten der Selbstverleugnung eines anderen genießen. Natürlich opfert sich der Märtyrer nicht wirklich auf. Er empfindet irgendein perverses Vergnügen daran, mit Ihnen das Opferlamm-Spiel zu spielen. Wenn Sie sein Spiel einmal durchschaut haben, werden Sie dazu neigen, ihn und seine Schmerzensschreie zu ignorieren. Warum auch nicht? Sie verschwenden nur nutzlos Ihre Zeit, wenn Sie ihn beachten.

Der Perfektionist

Den Perfektionismus haben wir schon erörtert. Haben Sie einmal einen Menschen kennengelernt, der sagte: „Ich bin ein Perfektionist in allem, was ich tue?‘‘ Man glaubt oft, daß diese Lebensregel der Schlüssel zu einem effektiven Leben ist, aber das ist einfach falsch.

In den meisten Fällen verschwendet der Perfektionist nur seine Zeit und Kraft, und wenn Sie nicht vorsichtig sind, Ihre noch dazu. Wenn Sie den Fehler begehen, mit einem Perfektionisten zusammenzuarbeiten, werden Sie oft feststellen, daß Sie 90 Prozent Ihrer Zeit darauf verwenden, die Ergebnisse um ein Prozent zu verbessern.

Ich habe drei Freunde, die über ein Jahr gebraucht haben, um zusammen einen Artikel von 3000 Worten zu schreiben, das heißt, jeder einzelne hat im Durchschnitt drei Worte pro Tag zu Papier gebracht. Einer der drei, ein selbsternannter Perfektionist, schrieb den Artikel immer wieder um, las ihn noch einmal, übte wieder Kritik und verlangte von seinen Koautoren dasselbe. Ihrem Streben nach Perfektion zum Trotz ist der Artikel bisher nicht veröffentlicht worden und wurde von mehreren Zeitschriften abgelehnt. Viele Menschen, die sich für Perfektionisten halten, mühen sich in Wahrheit nur ab und leisten dabei wenig bis gar nichts. Wie *Nicholas Chamfort* sagte: ,,Die Frauen von Junggesellen und Kinder von alten Jungfern sind immer vollkommen.''

Der Kleinkrämer

Der Kleinkrämer beschäftigt sich damit, andere Leute ständig zu beschäftigen. Er ist das klassische Opfer des Mythos ,,Aktivität bedeutet Produktivität''. Niemand hat sich die Mühe gemacht, ihm zu erklären, daß man noch lange nicht schwimmt, wenn man im Wasser herumhüpft und Wellen schlägt.

Der Explosive

Der Explosive ist der Menschentyp, der viel zu schnell und völlig überzogen reagiert, ohne über die Lage nachzudenken, der er gegenübersteht. Am Ende verkompliziert er oft

Probleme oder sorgt für unnötige Konflikte. Für ihn ist jedes neue Problem von höchster Dringlichkeit und Bedeutung. Er ist sehr leicht erregbar, hat heftige Gemütsbewegungen und fährt schnell aus der Haut. Ohne den notwendigen Weitblick verbringt er den größten Teil seiner Zeit damit, überflüssige Probleme zu lösen, die er selbst verursacht hat. Er zieht nur allzu schnell Schlüsse auf der Grundlage von unvollständigen oder falschen Informationen und muß den hohen Preis zahlen, mit seinen Untergebenen, seinen Vorgesetzten, seiner Familie und seinen Bekannten in Unfrieden zu leben.

Ein Abteilungsleiter namens Ben richtete eine kleine Katastrophe im Umgang mit seinen Schreibkräften an. Eines Tages kam er zu der Ansicht, sie würden die Kaffeepause regelmäßig um fünf Minuten überziehen und zu viel Zeit im Gespräch miteinander verschwenden. Er fing an, die Kaffeepausen stichprobenartig zu überprüfen und erteilte in einigen Fällen ernsthafte Rügen für ,,exzessives Geschwätz'', wie er es nannte.

Die Schreibkräfte schlossen sich zusammen und verlangsamten als Gegenmaßnahme ihr Arbeitstempo. Sie hielten die Pausenzeiten ganz genau ein, beschränkten die Gespräche auf das Notwendigste und widmeten die Hälfte ihrer Arbeitszeit der Tätigkeit, beschäftigt auszusehen. Die Arbeitsmoral sank, die Abwesenheitsrate stieg und mehrere Schreibkräfte fanden eine andere Arbeit. So entstand ein Engpaß in der Verwaltungsarbeit und es lag in Bens Verantwortungsbereich, das Problem zu lösen. Er schaffte es nicht und wurde entlassen.

Das Großmaul

Muhammad Ali hat ein Vermögen verdient, indem er sich der Öffentlichkeit als Großmaul verkaufte. Aber solange

Sie die Leute nicht dazu überreden wollen, Ihnen zuzusehen, wenn Ihr Gesicht gerade umgestaltet wird, sollten Sie diese Strategie meiden.

„Meins ist besser als deins" lautet das Motto des Großmauls, und er gibt sich große Mühe, Sie bei jeder Gelegenheit daran zu erinnern. Ohne jeden Anlaß wird er Ihnen von seinem neuen Haus, seinem teuren Auto, seiner großartigen Karriere oder den Frauen, die ihm nachstellen, erzählen. Aber in Wahrheit glauben die meisten Großmäuler nicht an den Satz „Meins ist besser als deins", deshalb machen sie den Versuch, andere durch die übertriebenen Schilderungen ihres Erfolgs zu beeindrucken.

Das heißt nicht, daß Sie nicht fest an Ihre eigenen Fähigkeiten glauben sollten, denn Sie sind mit Sicherheit besser, als Sie selbst glauben. Aber das trifft auch auf Ihr Gegenüber zu. Menschen, die wirklich an sich glauben, müssen das nicht der ganzen Welt mitteilen. Die meisten Großmäuler können andere nur davon überzeugen, daß ihr Mund größer, ihr Selbstvertrauen kleiner und ihre Anwesenheit lästig ist. Wie *Wilson Mizner* feststellte: „Sprechen Sie nicht über sich, das tun schon andere für Sie, nachdem Sie den Raum verlassen haben."

Der Zyniker

H. L. Mencken bemerkte einmal, daß „ein Zyniker ein Mensch ist, der, wenn er Blumen riecht, nach einem Sarg sucht." Das beschreibt die Natur eines Menschen, der immer nur die dunklen Seiten des Lebens sucht. Er ist der perfekte Spaßverderber.

Haben Sie eine neue Arbeitsstelle? Der Firmenzyniker wird Ihnen sicher erklären, warum Ihre Arbeit keine Zukunft hat. Haben Sie kürzlich ein Haus gekauft? Der Nachbarschaftszyniker wird Ihnen erzählen, daß die Wohngegend im Niedergang begriffen ist. Denken Sie ans Heiraten oder daran, Kinder zu bekommen? Der Familienzyniker wird Ihnen freudig die Plagen des Familienlebens schildern. Möchten Sie glücklich sein? Sagen Sie den Zynikern, sie sollten einen kleinen Spaziergang machen und sich um ihre eigenen Angelegenheiten kümmern.

Die meisten Zyniker sind kaum mehr als desillusionierte Idealisten. *Harry Emerson Fosdick* gab einen ausgezeichneten Ratschlag: ,,Wenn man darauf achtet, was den Zynismus der Leute auslöst, kann man oft erkennen, was ihnen fehlt.''

Der Meister der Degradierung

Wie das Großmaul versucht der Meister der Degradierung, seine eigene Person aufzuwerten. Aber er geht von der fehlgeleiteten Voraussetzung aus, daß es ihn aufbaut, wenn er andere herabsetzt. Folglich führt er seine Versuche zur Selbstbestätigung auf Kosten anderer aus. Dieses Verhalten führt zu nichts und verschwendet nur sinnlos Zeit.

Die wahren Meister der Degradierung gehen oft sehr subtil vor, und wenn Sie nicht aufpassen, stellen Sie plötzlich fest, daß Sie in eines ihrer Spiele verwickelt sind.

Eine Sonderform der Kunst des Herabsetzens ist die Selbsterniedrigung, das Schlag-mich-doch-Spiel. Jemand erzählt Ihnen, wie dumm oder unfähig er ist und tut dann alles, um seine Aussage zu bestätigen. Folgerichtig wird er entlassen, von der Schule verwiesen oder vom Ehepartner verlassen.

Aber häufiger ist der Meister der Degradierung, der seine destruktiven Pfeile gegen Sie und andere abschießt. Wenn Sie sich nicht bemühen, diese Leute nicht zu beachten, können Sie einen großen Teil Ihrer Zeit in nutzlosen, kleinlichen Streitereien vergeuden.

Der Trickreiche kommt zwar in verschiedenen Erscheinungsformen vor, aber es gibt ein gemeinsames Merkmal: Die Unredlichkeit. Er macht sich große Mühe, um seines persönlichen Vorteils willen andere zu täuschen.

Ein Mensch, der nicht offen und ehrlich ist, ist leicht an seiner Fähigkeit zu erkennen, beständig das eine zu sagen und etwas anderes zu tun. Ihr Chef erklärt Ihnen, daß er immer den innerbetrieblichen Aufstieg fördert, aber er besetzt freiwerdende Stellen regelmäßig mit Außenstehenden. Ein Kollege erzählt Ihnen, daß nichts Wichtiges auf der Tagesordnung des Finanzausschusses steht und Sie nicht an der nächsten Sitzung teilnehmen müßten. Sie stellen dann später fest, daß man Ihr Lieblingsprojekt aufgegeben hat, damit Ihr Kollege seines finanzieren kann. Heuchelei ist die Waffe des Trickreichen.

Der Umgang mit einem Trickreichen kann sehr aufreibend und zeitaufwendig sein, besonders, wenn Sie ihn noch nicht durchschaut haben. Sie finden unten in der linken Spalte verschiedene, gebräuchliche Aussagen des Trickreichen. Daneben finden Sie die Übersetzung in unsere laienhafte Sprache.

Der Trickreiche sagt:	Der Trickreiche meint damit:
1. Ich möchte Ihnen doch nur helfen. Nur Ihr Wohlergehen zählt.	1. Du siehst wie ein echter Dummkopf aus. Mit ein wenig Glück werde ich dich schon kleinkriegen.
2. Sie können hier keinem außer mir vertrauen. Wir leben in einem Dschungel, aber ich werde Sie sicher leiten.	2. Du solltest hier allen außer mir vertrauen. Wenn wir erst einmal im Dschungel sind, habe ich dich in der Hand.

3. Das Problem mit Ihnen ist, daß Sie nie zuhören. Ihr Eigensinn wird Sie noch ins Grab bringen.	3. Das Problem mit dir ist, daß ich dich nicht manipulieren kann. Für was hältst du dich eigentlich, doch nicht etwa für intelligent?

Sie entlarven den Trickreichen, indem Sie die Ohren schließen und die Augen öffnen. *Andrew Carnegie* bemerkte einmal: ,,Beim Älterwerden habe ich gelernt, weniger auf das zu achten, was Menschen sagen. Ich beobachte nur, was sie tun.'' Diese Gewohnheit kann Sie vor der Ausbeutung durch Leute von zweifelhafter Redlichkeit bewahren.

Nun kennen Sie also das zersetzende Dutzend. Mit Sicherheit werden Sie bis zu einem gewissen Grad auch weiter von ihnen geplagt werden. Aber wenn Sie Ihr eigenes Verhalten im Griff haben, können Sie sicherstellen, daß diese zwölf konfliktträchtigen Menschentypen Ihre Effektivität nur geringfügig beeinflussen. Sie können sich am besten auf aufreibende Menschen einstellen, wenn Sie sich weigern, selbst einer von ihnen zu werden.

Leitlinien zur Vermeidung und Lösung von Konfliktsituationen

1. Machen Sie sich die Mühe, effektiv zu kommunizieren. In den meisten Fällen entstehen Konflikte, weil die Beteiligten sich nicht genau verstanden haben.

2. Ersetzen Sie eine Verteidigungshaltung durch Offenheit. Wenn Sie einmal genau darüber nachdenken, ist den zwölf konfliktträchtigen Menschentypen im Grunde die Verteidigungshaltung gemeinsam. Menschen verhalten sich so, wenn sie sich bedroht fühlen. Folglich ist die beste Methode, dieses Verhalten zu verhindern, nicht bedrohlich zu

sein oder zu wirken. Je offener und aufmerksamer Sie den Gefühlen und Ansichten anderer gegenübertreten, desto weniger werden sie in die Defensive gehen.

Wenn andere Sie dagegen als feindselig oder bedrohlich empfinden, werden sie Ihnen oft schlechte Nachrichten so lange vorenthalten, bis es zu spät ist. *Josef Stalin* ist ein ausgezeichnetes Beispiel dafür. Er unterzeichnete einen Nichtangriffspakt mit dem nationalsozialistischen Deutschland, den er als Monument seiner Weisheit in Ehren hielt. Aber dennoch wurde die Sowjetunion 1939 von Deutschland angegriffen. Aufgrund von Stalins feindseliger Wesensart verschwiegen ihm seine Militärberater diese Nachricht aus Angst, wegen Lügens oder Versagens bestraft zu werden. Tagelang wurde Stalin im Glauben gehalten, alles sei in bester Ordnung, während sich tatsächlich eine Katastrophe anbahnte. Seine abwehrende Natur hielt andere davon ab, ihm Informationen mitzuteilen, die er hätte kennen müssen.

Eine offene, nicht abweisende Wesensart kann verhindern, daß kleine Probleme sich zu großen Katastrophen auswachsen.

3. Übermitteln Sie notwendige Kritik in freundlicher, hilfreicher und taktvoller Form. Manchmal wird es notwendig werden, daß Sie einen anderen auf Fehler hinweisen oder seine Arbeit und sein Verhalten konstruktiv kritisieren. Wenn Sie das ungeschickt tun, bereiten Sie überflüssigen Konflikten einen fruchtbaren Nährboden. Im folgenden finden Sie einige Ideen, die solche Konflikte weitgehend verhindern werden.

Wählen Sie zum ersten die Zeit und den Ort angemessen aus, am besten ist ein privater Bereich geeignet. Üben Sie nie öffentlich Kritik, machen Sie niemanden öffentlich lächerlich. Sie erzeugen damit nur eine Abwehrhaltung, und wer sich verteidigt, hört nicht zu.

Angenommen, Sie haben den richtigen Ort gefunden, dann gehen Sie nicht unvermittelt zur Kritik über. Fangen Sie mit einem ernstgemeinten Lob für eine positive Leistung der betreffenden Person an. Wenn Sie nur Kritik üben, wird der andere das als totale Ablehnung verstehen und wahrscheinlich nicht mehr auf Ihre Worte achten.

Konzentrieren Sie sich auf das Verhalten, das korrigiert werden muß, nicht auf den Menschen. Versuchen Sie die Aufmerksamkeit so indirekt wie möglich auf das Problem zu lenken. Sie könnten zum Beispiel ein ähnliches Problem gehabt oder einen ähnlichen Fehler begangen haben und zunächst über Ihr Verhalten sprechen.

Wenn Sie einmal beim Problem angekommen sind, dann seien Sie spezifisch. Wenn Sie Jack sagen, daß sein Bericht völliger Schwachsinn sei oder Bill, daß er lausige Arbeit leistet führt das zu nichts. Wenn Sie jemandem helfen wollen, dann zeigen Sie ganz deutlich auf, was geändert werden muß und empfehlen Sie mögliche Alternativen.

Führen Sie das Gespräch zu einem positiven Abschluß. Zeigen Sie Ihre Bereitschaft, dem anderen zu helfen und Ihr festes Vertrauen, daß er das Problem lösen kann, wenn er nur will.

Wenn Sie zum Beispiel einem Mitarbeiter den Auftrag anvertraut haben, Informationen zu sammeln und einen Bericht darüber zu schreiben, und der Bericht dann nicht den Erfordernissen entspricht, könnte der Kern Ihrer Botschaft wie folgt aussehen: ,,Jack, Sie haben offenbar viel Zeit und Kraft in dieses Projekt investiert und ich weiß Ihre Arbeit wirklich zu schätzen. Aber ich brauche noch weitere Daten, um eine ausreichende Informationsbasis für eine angemessenen Entscheidung zu gewinnen. Ich brauche besonders ein näheres Eingehen auf mögliche, zukünftige Geschäftsentwicklungen und weniger eine Aufbereitung der Daten aus der Vergangenheit. Ich weiß, daß unsere Marktforschungsabteilung die nötigen Informationen zu Ihrer Unterstützung besitzt. Wenn Sie diese Informationen mit Ihrer Begabung zum Zusammenfassen und Berichteschreiben vereinen, wird ein erstklassiges Dokument dabei entstehen."

In seinem Buch „Bessere Kommunikation im Geschäft" faßt *Dennis Murphy* den Unterschied zwischen einer negativen Kritik und einer konstruktiven Korrektur zusammen:

Negative Kritik	*Eine konstruktive Korrektur*
Wird öffentlich und im Zorn erteilt	Wird unter vier Augen und ruhig übermittelt
Ist selten berechtigt oder auf Tatsachen gestützt	Ist auf der Basis von Tatsachen berechtigt
Verbindet Sarkasmus und Drohungen mit Beschimpfungen	Benutzt eine direkte Sprache und beschönigt nichts
Wird als Demütigung und zum Herausstellen von Autorität erteilt	Wird als Hilfe und Unterstützung eingesetzt
Zerstört Vertrauen, Effizienz und Arbeitsmoral	Erzeugt Initiative und ermutigt zu neuen Anstrengungen
Hinterläßt Niedergeschlagenheit und Entmutigung	Hinterläßt den Willen zur Weiterentwicklung

Aber achten Sie darauf, daß Ihr eigenes Verhalten untadelig ist, bevor Sie einen anderen kritisieren. Wie *Louis Nizer* schreibt: „Wer mit dem Finger auf andere zeigt, sollte nicht vergessen, daß vier Finger auf ihn selbst weisen."

4. Verhalten Sie sich selbstbewußt und bestimmt, aber nicht aggressiv. Sie können Konflikte lösen und Ihre Bedürfnisse befriedigen, ohne die andere Seite zu beherrschen oder zu unterwerfen. Die meisten aggressiven Menschen sind Opfer des Mythos „Es gibt nur Sieger und Verlierer". Es ist aber meistens möglich, Konflikte so zu lösen, daß jeder Beteiligte bis zu einem gewissen Grad gewinnt.

Selbstbewußtes und bestimmtes Verhalten heißt, auf angenehme und sympathische Art die eigenen Gefühle auszudrücken und die eigenen Bedürfnisse zu befriedigen. Es bedeutet, die Verantwortung für die eigenen Gefühle zu übernehmen und vorauszusetzen, daß andere genauso für ihre Gefühle verantwortlich sind. Selbstbewußte und bestimmte Menschen zeigen offen und ehrlich ihre Gefühle und haben die innere Freiheit, anderen ohne Feindseligkeit gegenüberzutreten. Das heißt, ja zu sagen, wenn es im eigenen, wohlverstandenen Interesse liegt, und nein, wenn das nicht der Fall ist. Und vor allem heißt es, sich nicht durch Aggressionen von anderen einschüchtern zu lassen. Wie *Charlotte MacDonald* schrieb: ,,Aggressivität ist eine Waffe für den Kampf, Bestimmtheit ist eine Kunst, die bei effektivem Einsatz jedem Beteiligten hilft.''

5. Kümmern Sie sich um Ihre eigenen Angelegenheiten. Es liegt letztlich nie in Ihrem eigenen, wohlverstandenen Interesse, wenn Sie Gerüchte über die Angelegenheiten anderer Menschen ausstreuen. In unserem Alltag führen wir immer wieder Gespräche über andere, und nicht alle sind wohlmeinend. Der größte Klatsch kann nie bestätigt werden und führt sowieso zu nichts. Wenn Sie ihn weitergeben, kennzeichnen Sie sich nur selbst als Mitarbeiter der unappetitlichen Gerüchteküche, und dieses Verhalten kann Ihnen sogar eine Anklage wegen übler Nachrede einbringen. Wie *Mark Twain* bemerkte: ,,Eine Lüge kann schon um die halbe Welt gereist sein, während die Wahrheit sich noch die Schuhe anzieht.''

6. Handeln Sie nach dem Motto: Leben und leben lassen. Man sagt, daß das Recht eines Menschen an der Nasenspitze des anderen aufhört. Diese Lebensregel ist dann sehr sinnvoll, wenn es zu Konflikten kommt. Die Unfähigkeit der Leute, den Lebensstil und die Wertvorstellungen anderer Menschen zu tolerieren und zu achten, führt zu zahlreichen Konflikten, die von der kleinlichen Streiterei bis zum Weltkrieg reichen können.

Damit ist unser neurotisches Bedürfnis verbunden, einen Sündenbock zu finden, wenn etwas nicht richtig läuft. Unsere Gesetze beruhen traditionell auf der Vorstellung, daß immer jemand im Unrecht ist. John hatte Vorfahrt, also hat er den Unfall nicht verschuldet. Mary konnte beweisen, daß Joe sie verlassen hat, also ist er an dem Scheitern der Ehe schuld.

Das heißt nicht, daß wir nicht die Verantwortung für unsere Handlungen tragen sollten. Aber wenn Sie einen Schuldspruch aussprechen, fällen Sie auf der Grundlage Ihres eigenen, ganz speziellen Wertesystems ein moralisches Urteil über einen anderen. Sie verurteilen im Grunde genommen andere dafür, Ihren Vorstellungen nicht gerecht zu werden, und ein solches Verhalten züchtet Feindseligkeit und Frustrationen, die mit Sicherheit nur Sie selbst verletzen werden. *Lyndon B. Johnson* hat einmal gesagt: ,,Man kann einem Menschen zwar sagen, er solle zum Teufel gehen, aber es ist ziemlich schwer, ihn wirklich zum Aufbruch zu überreden." Bis dahin können Sie Ihre Zeit mit ethischen Betrachtungen über diesen schrecklichen Menschen verschwenden und am Ende weitere, überflüssige Konflikte ernten.

7. Denken Sie daran, daß Streit um des Streites willen eine nutzlose Zeitverschwendung ist. Zwei Menschen, die sich gegenseitig mit ihren jeweiligen Standpunkten bekämpfen, geben ein schönes Bild von zwei engstirnigen Geistern bei der Arbeit ab. Wenn Sie mit einem anderen streiten, können Sie nichts gewinnen, aber Zeit, Kraft und einen Freund verlieren.

Wenn Sie jemanden zu Ihren Ansichten bekehren wollen, darf ich Ihnen versichern, daß ein Streit den anderen nur noch fester an seine alten Ansichten bindet. Sie müssen zuerst den Willen aufbringen, ihm zuzuhören und den Versuch machen, seine Ansichten zu verstehen, bevor Sie mit seiner Bereitschaft rechnen dürfen, Ihre Ansichten zu bedenken. Angenommen, er ist bereit, Ihnen zuzuhören, versuchen Sie, ihn indirekt zur Entdeckung Ihres Standpunktes zu führen, statt autoritär „So ist das" zu sagen. Wie *Blaise Pascal* feststellte: „Menschen sind normalerweise leichter durch Gründe zu überzeugen, die sie selbst entdeckt haben als durch Gründe, die andere gefunden haben."

8. Fahren Sie dem anderen nicht in die Parade. Wir alle haben Leistungen und Besitztümer vorzuweisen, auf die wir voll Stolz hinweisen und die uns viel bedeuten. Unser Haus, unsere Arbeit, unsere Bildung, unsere Familie, unser Auto und unsere Trophäen können damit gemeint sein. Es führt fast immer mit Sicherheit zu nutzlosen Konflikten, wenn man die Erfolge eines anderen herabsetzt oder lächerlich macht. Sie haben eine gute Möglichkeit entdeckt, sich Feinde zu schaffen, wenn Sie Joe sagen, daß Ihnen die Farbe seines neuen Autos nicht gefällt, für das er sich in Schulden gestürzt hat, oder wenn Sie Mary erzählen, daß Ihr neuer Nerz einen altmodischen Schnitt hat.

Dagegen werden Sie feststellen, daß andere eher dazu neigen, Ihnen gegenüber freundliche Gefühle aufzubringen, wenn Sie sich die Mühe machen, offen und ehrlich die Dinge zu loben, auf die sie stolz sind. Ich will damit keine unehrlichen Schmeicheleien empfehlen, sondern ehrliche und spezifische Anerkennung. Sagen Sie Joe nicht einfach, daß Ihnen sein neues Auto gefällt. Sagen Sie ihm genau, was Sie daran mögen, die Farbe, den Wagentyp, das Stereoradio, das Kunstlederdach oder was es auch sein mag. *Eugene Benge* schrieb: „Lernen Sie, Aufmerksamkeiten zu spenden, und Ihnen werden die schönsten Dinge passieren. Leute, die immer nur nehmen, bekommen nichts, die Gebenden bekommen etwas."

9. Werden Sie nicht zu einem Propheten der Düsternis und des Untergangs. Es gibt schon so viele Leute, die glauben, daß die Welt zum Teufel geht. Wenn Sie zu dieser Ansicht neigen, schlage ich vor, daß Sie sich das Leben leichter machen, indem Sie Ihre pessimistischen Gedanken für sich behalten. Uns, die wir das Leben lieben, ist Ihre düstere Gegenwart so willkommen wie ein faulender Fisch.

10. Wenn es gerade einen größeren, unvermeidlichen Konflikt gibt, der Ihre Effektivität oder die eines anderen beeinträchtigt, dann gehen Sie ihn frontal an und besprechen Sie ihn mit allen Beteiligten. Man sorgt nur für größere Probleme, wenn man Konflikte unter den Teppich kehrt. Machen Sie den Versuch, das Problem vom Bezugsrahmen des anderen aus zu sehen, und er wird Ihnen wahrscheinlich dafür danken.

Carl Rogers empfiehlt die folgende Methode, um Mißverständnisse zu klären. Bevor ein Beteiligter einen Diskussionspunkt einbringen oder seine Meinung sagen darf, muß er zunächst die vorhergegangene Aussage zur Zufriedenheit des anderen wiedergeben. Diese Regel zwingt jeden dazu, dem anderen zuzuhören und den Bezugsrahmen des anderen zu übernehmen. Die Diskussion wird weniger gefühlsbetont ausfallen, und die Beteiligten werden mehr denken und zuhören. Je rationaler man ein Problem angeht, um so größer sind die Aussichten auf eine allseits befriedigende Lösung.

11. Verweigern Sie Ihre Beteiligung an den Spielen der Kritiker, Moralisten, Märtyrer, Kleinkrämer, Zyniker oder anderer, die versuchen, Ihre Zeit und Kraft nutzlos zu verschwenden. Diese Spiele brauchen zwei Mitspieler, und wenn Sie die Gegenrolle nicht übernehmen, können sie nicht stattfinden. Es geht um Ihr Leben, und wenn Sie effektiv sein wollen, haben Sie keine Zeit und Kraft für diesen kontraproduktiven Zeitvertreib übrig.

Das beste Rezept für die Vermeidung und Lösung unnötiger Konflikte stammt von *James B. Angell*, einem früheren Präsidenten der University of Michigan. Auf die Frage nach dem Geheimnis seines Erfolgs antwortete er: ,,Lassen Sie sich Antennen und keine Hörner wachsen."

Kapitel 12
Zusammenfassung:
Arbeiten Sie jetzt effektiver?

*„Es ist schon seltsam, aber wir glauben, daß jeder andere Mensch
eine leichtere Arbeit hat als wir. Und je besser er sie
meistert, desto einfacher sieht sie aus."*

Eden Philpotts

Dieses Buch wurde mit der Absicht geschrieben, Ihnen einige einfache, praktische Techniken in die Hand zu geben, mit denen Sie das Beste aus Ihrer Zeit und Kraft machen können. Wer weniger arbeitet und dabei doch mehr leistet, ist kein Faulpelz, der den einfachen Ausweg sucht. Er ist vielmehr ein Mensch, der das Beste aus seinem Leben macht und so größere Zufriedenheit bei sich und den anderen, mit denen er zusammenkommt, schafft. Das ist das Wesen eines effektiven Menschen.

Diese Menschen haben keine großartigen Fähigkeiten und Talente, die sie vom Rest der Menschheit abheben. Sie haben einfach verstanden, daß der Einsatz einiger weniger, kraftvoller Ideen für ein leichteres, befriedigenderes und produktiveres Leben sorgt. In diesem abschließenden Kapitel möchte ich die Ideen zusammenfassen, die für die Steigerung Ihrer Effektivität notwendig sind. Dieser Rückblick besteht zum größten Teil aus einer Reihe von Fragen. Ich hoffe, Sie werden oft auf dieses Kapitel zurückgreifen, besonders, wenn Sie mit Ihrer Effektivität einmal nicht zufrieden sind.

1. Konzentrieren Sie sich auf Ergebnisse? Effektive Menschen wissen, daß es wichtiger ist, die richtige Arbeit zu tun, als die Arbeit richtig zu tun.

2. Sind Sie bereit, Arbeit in Ihre Lebenswünsche zu investieren? Effektivität verlangt manchmal, Zeit und Mühe in Projekte zu investieren, die erst in ferner Zukunft Erfolge versprechen. Aber effektive Menschen unterschätzen nie die Bedeutung des genußvollen Ausschöpfens der Gegenwart. Sie blicken zwar in die Zukunft, aber ihr gesunder Menschenverstand sagt ihnen, daß es keinen Gegensatz zwischen der Freude am heutigen Tag und dem Aufbau einer noch besseren Zukunft gibt. Beides ergänzt sich vielmehr.

3. Haben Sie Ihren Geist nach alten Aufzeichnungen über die Arbeit durchforscht, die Sie vielleicht immer wieder abspielen? *Ernest Hemingway* bemerkte einmal: ,,Die wichtigste Gabe eines guten Schriftstellers ist ein eingebauter, stoßsicherer Unsinns-Detektor.'' Viele der überlieferten Botschaften über die Arbeit sind bestenfalls Halbwahrheiten. Wenn Ihnen ein erfolgreicher Mensch erzählt, wie hart er gearbeitet hat, dann denken Sie daran, daß ein Versager nie nach der Schwere seiner Arbeit gefragt wird. Schweiß, fleißige Tätigkeit, Effizienz und Streß sind nicht auf vorhersagbare Art mit den endgültigen Ergebnissen verbunden. Jede Aufgabe ist einzigartig und verlangt verschiedene Kombinationen von Blut, Schweiß, Tränen, Zeit und Intelligenz, um zum erfolgreichen Ende geführt zu werden. Denken Sie daran, daß Effektivität eher eine Kunst als eine Wissenschaft ist und deshalb ständige Übung verlangt, damit die Fähigkeiten besser werden.

4. Haben Sie sich selbst Ihre eigenen Ziele gesetzt und die völlige Verantwortung für das Erreichen übernommen? Ziele sind für Ihr Lebensglück notwendig und auch ein unerläßliches Instrument, das Ihnen die Fähigkeit gibt, Ihre Zeit und Kraft am effektivsten zu bündeln. Setzen Sie sich spezifische, herausfordernde, realistische und meßbare Ziele. Achten Sie auf die Vereinbarkeit Ihrer Ziele und legen Sie für jedes ein Abschlußdatum fest. Halten Sie Ihre Ziele

schriftlich fest, aber betrachten Sie sie als veränderbar und anpassungsfähig.

Wenn Sie Ziele festlegen, dann setzen Sie sich lebenslängliche, mittelfristige und kurzfristige Ziele. Ordnen Sie Ihre Ziele dann nach der Wichtigkeit und gehen Sie die wichtigsten Ziele zuerst an. Denken Sie an die 80-zu-20-Regel. Sie erreichen 80 Prozent Ihrer Effektivität, wenn Sie 20 Prozent Ihrer Ziele erreichen.

5. Versuchen Sie, Probleme einfach und vernünftig zu lösen? Effektive Menschen scheinen wie durch Zauberei ein sorgloses Leben zu führen, aber in Wirklichkeit erfahren sie wie jeder andere auch ihren Anteil an den Problemen des Lebens. Im Unterschied zu anderen wissen effektive Menschen, daß die Art und Schwere der vorhandenen Probleme nicht so wichtig wie die Art ihrer Behandlung ist. Ihnen ist völlig klar, daß eine gefühlsmäßige Verwicklung in ein Problem nur die Aussichten auf eine zufriedenstellende Lösung verringert.

6. Unterscheiden Sie zwischen dringenden und wichtigen Problemen? Die Tyrannei des Dringlichen kann Ihre Effektivität stark einschränken, wenn sie unüberprüft Ihr Leben beherrschen darf. Denken Sie immer daran: Das Dringliche ist selten wichtig, und das Wichtige ist selten dringend.

7. Haben Sie eine Bestandsaufnahme Ihres Zeitgebrauchs gemacht? Die Nutzung der Zeit ist zum größten Teil eine Gewohnheitssache und wir wissen nicht, wie wir unsere Zeit einsetzen, solange wir ihr nicht nachspüren. Ein Zeittagebuch, das wir in bestimmten Zeitabständen immer wieder einmal führen, kann uns helfen, unproduktive Gewohnheiten aufzudecken und abzustellen.

8. Läßt Ihr Zeitplan Raum für das Unerwartete? Es ist eine erprobte Faustregel, niemals mehr als 50 Prozent des Tages zu verplanen. Murphys Gesetz kann enge Zeitpläne völlig ruinieren. Rechnen Sie mit dem Unerwarteten.

Legen Sie die wichtigsten Aufgaben auf die beste Tageszeit, die Zeit, wenn Ihre Arbeitsfähigkeit den Höhepunkt erreicht. Halten Sie auch einen festen Abschnitt des Tages für Gedanken über sich selbst und Ihre Ziele frei. Suchen Sie Wege, wie Sie die Zeit mehrfach nutzen können, die schon fest vergeben ist.

9. Wissen Sie, was Sie unterlassen sollten? Effektivität entsteht nicht aus mehr Arbeit. Sie ist das Ergebnis von weniger Arbeit, die besser ausgeführt wird. Die Unfähigkeit zum Neinsagen ist ein großer Feind der Effektivität. Wenn Sie es für notwendig halten, nein zu sagen, dann tun Sie das sofort auf höfliche Art, um das Entstehen ungerechtfertigter Erwartungen zu verhindern. Legen Sie das falsche Gefühl ab, Sie müßten jedesmal einen Grund haben, wenn Sie eine Bitte ablehnen, aber geben Sie einen Grund an, wenn Sie es für angemessen halten.

10. Fragen Sie sich jedesmal, bevor Sie eine Aufgabe angehen: ,,Ist das der beste Gebrauch meiner Zeit und Kraft?'' Wenn Sie mit Ja antworten, dann rüsten Sie sich mit den entsprechenden Werkzeugen aus und führen Sie die Aufgabe zu Ende. Wenn Sie mit Nein antworten, dann delegieren Sie die Aufgabe oder lassen Sie sie unerledigt.

11. Sind Sie ein Arbeitssüchtiger? Nehmen Sie die Tatsache an, daß Freizeit eine notwendige Anregung für größere Kreativität, Befriedigung und Effektivität bei der Arbeit ist!

12. Besitzen Sie ein gesundes Selbstbewußtsein? Wissen Sie, wer Sie wirklich sind? Erkennen und akzeptieren Sie Ihre Grenzen, bauen Sie auf Ihren Stärken auf. Sie sind besser, als Sie glauben.

Nehmen Sie sich uneingeschränkt an. Das ist der Schlüssel zum inneren Frieden, und ein Geist, der mit sich selbst im Frieden ist, ist effektiver.

13. Räumen Sie Ihren eigenen Bedürfnissen den höchsten Stellenwert ein? Sie können den Armen nicht helfen, indem Sie selbst arm werden. Effektive Menschen sind positive

Egoisten. Sie weigern sich, Märtyrer oder Opferlämmer zu werden und geben nur dann etwas, wenn sie etwas Sinnvolles zu geben haben. Am Ende ist Ihre Hilfe dann reichlicher, effektiver und darauf ausgerichtet, Hilfe zur Selbsthilfe zu sein.

14. Nehmen Sie die Verantwortung für die eigenen Gefühle an? Glauben Sie, daß Sie wie jeder andere auch für den eigenen Sonnenschein sorgen müssen? Haben Sie sich von zeit- und kraftverschwendenden Schuldgefühlen und Sorgen verabschiedet? Haben Sie gelernt, Ihren Zorn als positiven Antrieb auf dem Weg zum Ziel zu nutzen?

Ein Gegengift gegen ausgeprägten Zorn ist ein hochentwickelter Sinn für Humor. Nehmen Sie Ihre Arbeit und nicht sich selbst ernst. Wenn einmal Hektik aufkommt, dann gewinnen Sie Abstand, sehen Sie die Dinge in einem größeren Zusammenhang und lernen Sie, über sich selbst zu lachen. In 99 Prozent der Fälle sehen die Dinge in der Gegenwart wichtiger aus, als sie es wirklich sind.

15. Setzen Sie auf die eigenen Stärken? Wenn Sie eine Arbeit ausführen, welche die Nutzung der eigenen Stärken erlaubt, werden Sie diese mit relativer Leichtigkeit meistern. Treten Sie entspannt an Ihre Arbeit heran.

16. Ist Ihnen bewußt, daß Perfektionismus Ihre Effektivität behindern kann? *Somerset Maugham* schrieb: ,,Nur ein mittelmäßiger Mensch ist immer in Höchstform.'' Das Streben nach Perfektion kostet meistens mehr Zeit als die Verbesserung der Ergebnisse rechtfertigt. In einigen Fällen ist Perfektion allerdings unbedingt erforderlich, geben Sie dann auch Ihr Bestes, um sie zu erreichen. Aber meistens ist sie nicht notwendig und stiehlt nur Zeit, die anders besser hätte eingesetzt werden können.

17. Haben Sie den Mut zum Handeln und gehen Sie kalkulierte Risiken ein? Wie *William Lyon Phelps* schreibt: ,,Lebensangst ist die beliebteste Krankheit des 20. Jahrhunderts.'' Der Mut zum kalkulierten Risiko ist von entschei-

dender Bedeutung. Die einzige Alternative ist ein in Untätigkeit, Lähmung und Versklavung durch die Angst vergeudetes Leben. Es ist besser, eigene Taten zu bereuen, als das Leben mit dem Bedauern von verpaßten Gelegenheiten zu verschwenden.

Unsere Gesellschaftsordnung ist weitgehend auf Sicherheit ausgerichtet, und Vorsicht ist der Normalfall. Aber um das Beste aus Ihrem Leben zu machen, müssen Sie die Tatsache annehmen, daß die einzige echte Sicherheit dem Inneren entstammt. Niemand kann einem anderen Sicherheit geben, auch wenn Ihnen Eltern, Lehrer, Ehepartner, Geistliche, Vater Staat, Arbeitgeber und Versicherungsgesellschaften etwas ganz anderes erzählen. Das Leben bleibt von der Wiege bis zur Bahre ein Glücksspiel und die Weigerung, Risiken zu tragen, kann bestenfalls zu einem durchschnittlichen Leben führen.

Messen Sie Ihren Erfolg an den Gewinnen und nicht an den Verlusten. Sie werden Ihren Teil an den Widrigkeiten des Lebens zu tragen haben, aber das sind Lernerfahrungen und keine abschließenden Urteile. *Mike Todd* bemerkte einmal: ,,Ich habe viele Fehlschläge erlebt, aber arm bin ich nie gewesen.'' Der Erfolg beruht zu 80 Prozent auf dem Mut zum Versuch. *Clementine Paddlefort* sagte einmal: ,,Ersetze nie den festen Willen durch Wunschdenken, meine Tochter.''

18. Haben Sie den Aufschub aus Ihrem Leben verabschiedet? Wir alle werden immer in einem gewissen Maße zum Aufschub neigen. Es ist nur wichtig, ihn als nutzlose Last zu erkennen, die möglichst weit eingeschränkt werden muß, wenn man die Dinge mit weniger Mühe bewältigen will.

19. Delegieren Sie häufig und geschickt Aufgaben? Effektive Arbeiter leiden nicht unter der Selbstmacheritis. Sie konzentrieren ihre Zeit und Kraft auf die wichtigen Aufgaben, die nur sie selbst erfüllen können. Alles, was delegiert werden kann, wird auch delegiert.

Erkennen Sie, daß es viele unvernünftige Versuchungen gibt, das Delegieren zu vermeiden, und arbeiten Sie daran, diese zu überwinden. Akzeptieren Sie die Tatsache, daß auch andere Fehler machen und die Aufgabe vielleicht anders ausführen werden als Sie selbst. Arbeiten Sie daran, Ihre Fähigkeit zum Delegieren zu stärken. Das Delegieren ist schon eine echte Kunst.

20. Übertragen Sie Ihrer Sekretärin neben den Routinetätigkeiten verantwortungsvolle, herausfordernde Aufgaben? Eine intelligente, fähige Sekretärin ist eine unschätzbare Stütze für Ihre Effektivität. Suchen Sie eine gute Sekretärin und fördern Sie ihre größte Begabung. Viele erfolgreiche Manager schreiben ihren Aufstieg und Reichtum zu einem großen Teil einer fähigen und loyalen Sekretärin zu, die ihnen beim Aufstieg auf der Erfolgsleiter geholfen hat. Halten Sie Ihre Sekretärin auf dem neuesten Informationsstand und belohnen Sie ihre Effektivität mit der Unterstützung, dem Einkommen und der Anerkennung, die sie verdient hat.

21. Versuchen Sie bewußt, Ihre Kommunikationsfähigkeit zu verbessern? Nur allzuoft ist das gesprochene, geschriebene oder gedruckte Wort erschreckend unzureichend, aber es bleibt unser einziges Verständigungsmittel. Denken Sie daran, daß jede Kommunikation ein symbolischer, mit unseren Gedankengängen eng verknüpfter Vorgang ist. Wir sprechen am Anfang so, wie wir denken, aber am Ende denken wir so, wie wir sprechen.

Suchen Sie in der Kommunikation mit anderen immer nach der gesamten Bedeutung und schaffen Sie sich ein waches Bewußtsein für die weitverbreiteten Arten der Kommunikationsstörung. Beachten Sie die Quelle genauso wie die Botschaft. Schrecken Sie nicht vor Fragen zurück, wenn Sie jemanden nicht verstehen. Übermitteln Sie Ihre Gedanken in einer genauen, einfachen, alltäglichen Sprache.

22. Versuchen Sie, mit anderen zusammen und nicht gegen sie zu arbeiten? *Bertrand Russell* stellte einmal fest: „Nur Zusammenarbeit kann die Menschheit retten." Einige Konflikte sind zwar notwendig, aber die meisten davon sind nutzlose Zeitverschwendungen, die durch ungenügende Kommunikation verursacht werden.

Effektive Menschen lösen Konflikte auf eine freundliche Art, die auf Drohungen verzichtet. Sie lassen sich mit der Kritik an anderen Zeit und behalten einen kühlen Kopf, wenn sie kritisiert werden. Ihre innere Sicherheit und ihre Fähigkeit, sich auf die wichtigen Dinge zu konzentrieren, gibt ihnen die Kraft, nutzlose Konflikte zu vermeiden, zu lösen und zu ertragen.

Effektive Arbeiter gestalten das Leben für sich und ihre Umgebung angenehm. Sie zeigen in Wort und Tat einen beständigen Optimismus.

23. Haben Sie Schritte unternommen, um Unterbrechungen auf das Notwendigste einzuschränken? Wir alle sind Konferenzen, Besuchen und Anrufen ausgesetzt, die unsere schönsten Fahrpläne aus dem Gleis werfen können, wenn wir das zulassen.

Meiden Sie Konferenzen wie die Pest. Nehmen Sie nicht gewohnheitsmäßig daran teil. Berufen Sie nur dann eine Konferenz ein, wenn Sie sicher sind, daß sie notwendig ist und einem genau abgegrenzten Zweck dient sowie eine festgelegte Tagesordnung hat.

Schützen Sie sich vor überraschenden Besuchen. Führen Sie festgelegte Besuchszeiten ein und empfangen Sie nur im Notfall überraschende Besucher. Sprechen Sie Termine mit notwendigen Besuchern ab und lassen Sie sich vor den anderen abschirmen.

Machen Sie einen klugen Gebrauch vom Telefon, um Zeit zu sparen, statt sie zu verschwenden. Stellen Sie fest, wer Sie häufig anruft. Legen Sie bestimmte Zeiten für ein- und ausgehende Anrufe fest. Wenn Sie ungestört arbeiten wollen, dann lassen Sie Ihre Anrufe von einer Sekretärin oder einem Anrufbeantworter annehmen.

Schaffen Sie sich einen Zufluchtsort für ausgedehnte Zeiten ernsthafter Arbeit. Wählen Sie einen ruhigen Ort aus und teilen Sie Ihren Verbleib nur wenigen Privilegierten mit.

24. Haben Sie den Papierkrieg im Griff oder gehen Sie langsam in der Papierflut unter? Das Papier existiert und wird auch immer da sein, aber Sie müssen nicht zulassen, daß es Ihr Leben in Unordnung bringt. Werfen Sie Schriftstücke im Zweifelsfall fort. Verlangen Sie keine schriftlichen Bestätigungen, solange das nicht unbedingt erforderlich ist. Wenn Sie ein Stück Papier in die Hand nehmen, dann werfen Sie es fort oder tun Sie irgend etwas, um es auf seinen weiteren Weg zu bringen. Schreiben Sie nie einen Brief, wenn ein Anruf oder ein persönliches Gespräch denselben Zweck erfüllen können. Auch Papier ist Geld.

Wenn Sie schreiben müssen, dann wählen Sie eine klare, einfache und natürliche Sprache. Der Schlüssel zum effektiven Lesen liegt nicht in einer höheren Lesegeschwindigkeit, sondern in der richtigen Auswahl. Das Wissen um den richtigen Lesestoff ist wesentlich wichtiger als die Schnelligkeit Ihres Lesens.

25. Haben Sie Freude an Ihrer Arbeit? Denken Sie vor allem an die Worte von Senator *Hubert Humphrey*: ,,Man soll das Leben nicht ertragen, sondern genießen.'' Wir streben alle nach einem ausgefüllten und glücklichen Leben. Aber wir müssen klug genug für die Erkenntnis sein, daß Glück nicht durch Untätigkeit, sondern durch kreatives Aufgehen in einer Aufgabe entsteht.

Effektive Menschen besitzen eine intelligente Beharrlichkeit. Sie wissen, daß die meisten Menschen ihre Zeit und Kraft verschwenden, indem sie Ziele zu früh aufgeben. Wenn effektive Menschen sich einmal an einen Traum gebunden haben, dann verfolgen sie ihn ohne Unterlaß und genießen dabei jeden Augenblick. Und sie kennen auch die

Wahrheit dieses Ausspruchs aus unbekannter Quelle: „Kein Alter oder Lebensabschnitt, keine soziale Stellung und keine äußeren Umstände vermitteln das alleinige Recht auf den Erfolg. Jedes Alter ist richtig, um mit den *Taten* zu beginnen!"

Effektives Arbeiten ist keine Fantasie, sondern eine Realität in Reichweite aller, die sich nach ihr ausstrecken. Das Ende dieses Buches kann einen neuen Anfang für Sie bedeuten – den Anfang eines glücklicheren und produktiveren Lebens durch eine bessere Nutzung Ihrer Zeit und Kraft. Ich wünsche Ihnen dabei viel Erfolg!

Stichwortverzeichnis